# 中非联合研究交流计划
# 2011年课题研究报告选编

外交部非洲司　编

世界知识出版社

# 前　言

中非联合研究交流计划是温家宝总理在2009年11月举行的中非合作论坛第四届部长级会议上宣布的对非务实合作新八项举措之一，旨在促进中非智库、学者交流与合作，为中非合作提供智力支持，拓展中非人文交往。"交流计划"于2010年3月正式启动以来，吸引了中非学术机构和学者们的广泛参与。2011年，"交流计划"项下展开了课题研究、研讨会、学术交流、著作出版四大类共29个联合研究与交流项目，其中课题研究项目达13个，研究方向涵盖了非洲形势和中非关系的各个主要领域。承担这些课题研究项目的中方学者们边撰稿边深入非洲考察，与非方同行和相关人士广泛交流与研讨，凝聚双方共识。他们还努力探索和创新研究方法和视角，尝试从不同角度梳理、剖析非洲形势和中非关系的重要发展趋势，为中非合作积极建言献策。

本书选编了课题研究项目成果报告中5篇有代表性的作品，内容涉及近年来中非关系中双方普遍关注的一些问题，观点和看法属作者个人意见，供读者相互交流和参考。

编者

2012年6月1日

# 目　录

**第一编　非洲经济发展战略及中国经验对非洲经济发展的启示**

　　第一章　非洲的发展战略和发展问题 / 5
　　第二章　中国改革发展的一般性特征 / 14
　　第三章　面向非洲的中国经验 / 25
　　第四章　中国的经验不可照搬 / 54
　　第五章　我们的建议 / 58

**第二编　中国与西方国家对非援助比较及我国援外（援非）国际合作战略**

　　第一章　中国与西方国家对非援助比较 / 66
　　第二章　中国援外（援非）国际合作战略 / 122

**第三编　非洲热点问题研究及对中国建设性参与非洲和平与安全事务的建议**

　　第一章　非洲热点问题概述 / 150
　　第二章　影响和发展趋势 / 166
　　第三章　非洲热点问题对中国的影响 / 175
　　第四章　国际社会解决非洲热点问题的新思路和机制 / 182
　　第五章　非洲自主维和的探索和实践 / 191
　　第六章　中国为维护非洲和平与安全作出重要贡献 / 197
　　第七章　中国建设性参与非洲和平与安全事务的思考 / 206

## 第四编　非政府组织在非洲发展状况及西方有关政策、做法和影响

　　第一章　非洲非政府组织基本情况 / 214
　　第二章　非洲非政府组织与非洲国家政府 / 230
　　第三章　非洲非政府组织与西方 / 241
　　第四章　非洲非政府组织与中非关系 / 249

## 第五编　国际对非合作机制比较及发展中非合作论坛对策建议

　　第一章　国际对非合作机制发展的国际背景 / 266
　　第二章　国际对非合作的机制平台与政策定位比较 / 277
　　第三章　国际对非合作机制的成效与非洲反应比较 / 289
　　第四章　中非论坛与国际对非合作机制的互动 / 301
　　第五章　发展中非合作论坛对策建议 / 315

|第一编|

# 非洲经济发展战略及中国经验对非洲经济发展的启示*

---

\* 杨光,中国社会科学院西亚非洲研究所所长、研究员。
  安春英,中国社会科学院西亚非洲研究所研究员。
  姚桂梅,中国社会科学院西亚非洲研究所研究员。
  贺文萍,中国社会科学院西亚非洲研究所研究员。
  张春宇,中国社会科学院西亚非洲研究所助理研究员。

过去 30 年，中国保持了高速经济增长，完成了从计划经济体制向社会主义市场经济体制的重大转折，实现了从内向型发展到全方位对外开放的巨大转变，显著提高了全国人民的生活水平，迅速成长为世界经济大国。

中国经济的迅速发展，是经济改革开放的结果，体现了中国特色社会主义道路的成功探索，也给非洲国家带来了鼓舞和希望。一方面，中国在较短时间内实现了经济的跃升式发展，给非洲国家带来了巨大的精神鼓舞，使其降低了对发展的悲观情绪，感受到有可能在一代人之间实现显著的经济发展。另一方面，包括许多非洲裔人士在内的外国专家学者，对于借鉴中国经验，推动非洲发展也发生了浓厚兴趣。世界银行行长佐利克 2011 年在北京参加"第四届中非共享发展经验高级研讨会"的致辞中坦言，中国的发展为非洲发展提供了"知识资源"，中国的发展经验将为非洲实现减贫和经济增长提供重要参考。[1]南非总统祖马则在 2011 年于南非举行的世界经济论坛非洲会议上建议非洲国家借鉴中国经验，加快发展步伐。[2]除了这种原则性的肯定之外，至于中国的哪些经验值得非洲国家学习，国际上的讨论也越来越多。世界银行负责非洲事务的副行长、尼日利亚籍的奥比亚杰莉·艾扎克维西女士认为，中国奇迹最重要的一条结论就是，坚持改革，逐步积累。中国发挥正确有序的领导力，自主解决发展中的问题，重视科学和教育、发展农业和减贫方面的经验，值得非洲学习。[3]非洲开发银行首席经济学家姆苏利·恩库贝认

---

[1] 参见中央政府门户网站：http://www.gov.cn，2011-09-06。
[2] 《综述：非洲发展将寻求中国良方》，参见新华网：http://news.xinhuanet.com/world/2011-05/06/c_121386269.htm，2011-05-06。
[3] 《世界银行副行长：中国式发展的非洲意义》，参见和讯新闻网：http://news.hexun.com/2008-03-29/104862066.html，2011-11-12。

为，中国消除贫困方面的经验对非洲国家具有重要借鉴意义。世界经济论坛首席经济学家詹妮弗·布兰科认为，非洲各国应在加快基础设施建设、转变经济发展方式方面，借鉴中国的经验。世界银行非洲地区部的研究报告指出，非洲在七个方面可以学习中国经验：第一，中国改革的政治经济以及政治精英与私营部门共赢的经验，可以移植到非洲；第二，非洲可以学习中国在改革开放早期利用华侨资本和技术的经验；第三，中国通过农村改革，实现产权重组，提高储蓄和产出，从而促进了经济增长的经验值得学习；第四，中国采用有竞争力的汇率推动经济增长的经验值得学习；第五，中国的港口管理经验值得非洲沿海国家学习，并可以惠及非洲内陆国家；第六，中国一定程度的权力下放经验可以在撒哈拉以南非洲产生实效；第七，非洲可以学习中国的区域自治和少数民族政策以减少冲突。[①]

然而，迄今为止，人们对于中国经验对与非洲发展的适用性尚未形成统一和系统的认识。在我们看来，现有的讨论大致可以分为两个层面：第一个层面是对中国经验一般特征的讨论，并试图发现这些特征与影响非洲发展战略的新古典主义、新自由主义和"依附论"的主要区别；第二个层面是总结中国在具体领域中的相关经验，并讨论这些经验对非洲发展有效性，其中许多中国经验具有创新性并带有鲜明的中国特色。因此，本报告试图在丰富的中国发展经验宝库之中，围绕非洲发展面临的主要问题，从这两个层面对中国经验进行归纳、梳理和提炼，为满足非洲国家学习中国经验的需求，提升中国对非洲国家的影响力，增进中非友好合作关系的发展，尽一份努力，提供一份参考。

---

① Ali Zafar, *Learning from the Chinese Miracle: Development Lessons for Sub-Saharan Africa*, Policy Research Working Paper 5216, The World Bank, African Region, February 2010, p.1.

报告第一章分析非洲国家为什么迄今经济发展没有成功的原因，以及当前经济发展面临的主要问题。第二章针对非洲国家面临的重大发展问题，总结中国经验的一些一般性特征。第三章就非洲国家若干发展领域面临的具体问题，介绍中国改革发展的具体经验。第四章强调正视中非国家间的国情差异，中国经验不能照搬。第五章提出加强中非发展经验交流的建议。

# 第一章
# 非洲的发展战略和发展问题

非洲国家独立以来,经济发展经历了一条曲折起伏的过程。从总体上看,非洲经济虽有所发展,却被当年处在同一态势的许多亚洲国家远远地甩在后面,成为世界上最贫穷、落后的地区。其根本原因是非洲国家长期实施的工业化发展战略、结构调整与改革方案、减贫战略都是外部世界强加的、不适应非洲国情的发展模式;而非洲国家自行制订的《拉各斯行动计划》从一出台就受到西方世界的打压,因缺乏资金无法付诸实施。世纪之交,非洲国家领导人和学者对非洲在经济全球化趋势下的不利地位进行了历史和现实原因的全面反思,提出了自主发展与国际协调并重的《非洲发展新伙伴计划》(NEPAD),为21世纪非洲经济发展带来了希望。

## 一、非洲国家独立以来的发展战略述评

1. 从追求经济增长到重视社会经济综合发展(20世纪60~80年代)

这一时期,非洲国家主要制订并实施了以下发展战略:

第一是 20 世纪 60～70 年代的非洲工业化发展战略。非洲国家取得政治独立后，有着十分强烈的独立发展经济的愿望。但长期殖民统治遗留下来的畸形经济结构、资金不足等问题使它们无法摆脱对外部世界的严重依赖。特别是美、苏两霸为扩大其各自阵营，千方百计向非洲国家推销其发展模式，根本没有给非洲国家留下选择发展道路的任何空间。非洲国家在美国等西方国家的诱导下，在苏联工业化模式的示范下，大都采取了以高速经济增长、优先发展进口替代工业为主要内容的经济发展战略，逐渐形成了"发展＝现代化＝进口替代工业化＋增长"的模式。尽管非洲各国的情况有所不同，工业发展的重点、途径也有所差异，但却有着共同的特征：以经济增长为首要目标；以进口替代为主要内容；以城市为中心；以物质资本的积累和投资为主要推动力；以国家干预为手段，等等。当然，各国政府对经济活动控制方式、范围、程度也有所不同。实践表明，工业化发展战略在 60 年代曾取得不少成就，但过度的国家干预和盲目的工业化所带来的弊端却随着时间的推移愈加显现：即忽视农业和粮食生产，使非洲大陆饥民遍野，陷入"生存危机"；片面追求高投资，为非洲国家陷入"债务危机"埋下恶果；过度实施保护政策，使非洲企业丧失应变能力和产品没有竞争力；片面追求高增长，导致资源严重浪费，生态环境遭破坏；过度国家干预扭曲了市场运行机制；忽视收入的合理分配，加剧了贫富两极分化等，最终导致 80 年代爆发经济危机。

第二是 70 年代末 80 年代初的集体自力更生的发展战略。非洲国家独立后，尽管受到西方国家和苏联发展战略束缚，一些非洲国家领导人和学者并没有放弃发展道路的探索。当他们看到西方现代化理论在非洲国家实践中暴露出种种弊端和局限性时，开始进行反思。以埃及学者萨米尔·阿明为代表的学者提出了"依附论"的主张,即非洲国家要发展民族经济,摆脱落后,必须尽快破除帝国主义"中心"强加给非洲"外围"的不平等的国际分工;非洲必须独立自主、自力更生走社会主义的道路的思想。激进的"依附论"思想备受非洲国家领导人的欢迎。非洲统一组织在此思想指导下,为克服经济困难,推动经济社会的合理发展,提出了非洲国家第一个自己制定的全非经济发展战略——《拉各斯行动计划》。由于该战略的指导思想与进口替代工业化发展战略一脉相承,都倾向于内向发展,不同的只是把内向空间由一个国家扩大到整个非洲大陆,从单纯追求工业化变为社会经济的综合发展;由于对经济发展所处的国内外不利条件估计不足,对改变单一经济结构看得过于简单;由于预期目标过高,不切实际,拉各斯行动计划并未得到真正的贯彻,并被1991年6月签署的《阿布贾条约》取而代之。

**2. 以经济结构调整和改革为主的经济发展战略(20世纪80～90年代中期)**

《拉各斯行动计划》出台以后,立即受到来自西方势力的威胁与打压。世界银行立即抛出一个《伯格报告》,干扰上述计划的实施,诱迫非洲国家实施世界银行和国际货币基金组织制定的《结构调整方案》。该方案以西方新古典主义经济发展理论和货币学派的主张为依据,以私有化、自由化、市场化为取向,以追求经济增长为目的,以提供援助为手段,对脱离非洲实际的经济发展战略进行调整,对扭曲市场价格体系、阻碍市场机制发挥作用的经济体制进行改革。这种调改虽在一定程度上消除了经济发展过程中的障碍,促进了生产要素按照市场机制进行配置,有利于市场体系的建立健全。但终因超越非洲国家商品经济极不发达、市场发育极不完善的客观现实而收效甚微。短期性的调改措施不但使通胀严重、资金外流、外债加重、民族工业遭到冲击，而且因大幅削减教育、医疗保健等公共开支，加剧了业已严重的贫困状况。世界银行、非洲开发银行等机构联合发表的题为《非洲能拥有 21 世纪吗？》的报告认为，撒哈拉以南非洲许多国家今天（90 年代）的状况还不如 60 年代刚独立之时。[①] 各种迹象表明，贫困问题已经成为非洲社会经济发展的一大障碍。

### 3. 以减贫为核心的经济发展战略（20 世纪 90 年代中期至今）

20 世纪 90 年代中后期，在非洲国家的强烈批评与呼吁下，世界银行不得不放弃《结构调整方案》，取而代之的是以单个国家为单位的、名目繁多的《减贫战略文件》。根据国际货币基金组织网站的资料统计，从 2000 年至 2011 年 6 月，非洲共有 34 个国家先后出台和实施了各种《减贫战略文件》。这些减贫战略和政策主要以非洲重债穷国为实施对象，将外部援助与减贫实施的情况挂钩。这些减贫战略文件与政策粗看起来似乎是非洲国家自主决策、自我选择的全新发展战略与政策，但仔细分析就会发现它们与原先的《结构调整方案》同出一门，或者说当前的减贫战略不过是换上了新包装的经济结构调整的延续或翻版。[②] 虽然减贫战略的制定和实施因非洲国家的参与而体现出国别多样性、时段差异性等积极迹象，但由于世界银行和国际货币基金组织仍然掌控着非洲国家经济决策的主导权，其政策主张的理论支撑体系依然是包含众多学派的新自由主义，终因脱离非洲市场经济不发达的国情，无法从根本上引领非洲国家彻底脱贫，实现社会经济全面振兴。20 世纪 90 年代中期以来，非洲经济持续多年的增长的态势，只能说明新自由主义理论体系中或多

---

① The World Bank, "Can Africa Claim the 21st Century?", Washington, D.C., April 2000, p.8.
② 李智彪：《对后结构调整时期非洲主流经济发展战略与政策的批判性思考》，载《西亚非洲》2011 年第 8 期。

或少含有一些解决非洲经济问题的合理成分。

与此同时，在非洲大陆层面，非洲国家领导人继续探索适合非洲本土的发展战略。2001年10月，正式公布以自主发展与国际协调并重为特色的《非洲发展新伙伴计划》。作为非洲整体发展战略，该计划特别强调非洲的自主性和领导权。然而，若对该计划的主要目标、优先发展领域、融资渠道进行系统分析就可以发现，非洲国家已经从精神层面上开始摆脱"听命于人"的命运，但真正要实现"以我为主、自主发展"的全非战略尚缺乏物质层面的支撑。尽管该计划存在自相矛盾的地方，而且事实上也并非得到所有非洲国家的认可，但毕竟它在影响非洲发展的内外因素方面有了更为客观的认识，具有鲜明的时代特征。该计划已经在动员非洲国家充分利用自然和人力资源、加快基础设施建设、改善非洲投资环境、促进经济一体化等方面起到了协调一致的作用。

## 二、当前非洲经济发展面临的重大问题

1. 政治环境不稳定问题

非洲国家独立后大都经历过不同形式、持续时间长短不一的战乱或政局动荡，这些冲突可以说是非洲经济发展的头号杀手。由于这些战乱和政局动荡一般都有比较复杂的历史、民族、宗教和文化等方面的因素，这些因素不可能在短时间内彻底消除，所以，未来非洲经济发展还会继续面临这一问题的困扰。尤为严重的是，2008年国际金融危机爆发后，非洲政治安全大格局非但未发生根本改变，而且又呈现局部动荡多发的态势。除索马里、苏丹达尔富尔等原有热点问题的解决无实质进展外，2009年至2010年底先后有马达加斯加和几内亚比绍等国发生非正常政权更迭，几内亚、尼日利亚等国发生大规模政治流血冲突，南非、刚果（金）、

莫桑比克、苏丹等国发生大规模民众罢工、游行等事件。可以说，非洲大陆各种动荡隐患在金融危机爆发后明显增多，导致非洲经济发展所处的外在环境趋于恶化。

2. 政府治理能力问题

非洲经济极不发达、民族资本和私人资本势力单薄，发展经济更离不开政府的有效管理。只有提高政府的治理能力，才能保证有限的资源得到最大限度的合理使用，保证社会经济效率的提高。然而，非洲国家政府管理能力较差，已经成为经济发展的阻碍因素之一。非洲国家政府管理能力差表现在以下几个方面：政府机构庞大而效率极其低下；各种法律、规章和制度极不健全；高素质的行政管理人员严重缺乏；腐败现象严重。

3. 单一经济结构问题

从历史上来看，单一经济是殖民列强在非洲殖民地片面发展经济作物和采矿业的结果。独立后，虽然大多数非洲国家力图摆脱这一局面，但由于缺少切实的国家发展规划、多元化发展缺乏资金，加上不合理的国际分工因素，至今仍未能摆脱殖民时期遗留下来的以生产和出口低附加值的农矿初级产品，进口中间产品和制成品为特征的生产和贸易格局，国际市场商品价格的波动关系到非洲国家经济的兴衰。其危害是：生产与消费严重脱节，严重依赖国际市场，西方发达国家加大贸易保护政策力度，限制非洲的出口能力，在国际贸易中处于不利地位；相似的经济结构，不仅造成非洲国家间出口产品在国际市场上激烈竞争，而且导致非洲国家之间贸易非常有限，制约着经济一体化、多样化的发展。

4. 粮食安全问题

中国有句古语："民以食为天"，但非洲农业作为撑"天"的产业地位却在下降，农业生产水平低下。主要表现为非洲农业生产方式落后。

迁徙种植、轮种撂荒仍是非洲农业的主流，农业生产的90%依靠使用简单的手工工具，农药、化肥、良种未被广泛使用，农业机械、水利设施缺乏。其结果是非洲农业粮食单产不足世界平均水平的一半，无法满足快速增长的人口所需。近年，非洲粮荒的新闻经常见诸报端。而且，一些外国公司在非洲大量购买土地，种植用于出口加工用的生物燃料作物（玉米、麻风树籽等），不仅破坏土壤和环境，而且剥夺了人类对粮食的需求，加剧全球粮荒。作为世界粮食进口的主要目的地，非洲深受全球粮食危机之害。

5. 经济发展资金短缺问题

经济发展需要大量而持续的资金投入，但非洲国家发展资金不足问题一直未得到根本解决。从国内情况看，非洲国家不太重视国内的资本积累，整个社会缺乏一种鼓励、刺激储蓄的内在机制，导致非洲国家维持了较低的储蓄水平，进而影响了非洲国内投资水平。而作为资金来源主渠道的农矿产品出口收入，因深受西方发达国家操控的国际市场商品价格波动无常的影响，出口产品收益波动较大。况且，非洲大多数国家属重债穷国，外债规模庞大，2010年全非洲外债总额高达3247亿美元①，总体外债负担沉重。这些国家政府每年需从有限的外汇收入中拿出很大一部分资金用于偿还外债。从外部情况看，外资、外援是外部资金流入非洲的主要形式，受资金来源国政治意愿、投资利润考量因素影响，外部资本的流入常常缺乏稳定性。因此，无论是内部资金动员，还是寻求外部资金流入，都无法满足非洲国家经济与社会发展的现实需要。

---

① Economic Commission for Africa African Union, *Economic Report on Africa* 2010: *Promoting high-level sustainable growth to reduce unemployment in Africa*, 2010, p.101.

6. 基础设施落后问题

在交通基础设施方面，非洲是世界上最为落后的地区。非洲尚未形成覆盖整个大陆、分布均衡、完整的交通运输体系。大多数陆路交通线路由沿海港口伸向内地，但彼此互不衔接。陆路交通运输以公路为主，公路网建设密度偏低。非洲铁路承担着大部分货运功能；但各国铁路或是互不贯通，或是轨距不统一，加之设施老化，严重制约着铁路的运输能力。非洲海运业和航空业的发展也相对滞后。非洲的交通基础设施具有分布不平衡的特征，在陆路交通设施的布局上，不仅地域分布不平衡，除了南非、马格里布国家外，非洲多数国家的交通设施薄弱；而且表现在同一个国家内部城乡间、沿海与内陆间的分布不平衡。非洲大陆交通设施的普遍落后与分布不平衡的状况，不利于人员、货物在大陆内的自由、有效流动。

在动力和能源基础设施方面，除南非外，撒哈拉以南非洲的多数国家都不同程度的存在供电不足的问题。由于经常断电，导致非洲工业设备利用率普遍不高，严重制约着制造业的发展步伐。

7. 人口与就业压力问题

目前，非洲大陆的人口增长率高达2.3%，专家估计，到2050年，仅撒哈拉以南非洲人口就可达20亿。快速增长的人口使得每年有700万~1000万非洲青年进入劳动力市场，而持续多年的经济增长并没有拉动非洲就业的增长，失业问题比较严重。据国际劳工组织统计，2008年北非和撒哈拉以南非洲年轻人失业率分别达24.1%和11.3%，[①]随着全球金融危机的蔓延，非洲国家失业问题也愈加严重。不仅如此，过快的人

---

① Economic Commission for Africa African Union, *Economic Report on Africa* 2010: *Promoting high-level sustainable growth to reduce unemployment in Africa*, 2010, p.160.

口增长也使非洲各国在粮食安全、教育、医疗、基础设施等方面面临沉重的负担。因此，增加就业、改善民生已成为非洲各国面临的紧迫任务。

值得注意的是，2008年金融危机爆发后，非洲领导人再次反思其发展战略，正视国家经济发展面临的问题，希望另辟蹊径，加强南南合作、借鉴中国发展的成功经验。实际上，在此之前，非洲国家就已关注"中国模式"。他们探究中国改革开放30年来的经济发展道路，希望学习中国经验，借鉴中国经济发展的政策，进而结合本国实际，制定依靠自身努力的长远发展战略，探索自主的、以人为本、多样化的发展道路，[①]破解国内经济发展难题。因而，中国经验对非洲的吸引力进一步增强。有迹象表明，随着时间的推移，越来越多的非洲国家表示愿意分享中国的发展经验，期盼与中国深化合作，这为中非全面深化合作提供了新空间。

---

[①] 姚桂梅：《金融危机对非洲探索发展道路的启示》，载杨光主编：《中东非洲发展报告》（2009—2010），社科文献出版社，2010年版。

# 第二章
# 中国改革发展的一般性特征

中国改革开放的理论与实践,与深刻影响非洲国家经济调整和发展的"华盛顿共识",以及非洲国家提出的发展理论和战略相比,具有许多不同的一般性特征。

## 一、坚持独立自主

中国长期坚持独立自主、自力更生,改革开放也没有放弃这一方针。中国的改革开放政策,并不是西方施加压力的结果,而是中国在"文化大革命"结束以后,在充分认识到计划经济弊端基础上的自主选择。改革开放的目标、方针和政策,都是根据国情自主决定的。中国所进行的改革是从计划经济向市场经济转型,但并没有走"全盘西化"的道路,而是在改革开放的进程中,摸索出一条独具中国特色的发展道路,以及一套包括邓小平理论、"三个代表"重要思想,以及科学发展观等思想理论的中国特色社会主义理论体系。中国的对外开放在积极利用全球化提供的机遇的同时,坚持有所控制的原则,特别是关注对外开放与经济安全的关系，防范和化解国际风险的冲击，对金融领域的对外开放保持慎重。融资方面的自主性是中国保持改革发展自主性的重要保障。中国在启动改革开放之时，是一个既无内债、也无外债的国家，已经长期没有通货膨胀，因此具有良好的国际融资条件以及运用财政货币政策解决发展资金问题的灵活空间。在改革开放的过程中，中国依靠强大的国内储蓄，以及改善投资环境吸引侨资和外国直接投资，较好地解决了经济发展的资金问题，因此较少受到国际融资机构的条件制约。中国也曾经是一个接受援助的大国，但并没有形成对援助的依赖，而且利用援助发展扶贫事业和基础设施建设，把"输血"变为"造血"，提升了自身的发展能力。

相比之下，非洲国家也曾经提出许多非洲的发展方案和发展战略，但实际上都是采用了外来的发展方案和模式。非洲国家长期严重依赖国际援助，是造成这种现象的重要原因。20世纪70年代末以来，非洲国家尽管启动经济调整的时间与中国改革开放的时间相差不多，但初始条件与中国有很大不同。它们一般都是在陷入严重的外债和内债危机，以及出现高通货膨胀情况下，为获得国际援助机构的紧急援助，被迫接受国际援助机构和债权国的调整方案，致使并不符合非洲国情的新自由主义《结构调整方案》在非洲大行其道。最近30年左右，尽管一些非洲国家的债务状况有所改善，但仍然没有完全解决债务问题，依然严重依赖国际援助。因此，在经济调整和发展的道路上，仍然难以摆脱西方国家的影响，难以获得经济调整的主动权。自从20世纪80年代"依附论"的影响渐趋衰落以来，非洲国家再也没有提出什么有影响的发展理论。

## 二、保持坚强领导

中国共产党的长期执政及其领导下的强有力的中央政府，是中国改革发展成功重要政治条件。第一，中国共产党长期执政并且承诺坚持改革开放，走中国特色的社会主义道路，为确保改革开放的方向不变和稳妥推进，提供了坚强的政治保障。第二，邓小平提出"三步走"战略，[①]为中国从20世纪80年代初每年人均国内生产总值250美元的低收入国家到21世纪上半叶达到中等发达水平，规划了中国发展的长远目标。而中国共产党的长期执政以及中国历届中央政府根据这一目标，制定和落实指导性的"五年发展规划"，以及各项改革发展政策，确保了改革开放政策的长期连续性和长远战略目标的逐步实现。第三，中国共产党领导下的全国统一局面，以及强大中央政权与地方的密切联系，确保了中国改革开放各项战略和政策措施的强大执行力。第四，中央政府有效进行宏观经济调控，确保了经济比较平稳地运行，确保市场经济的发展能够坚持社会主义方向，走共同富裕的社会主义道路。第五，政府通过开展和平外交，成功应对世界经济波动和国际金融危机的冲击，为改革开放和经济发展创造了有利的国际环境。

相比之下，非洲国家的政府往往比较软弱。首先，非洲国家所被迫接受的《结构调整方案》，基本上以新自由主义为指导，具有著名经济学家斯蒂格利茨所说的"市场原教旨主义"色彩，在价值取向上强调自由市场的作用，具有否定权威政府的倾向。在这样的理论指导下的《结构调整方案》，不可能重视发挥政府的作用。其次，西方国家利用援助为手段，其中包括对非洲国家政府提供的一般性预算援助，为援助附加

---

① 中共中央文献编辑委员会编：《邓小平文选》第3卷，人民出版社，1995年，第226页。

各种各样的政治条件，要求受援国按照援助国的模式进行政治和经济改革，使受援的非洲国家在经济和政治发展方面，极大限制了非洲国家对政治和经济发展道路的选择。再次，20世纪90年代以来，非洲国家逐渐实行多党制并普及了多党竞选的政治制度，政府变更频繁。由于各个党派的利益和政见不同，经济发展战略难以保持连续性，更难以确定长远发展目标并长期追求，逐步实现。最后，非洲经济社会发展的一个重要特点是，部族主义依然盛行，有些国家还存在不同宗教或教派的分歧。因此，在许多情况下，民众对部族和宗教的认同甚至超过对国家的认同，政党的背后往往也有部族主义的背景，非洲国家因部族利益和宗教分歧引发的冲突不胜枚举，导致国家的政局不稳甚至分裂。这也是造成非洲国家政府比较软弱的原因所在。

## 三、强调发展生产力

从思想文化层面来看，中国改革发展的成功，与坚持发展生产力的观念有密切关系。新中国成立以来，中国一直以马克思主义为指导思想。马克思主义的重要组成部分是历史唯物主义，它强调生产力的发展决定历史发展进程，对于60年来一直以马克思主义为指导思想的中国来说，影响至深。发展生产力的理念也一直深深地贯穿着中国经济改革开放的指导思想之中。中国共产党认为，在当前中国所处的社会主义初级阶段中，我国所要解决的主要矛盾，是人民日益增长的物质文化需要同落后的社会生产之间的矛盾。[①]在此认识基础上，中国的改革开放一直把解放和发展生产力作为一项根本任务。邓小平在1992年就曾强调，"社会主义的

---

① 参见1981年6月中共十一届六中全会通过的《关于建国以来党的若干历史问题的决议》。

本质，是解放生产力，发展生产力，消灭剥削，消除两极分化，最终达到共同富裕"。他同时提出，是否有利于发展社会主义生产力是衡量一切工作是非得失的判断标准。在更早些时候（1988年），他就提出"科学技术是第一生产力"。马克思主义的发展生产力的思想，对于中国在改革过程中统一全国人民的认识、坚持以经济建设为中心，以及坚持以改革开放，发挥了核心作用。发展生产力的观点可以说是中国改革发展的基本精神动力。

在非洲国家的思想文化中，似乎没有把发展生产力的发展摆到重要的位置，而是消费文化的倾向更加突出。南非学者莫莱齐·姆贝基在对南非与中国的比较研究后认为，在南非执政的民族主义者往往优先考虑财富再分配问题，以及如何满足自己和支持自己的选民的消费，而并不重视投资和生产，以及为此改善投资环境。在他看来，南非国内生产总值中的私人消费比重上升，固定资产投资比重停滞不前，净出口的比重趋于下降，是南非不能像中国那样依靠扩大投资、加快制造业发展和出口生产，实现快速经济增长，以及发生大量资本外逃的原因。① 非洲的一些矿产资源国输出国，特别是石油输出国，在国际石油价格暴涨中获得了大量的石油收入，虽然具有加快资本积累的良好条件，但经济发展仍然长期缓慢，有些学者把这种现象称为"资源诅咒"或"荷兰病"。其实，这与这些国家仅仅满足于对石油地租的再分配职能，而不是把石油收入投资于经济多样化发展的做法有关，也是消费文化的一种写照。值得注意的是，非洲的传统文化也存在不利发展的因素。特别是在广大农村地区盛行的一些根植于前资本主义的村社、氏族、酋长制度，以及部落土

---

① Moeletsi Mbeki, "Architects of Poverty: Why African Capitalism Needs Changing"，参见［南非］莫列齐·姆贝基在中国社会科学院西亚非洲研究所的演讲，2011年11月10日。

地公有制等基础上的集体主义、财富共享、部落和村社意识等传统文化，对于现代化来说也具有负面作用，①特别是不利于发挥人的生产积极性；不利于资本积累和统一市场的形成。因此，从总体来看，非洲传统文化对社会经济发展的消极影响要远远大于积极影响。②在非洲的外来文化中，伊斯兰教影响着全大陆人口的40%。然而，伊斯兰教作为一种宗教意识形态，就其经济方面的内容而言，仍是大多强调公正分配财富，却很少讲到发展生产。

## 四、积极对外开放

中国在改革开放中，强调吸收人类的一切先进文明成果，③通过引进、消化和吸收，把包括西方发达国家在内的人类创造的优秀精神文明成果和物质文明成果，转化为自身的发展能力，形成落后国家的"后发优势"，实现加速发展。在理论上，中国注意学习借鉴，在坚持中国化的马克思主义经济学的同时，对西方经济学理论从不盲目排斥，特别注意吸收其在市场经济和资源配置等方面的理论成果，借鉴其有用的分析工具和分析方法。在实践中，中国积极应对经济全球化的大趋势，努力寻找发展机遇，特别是利用跨国公司调整全球部署的机遇，发挥国内市场巨大和劳动力密集的优势，通过改善投资环境，大规模吸引外国直接投资，以"三来一补"等方式承接国际技术转移，实现了乘势而起和制造业的快速发展。正如一位中国领导人和学者所说，对外开放"使中国的现代化站在世界

---

① 参见艾周昌主编：《非洲黑人文明》，中国社会科学出版社，1999年，第393页。
② 谈世中主编：《反思与发展——非洲经济调整与可持续性》，社科文献出版社，1998年，第185页。
③ 参见江泽民在中国共产党第十四次全国代表大会上的报告《加快改革开放和现代化建设步伐 夺取有中国特色社会主义事业的更大胜利》，1992年10月12日。

文明的肩上"①，使中国的发展站在更高的起点。

非洲领导人和学者出于非洲殖民化的特殊经历，比较容易机械地片面强调对外依赖的负面效应。尽管非洲并不缺乏熟悉西方经济学的人才，但却很少有人成功地把西方经济理论与非洲发展实际相结合，提炼出符合非洲实际的经济发展学说。非洲的"依附论"学者一直主张采取与国际市场"脱钩"的战略，完全否定发展中国家在世界市场体系中实现发展的可能。这种主张有悖全球化潮流，是不切实际的幻想。与先前的非洲发展方案相比，《非洲发展新伙伴计划》对于全球化的认识已有所变化，特别是认识到非洲国家需要通过自身的调整，提高对外国直接投资的吸引力。但是对于如何在经济全球化条件下，发现机遇，加快发展，仍然还没有提出系统的理论。

## 五、推行渐进式改革

"摸着石头过河"是中国渐进式改革的形象比喻，一般是指从局部摸索经验，然后逐渐全面铺开。中国改革开放的每一个领域几乎都经历了渐进的过程。中国的经济改革从农村和农业开始，逐渐扩大到城市和工业、服务业。价格改革经过双轨制以后，逐渐实现价格全面放开。市场化改革（产权制度、定价制度、市场组织等）首先从农村和非公有制企业等中央计划经济体制外进行，逐步扩展到国有企业。所有制改革从单一的公有制经济逐步过渡到以多种实现形式的公有制经济为主体，多种所有制经济共同发展。收入分配方式从平均主义逐渐过渡到以按劳分配为主体，多种分配方式并存，生产要素参与分配。对外开放的地域从

---

① 李铁映主编，邹东涛等著：《中国经济体制改革基本经验》，中国人民大学出版社，2008年，第11页。

特区试验开始，逐渐过渡到沿海港口城市开放、建立沿海经济开发区、沿边开放、沿江开放、内地开放。对外开放的形式从"引进来"开始，逐渐发展到利用国内和国外"两个资源、两个市场"和企业"走出去"战略，最后以加入世界贸易组织的形式与新的国际贸易和投资体制全面对接。这种渐进式的改革开放，根据具体情况在探索中推进的办法，社会震动较小，比较稳妥。

非洲国家进行的结构调整，基本上是按照国际援助机构的"一刀切"方案进行的。宏观经济稳定化（通常是实行剧烈的财政和货币紧缩政策）、资源配置市场化（特别是大范围地放开价格）、对外贸易自由化（削减进口关税和非关税壁垒措施）和全面的国营企业私有化等改革措施，在很短的时间之内全面推开。这种急进式的调整，忽略了非洲国家市场经济不发达和市场很不完善的现实，以及民众对这种急进式改革的承受能力，缺乏一个围绕着国情试验探索和循序渐进的过程。其结果往往是激励生产方面效果有限（非洲国家20世纪90年代以来经济增长的恢复，仍然主要是国际初级产品价格回升的结果）；而造成的社会代价却比较高，特别是在非洲国家还严重缺乏社会保障体系的情况下，造成了民众失业扩大、收入减少，甚至出现了新的穷人，给社会带来不稳定因素。西方学者在对非洲结构调整的评估中得出的结论是，尽管人们对结构调整的看法莫衷一是，但"共同接受一个不争的事实，即成果少得令人失望，改革过程弱不禁风"。[①]

---

[①] Poul Engberg-Pedersen, PeterGibbon, Phil Raikes and Lars Udsholt, *Limits of Adjustment in Africa*, Heinemann of Reed Publishing Inc, USA, 1996, p.419.

## 六、减轻社会震荡

中国是在错综复杂的经济社会矛盾中开始改革开放的，因此在改革过程中避免因过度的社会震荡而影响改革和发展，始终是中国中央领导高度关注的问题。中国把发展、改革和稳定分别视为目的、动力和保障，并努力处理好三者的良性互动关系，特别是在改革过程中化解社会动荡的风险。就主要的方法而言，第一是在改革引起的利益格局变化中，不损害绝大多数民众的既得利益，并且在短期内能够获得新的利益，以此赢得广大民众对改革的支持和参与。第二，在经济体制改革中不采用与旧的体制立即一刀两断的方法，而是通过在旧的体制中注入新机制或允许新旧体制并存一段时间的办法，让新体制壮大成长并最终取代旧体制。第三，任何改革措施的出台，都不仅考虑到经济可行性，也要考虑到社会可行性，特别是民众的承受能力。第四，对于那些在改革中利益受到损害的民众给予适当的补偿，其中既包括物质补偿，也包括机会补偿。第五，区别不同情况，利用法律、行政、舆论、道义等手段，对损害社会安定的行为进行约束和治理。[①]第六，努力建设全国基本社会保障制度。此外，中国在政治层面采取广泛的政治协商制度、民族区域自治制度，以及对老少边穷地区的转移支付政策，对于缓解社会矛盾和防范社会动乱，也具有重要作用。

非洲国家的经济调整和发展也是在十分复杂的环境中进行的。非洲国家一般都还不能称为民族国家，民众对国家的认同远远低于对部族的认同，该地区存在的2000多个大大小小的部族和五花八门的宗教，使部

---

① 李铁映主编；邹东涛等著：《中国经济体制改革基本经验》，中国人民大学出版社，2008年，第13~20页。

族和宗教矛盾十分普遍，成为社会稳定的最大挑战。一些国家尽管实行了多党制，但在许多情况下，党派之间的政治分野背后，是不同部族和宗教的利益。执政党和政府在平衡部族和教派利益上的失误，加上急进式结构调整造成的社会震荡，往往使非洲国家经常爆发社会动乱，特别是在选举之年，往往都是社会动乱的敏感时期，逢选易乱。在有些情况下，社会动乱甚至会演化为内战。2010年底以来在北非地区爆发的局势动荡、政权更迭和利比亚战争，究其原因而言，在很大程度上与执政党和政府没有能够妥善应对国际金融危机的冲击，没有采取有力措施减轻经济调整中的社会代价（例如粮食价格控制问题、失业问题、贫富差距问题等），以及没有合理关照部族之间的利益（例如利比亚的情况），有着直接的关系。

## 七、缔造和平环境

中国在短短的30年里经济与社会发展取得的成就，根源于中国根据国情所进行的自主探索，而不是照搬照抄任何西方自由经济理论或政治制度。正是由于中国的快速崛起及其发展模式有别于西方的独特性，使得一些西方人士对中国的"和平崛起"感觉到所谓的"威胁"。从冷战结束后初期盛行西方的所谓"中国崩溃论"到后来的"中国威胁论"以及近年来的"中国责任论"，伴随中国发展的西方舆论环境远非善意的理解和支持，而更多是"唱衰"、"遏制"或者"捧杀"。为打破这一不利于发展的舆论环境，中国政府最广泛地在国际上结交朋友，秉承平等互利、合作共赢的精神，执行以"大国是关键、周边是重点、发展中国家是基础、多边是舞台"为核心的外交方针，对发展中国家、周边国家和发达国家进行准确外交定位，在谈判解决历史遗留的边界问题、香港澳门回归中国主权、海峡两岸缓和关系并加强往来、妥善处理中美关系、建立中俄战略协作伙伴关系，实行安邻和睦邻政策，巩固和扩大与非洲等广大发展中国家的关系基础，加入世界贸易组织等方面，进行了成功的外交努力，为经济改革发展创造了必要的和平环境。21世纪初，中国政府又进一步提出了建设和谐世界的外交新理念，其基本内涵是持久和平、共同繁荣以及人与自然和谐相处。中国高举"和平、发展、合作"的旗帜，不仅为国民经济发展创造了发展机遇期和有利的国际环境，也为世界的持久和平作出了贡献。

与中国情况形成鲜明对照的是，非洲是当今世界上局部动乱和武装冲突的高发地区。从冲突类型看，非洲大陆不仅存在国内各类冲突，而且不同国家间也因边界问题、资源开发归属问题、跨境武装冲突问题，发生不同烈度的冲突。此外，非洲部分国家也与英、美等大国在一些时段有过交恶，遭受经济制裁，乃至直接受到军事干预。从冲突的解决方式看，虽然联合自强、在非洲联盟的框架内解决非洲问题一直是非洲国家多年来追求和努力的方向，但非洲冲突的复杂性又使非洲无法凭自身的力量解决冲突和安全问题，暴露出其在愿望和能力之间纠结的无奈。因此，频仍、复杂并呈现多元化发展趋势的非洲地区冲突构成了制约非洲经济发展的重要障碍。

# 第三章
# 面向非洲的中国经验

基于中非经济发展与调整的不同国情,以及关切非方的发展需要,现提出以下领域可供非洲借鉴的相关中国经验。

## 一、农业发展与减贫

### 1. 中国农业发展取得的成效

中国是个农业国,农业是关乎国计民生的国民经济基础产业,是国家安全和社会稳定的关键,是国家实现经济增长与减贫的依托。改革开放以来,中国农业发展的最大成就是以占不到世界10%的耕地养活了占世界20%以上的人口,国家层面的粮食安全得到保障,粮食自给率稳定在95%以上[①]。1978年至2010年,中国粮食生产取得很大进展,粮食总产量由30480万吨增至54641万吨;单位面积产量由2527公斤增至4973公斤;人均粮食产量由195.5公斤提高到407.5公斤;粮食生产的年增长

---

① 其中,稻谷、小麦保持自给,玉米保持基本自给。畜禽产品、水产品等重要品种基本自给。

速度也达到 1.7%，大大超过人口增速。①

因此，从农业发展对中国经济发展的贡献来看，第一，农业发展为中国解决了居民的温饱问题。第二，农业发展为工业化提供了巨大的积累，大大推进了中国经济飞速增长。"土地剪刀差"制度、源于农民收入提高后储蓄的增加，以及大批年轻、富有活力的农民工务工人员流入到非农产业，促使我国经济在高速增长中实现了结构的调整与优化，三次产业分别占国内生产总值的比例从 1978 年的 27.9%、47.9% 和 24.2%，变化为 2010 年的 10.2%、46.8% 和 43%。② 第三，农业发展是中国实现大规模减贫的主要力量，显著推进了中国的减贫进程。由于中国 90% 以上的贫困人口生活在农村，农业发展与减贫有强烈的正相关性。相关研究表明，农业产出每增加 1%，贫困发生率下降 1.09%。农业增长对中国扶贫的影响约为制造业和服务业增长影响的 4 倍。正是主要归因于农业的快速发展，中国贫困人口数量由 1978 年的 2.5 亿人锐减至 2010 年的 2688 万人，贫困率亦由 30.7% 下降到 2.8%。③

2. 中国农业改革的实施路径

第一，实施土地经营制度改革，保障农民的土地使用权。1978 年实行的土地经营制度改革是以家庭承包经营制度取代人民公社的集体经营制度，农民现可以对其土地使用权转包、租赁和交换。因此，在保证农

---

① 国家统计局服务业统计司：《"十一五"经济社会发展成就系列报告之十二：农林牧渔业全面发展 结构调整成效明显》，参见中华人民共和国统计局网站：http://www.stats.gov.cn/tjfx/ztfx/sywcj/t20110309_402709278.htm, 2011-12-10。

② 国家统计局服务业统计司：《"十一五"经济社会发展成就系列报告之十六：我国经济结构调整取得重要进展》，参见中华人民共和国统计局网站：http://www.stats.gov.cn/tjfx/ztfx/sywcj/t20110311_402709772.htm, 2011-12-10。

③ 中华人民共和国新闻办公室：《中国农村扶贫开发的新进展》（2011 年 11 月），参见中华人民共和国中央政府网站：http://www.gov.cn/gzdt/2011-11/16/content_1994683.htm, 2011-12-09。

地集体所有权的基础上确保了农户的独立经营权，调整了农村土地的经营收益分配关系，激发了农民的劳动热情，兼顾了效率与公平，提高了土地产出率。

第二，实施农业补贴政策，鼓励农民种植粮食作物。政府现已实行的主要农业补贴有：对使用优良种子种植水稻、小麦、玉米、大豆等四大粮食作物及棉花、油菜两种经济作物进行良种补贴；为平抑粮价、促进粮食稳定增长而在粮食生产领域实行粮食直补；实施农机具购置补贴，加快农业机械化发展；为减少煤电、化肥、农药等农资价格上涨且导致农民种粮成本增加而采取了农资综合补贴举措，以此鼓励农民多种粮、种好粮。

第三，重视农业研发和农技推广，推动农业现代化进程。国家不断加大对农业基础研究工作力度，先后启动了"攀登计划"、国家"973"计划等一批农业领域研究课题，在全国各省市区县设立农业科研和推广院所和机构，研发与推广农作物栽培、遗传育种、培肥地力、水土保持、防治荒漠化等方面农业技术，提高农作物产量。

第四，完善与构建农业金融支持体系，形成多元化支农金融体系。国家财政、金融机构、企业集团、社会个人、农户自行融资及外国援助，是当前中国农业发展的主要融资渠道。其中，中央和地方政府不断加大对农业稳定而持续的财政投入，并设立政策性农业保险制度，支持农业发展。

第五，以解决"三农"问题为核心，推动社会主义新农村建设。中央政府采取发展生产与非农产业、改善基础设施、提高基础教育、培训剩余农业劳动力、建立农村医疗保障体系等举措，提高了农民自我积累、自我发展的能力。

### 3. 中国农业发展经验对非洲的有效性

第一，从经济地理看，非洲大多数为农业国，与中国情况类似，贫困人口高度集中在农村地区，因此解决农村人口的温饱问题是减贫的关键。当前，发展农业与减贫现已成为非洲国家经济与社会发展战略或政策的核心。无论从全非层面的《非洲农业综合发展战略》（CAADP），还是国别《减贫战略文件》，均把消除饥饿、减少贫困和粮食危机作为近期国家发展的重要战略目标，由此成为政府的政治意愿与行动纲领。

第二，非洲大陆现有 2/3 以上国家存在程度不同的粮食短缺问题，其症结在于：在农业发展的内部结构中，基于长期以来形成的单一经济作物生产的惯性，政府往往重视经济作物生产（以期满足出口换汇的需要），轻视粮食生产。粮食作物生产在种植业中处于弱势，许多非洲国家都把最好的土地、大部分水利设施、资金、劳动力、化肥等用来发展经济作物，导致国内粮食短缺问题愈加严重，贫困人口始终无法解决温饱问题。

第三，非洲农业生产发展水平仍然低下，对减贫作用不强。从土地制度看，在非洲，由于土地集中在少数大地主手中，小农户土地所有权得不到保障，加上由土地而产生的冲突，会降低土地的生产力。从农业生产投入看，化肥、农药等制品投入程度低，灌溉设施覆盖率低，增加土地投入和劳动投入成为他们增加农业产出的主要手段。稻谷、玉米等粮食单产不及中国的一半；从金融支持体系看，无论从政府对农业的财政投入强度以及小农获得信贷资本的数额，均与中国存在相当差距。因此，非洲农业发展仍处于"低投入——低产出"的格局。

因此，如何以农业发展推动国家经济增长与减贫，是非洲国家需要迫切解决的问题。

## 二、工业化发展

### 1. 中国工业化发展取得的成效

建国之初，中国工业产品产量低，工业部门残缺不全，只有采矿业、纺织业和简单的加工业，许多工业产品不能生产，完全依赖进口。经过建国以来60多年、尤其是近30年的发展，中国工业化取得了世界瞩目的重大成就。第一，工业经济获得空前发展，工业化进程不断加快。2010年全部工业增加值为16万亿元，与1978年（1607亿元）相比增长了100倍。[1] 目前中国已成为仅次于美国的全球第二大工业制造国，实现了工业化初级阶段到工业化中级阶段的历史大跨越。第二，工业体系门类齐全，工业产业结构不断优化。目前中国已建立起拥有39个工业大类、191个中类、525个小类、覆盖联合国产业分类所列全部工业门类的工业体系，高新技术在工业经济发展中的作用日益明显，工业产业结构趋于不断优化。第三，多种经济成分共同发展，业已建立工业企业市场竞争体系。改革开放以来，中国建立、发展和完善了社会主义市场经济体制。在工业领域，通过引导非公所有制企业的发展，建立了一个大量不同经济成分工业企业有序发展的市场竞争体系。第四，逐步建立了大中小型工业企业合理分工，优势互补，协调发展的企业组织结构体系。多年来，中国工业企业数量不断扩张，城镇集体企业、乡镇集体企业以及非公有制企业迅速发展，小型企业数量激增，同时涌现出了一批实力雄厚的大型企业。第五，逐步形成了东、中、西部地区工业实力不断增长，区域

---

[1] 国家统计局服务业统计司：《"十一五"经济社会发展成就系列报告之六：工业经济在保增长调结构中书写精彩答卷》，参见中华人民共和国统计局网站：http://www.stats.gov.cn/tjfx/ztfx/sywcj/t20110304_402707882.htm，2011-12-08。

工业协作和协调不断完善的区域工业发展格局。

工业化是实现现代化的重要途径，对于中国这样的大国经济尤为如此。第一，工业化拓展了中国产业发展的空间，资本品的生产为农业、建筑业和第三产业的发展准备了必要的条件。工业门类众多，与单一的传统农业部门相比，可以提供更多的产业发展机遇。第二，工业化提供了传统农业部门所不能给予的就业机会，增加了居民收入，提高了人民生活水平。第三，通过增值税等税种，工业化为国家财政提供了重要的收入来源。第四，工业化需要科学技术的支持，同时也推动了科学技术的不断发展。第五，工业化增强了中国对外出口能力和国际竞争力，提升了中国的综合国力和在世界经济体系中的地位。

2. 中国工业化的实施路径

工业化居于"四个现代化"之首，是建国以来中国确立的经济社会发展主要目标。60多年来，中国政府促进工业化发展所采取的主要政策和做法主要包括：

第一，把工业置于优先发展的地位，在计划经济条件下通过工农业产品价格"剪刀差"最大限度动员已有资源支援工业发展。尽管"剪刀差"政策不无弊端，但是其对中国建国以来工业化早期发展的历史贡献却是毋庸置疑的。

第二，按照工业化发展的实际进程选择符合国情的工业体系并加以坚持，通过关税等政策保护自身工业安全。

第三，通过外商投资优惠政策吸收外国资金和先进技术，并且通过出口退税等政策促进本国工业生产能力的提升。

第四，引导和鼓励非公有制工业企业的发展，促进工业产品市场竞争的良性发展。

第五，通过"双轨制"的实施逐步实现工业产品价格的市场化改革，促进工业生产面向市场的平稳过渡，保持工业的稳定发展。

第六，实行九年制义务教育，推动高等教育的跨越式发展，为工业发展提供高素质的人才和具备合格技能的劳动力。

第七，通过分税制改革提高地方政府发展工业的积极性。

第八，坚持公有制经济的主体地位和国有经济的主导地位，实现国家对关系国家经济命脉的重要工业行业的控制，保证国家经济稳定和产业安全。

### 3. 中国工业化经验对非洲的有效性

第一，非洲国家大多工业发展落后，工业化水平较低，政府坚定不移地实施工业优先发展的战略。长期以来，非洲各国深受殖民统治时期形成的以原材料生产为主的低层次经济结构的影响，制造业发展水平低。非洲国家国情差异大，工业体系的实现选择也会有较大差异，但是应大力发展工业这一条却是相同的。

第二，非洲国家需要大力促进国家资源向工业行业的积聚，力争实现工业发展的跨越性发展。当前许多非洲国家工业发展水平低，与中国建国之初的情况相似。非洲国家虽然很难实现与中国工业化早期类似规模的资源动员，但仍可通过财政、税收等政策向工业部门倾斜。

第三，非洲国家可通过优惠政策吸收工业领域外商投资。

第四，从产业安全角度出发，非洲国家可保持对工业领域外资的适当控制。非洲国家经过多年私有化，国有经济规模已经很小，这一点与中国国情有重大差异。但对工业领域外资的适当控制可减轻外部经济不利因素对国内工业发展的冲击，仍然是必要的。

第五，大力发展教育事业，提高非洲广大民众的劳动力素质。非洲劳动力众多，但较低的教育程度使得劳动力优势难以转化为制造业发展的成本优势。

## 三、基础设施[①]建设

1. 中国基础设施建设取得的成效

中国政府历来重视基础设施建设，成效彰明较著。截至 2009 年底，中国共有水库 87151 座，水库总库容量 7064 亿立方米，堤防长度达 29.1 万公里；截至 2010 年，全国铁路营业里程 9.1 万公里，公路里程 398 万公里，沿海规模以上港口货物吞吐量 54.3 亿吨，已建成全球第二大航空运输系统及横跨东西、纵贯南北、覆盖全国、连通海外的油气管道干线网，全国拥有移动电话交换机容量 150518 万户，光缆线路长度 995 万公里，移动电话用户 8.6 亿户，互联网普及率 34.3%。[②]

这些基础设施对中国经济与社会发展带来了一些正效应。第一，水利设施建设持续加强，增强了防洪、防涝、抵御自然灾害的能力，推动了农业经济的发展，使其服务于农业灌溉和抗击旱涝灾害。第二，交通通讯网络覆盖面迅猛扩大，拉动区域经济发展。初步建成的畅达性交通运输系统，有利于促进贸易，降低交易成本，为经济发展提供基础条件。第三，交通基础设施与经济增长有很强的空间聚集特征，且存在正相关性。研究表明，基础设施投资每增加 1 亿元，就会带动国内生产总值增

---

① 本部分中的基础设施特指公路、铁路、机场、通讯、水电煤气等经济类公共设施，不包括教育、科技、医疗卫生、体育、文化等社会类基础设施。
② 国家统计局服务业统计司：《"十一五"经济社会发展成就系列报告之七：交通运输业成就卓著》，参见中华人民共和国统计局网站：http://www.stats.gov.cn/tjfx/ztfx/sywcj/t20110304_402707886.htm, 2011-12-10。

加约49亿元,① 这要源于基础设施投资的乘数效应,基础设施投资需求诱发了生产活动,进而涉及个人消费和其他投资领域,最终使国内生产总值出现了一定程度的增长。第四,基础设施建设对减贫产生了积极影响。由于基础设施是公共产品,与改善贫困地区或人口的生产、生活条件密切相关,在空间上可为它与外部市场搭建路径。

**2. 中国基础设施建设的实施路径**

第一,中国政府统筹安排国内的基础设施建设,且与基础产业发展态势密切结合,最终与国家发展战略和政策保持协调与一致。在促进工业化和现代化的过程中,国家各产业发展遵从农业、轻工业和重工业这一发展顺序。按轻重缓急先后次序划分,基础设施建设位居国家发展战略的第二次序,排在农业和乡镇企业之后,彰显科学发展观。

第二,推进投资主体多元化,拓宽基础设施建设融资渠道。中国的基础设施融资主要通过两大渠道获得:一是源于财政资源的直接预算投资。政府遵循"量力而行"的原则,始终保持积极稳健的财政政策,通过中央政府和地方各级政府的财政预算投资于基础设施建设。当然,中国政府也利用国际援助建设了一大批基础设施,但在基础设施建设投资上的国际贷款(包括优惠和非优惠)数额不大(占基础设施总投资中的比例在5%以下)。国内投资占主体,未形成对外资依赖现象。二是以市场为导向的融资,包括贷款与公私合作。中国政府鼓励银行业向基础设施投资,还通过发放基础设施建设公债筹资。近年来,由于政府引进"建设—运营—转让"模式,也批准一些私营部门参与基础设施建设项目。

第三,国家以实物折款或现金形式投入到受赈济地区,实施基础设

---

① 王海民:《基础设施:增长与减贫的基础》,http://www.iprcc.org.cn/front/article/article-list.action?catalogId=382&specialId=346, 2011-12-10。

施建设，让受赈济地区的困难群众参加劳动并获得报酬，使基础设施建设与扶贫行动相联系。政府在实行"以工代赈"方式实施基础设施项目时，主要以县乡村公路、农田水利等农村小型基础设施工程为主，使大量农村劳动力从中获得劳务报酬，直接增加收入。

### 3. 中国基础设施建设经验对非洲的有效性

基于历史与现实原因，非洲国家大多呈现外向型出口经济的特点，经济发展很大程度上得益于基础设施的持续改善，因此无论从地区层面，还是从国家层面，急需提高基础设施建设能力，满足经济与社会发展需求。

第一，从国家层面看，提高基础设施建设水平是改善非洲国家贸易条件的重要因素。由于非洲有30%以上的人口生活在内陆地区，许多农、矿产品生产地与国际出口市场相距较远，凸显国与国之间交通运输系统的通达性问题。而非洲缺乏道路网络，这就造成了运输费用高昂，影响了非洲出口商品的国际竞争力，也相对减少了出口产品生产者的收益。显然，基础设施的改善仅仅依靠市场机制的自我调节难以实现，政府必然在其中发挥主导作用。从国际层面看，非洲大陆基础设施建设问题已被非盟提上重要的议事日程。《非洲发展新伙伴计划》的目标之一是促进基础设施发展，推动非洲区域一体化，2002年非盟制订了基础设施短期行动计划。2010年，非盟宣布实施涉及全非交通、能源、跨境水管理和信息通讯技术的基础设施建设计划，加强计划的执行力是关键。

第二，基于发展战略的失误，非洲国家在独立之初的20年曾依靠借贷进行过大规模基础设施建设。这不仅成为外债负担剧增的原因之一，还因基础设施投资过快挤占了其他方面的资金，未实现基础设施建设与产业发展的协调。如何量力而行、确定基础设施建设的适度规模，非洲国家需要基于自身的历史教训和他国的经验进行反思。

第三,非洲国家在基础设施建设中普遍存在资金短缺及本土企业不具备实施大型基础设施项目的能力,现主要通过国际合作渠道来融资,经合组织发展援助委员会、欧盟、美国、英国、中国均参与其中。对于非洲国家来说,需要思考的是:如何根据本国的实际需求、财力及可能的筹资情况进行基础设施建设的统筹规划?如何扩大基础设施资金来源问题?如何权衡基础设施融资主要依赖外资的利弊?

## 四、对外经贸合作

### 1. 中国对外经贸合作取得的成效

改革开放30多年来,中国对外经贸合作发展迅猛,特别是21世纪初随着中国加入世界贸易组织,中国对外经贸合作更是进入了一个高速发展的新时期,成就极为显著。第一,基本形成了全方位、多层次、宽领域的对外开放格局。第二,货物贸易规模由小到大逐年扩大,增速由慢到快实现快速增长,贸易总量跃居世界前列。2010年中国货物进出口总额接近3万亿美元,仅次于美国位列世界第二。[①]第三,利用外资规模和水平大幅度提高,"走出去"战略取得明显成效。2010年中国吸收外商直接投资流量达1057亿元,仅次于美国,位列世界第二;同年,中国吸收外商直接投资存量已达5788亿美元。[②]第四,对外援助、对外工程承包等对外经济合作范围不断扩大,竞争力逐步增强。第五,与国际经济组织合作规模有所扩大,领域不断拓展,区域经济合作也取得了明显进展。2001年加入世界贸易组织是推动中国对外开放水平提高的重要里程碑;目前中国已经与数十个国家和地区建设了十多个自由贸易区,有

---

① 国家统计局:《2010年国民经济和社会发展统计公报》,2011年2月28日。
② UNCTAD, *World Investment Report 2011*, July 2011.

效地推动了区域经济合作的发展。

对外经贸合作的发展是中国经济发展的重要推动力量。第一，进出口贸易可以直接拉动经济增长，而外商投资带来了经济发展所需的资金和技术。1978~2010年，中国进出口贸易总额从355亿美元陡升至29728亿美元。[①] 第二，对外贸易的快速增长和吸收外资的增加为中国提供了扩大进口和对外投资所需的外汇资金。第三，进出口贸易为财政提供了重要的税收来源，增加了国家财力。2010年，我国关税和进口环节税10528亿元，占全部税收收入的13.6%。[②] 第四，能源、资源性产品的进口缓解了国内资源供应瓶颈，高新技术产品的进口促进了国内技术进步，对促进我国经济可持续发展起到重要作用。第五，作为一种倒逼改革的机制，对外经贸合作水平的提高必然要求中国加入各种国际经贸合作框架，这些合作框架进一步推动了中国国内改革进程的发展。

2. 中国开展对外经贸合作的实施路径

改革开放以来，中国促进对外经贸合作发展的主要政策举措包括：

第一，开办经济特区，实施特殊的贸易和外商投资政策以促进对外经贸合作。改革开放以来，在试办经济特区、逐步开放沿海城市和沿江、沿边贸易的同时，积极开辟贸易区域，先后办起了经济技术开发区、高新技术产业开发区、保税区、出口加工、边境经济合作区等多种形式的贸易和投资区域，实行特殊的贸易和外商投资政策，有力地推动了贸易的发展和外资的流入。其中，侨资的作用不容忽视。2008年，中国大

---

① 国家统计局服务业统计司:《"十一五"经济社会发展成就系列报告之二：对外开放再上新台阶》，参见中华人民共和国统计局网站：http://www.stats.gov.cn/tjfx/ztfx/sywcj/t20110302_402706681.htm, 2011-12-10。

② 《2010年全国税收收入完成77390亿元实现稳定增长》，参见新华网：http://news.xinhuanet.com/fortune/2011-01/09/c_12961172.htm, 2011-11-28。

陆侨资总额估值为 629 亿美元，占全部外商投资额的 68%。①

第二，实施以"三来一补"②为主的加工贸易形式，以此吸收外商投资，扩大进出口贸易，承接发达国家产业转移，促进国内产业升级和技术进步。

第三，在国际收支管理上，中国采取有管理的渐进开放政策，确保了国际收支和外汇流动的正常秩序。中国在开放资本账户上的谨慎态度使得国内经济得以避免外部经济形势变化带来的资金大幅流动。

第四，通过进出口税收政策根据国内实际情况对进口和出口产品数量和价格加以调控。中国长期实行的出口退税、信用保险扶持等政策带动了企业出口的积极性；资源类产品的高关税或配额制度则可对国内资源类产品的出口行为加以规范。

第五，中国制定了外商投资产业指导目录，有关部门对外资企业并购等涉及产业安全的行为实行审查的制度。

### 3. 中国对外经贸合作经验对非洲的有效性

第一，非洲国家总体吸收外资和对外出口的能力不足，制约了其经济的发展。因此，非洲国家需要通过实施经贸合作区、出口加工区、吸引侨汇投资等特殊贸易投资政策，增加吸收利用外资的能力，并且提高本国出口加工能力。2006 年中非合作论坛北京峰会召开以来中国已经帮助部分非洲国家建立了若干个经贸合作区，取得了明显的成效。

第二，非洲国家应吸取历史教训，对国际收支账户保持一定的管制。20 世纪 80 年代以来，大部分非洲国家按照世界银行、国际货币基金组织

---

① 龙大为、谭天星：《中国大陆侨资与外资发展比较研究——基于2005~2008年数据分析》，载《云南师范大学学报》，2011年第4期。
② "三来一补"指来料加工、来样加工、来件装配和补偿贸易，是中国大陆在改革开放初期尝试性地创立的一种企业贸易形式。

等的要求推行了以经济自由化为核心内容的改革。按照上述国际组织制定的改革方案，许多非洲国家推行了贸易和投资自由化的政策，放弃或减少了对国际收支的管制。但 2008 年金融危机发生后非洲多国资本市场等出现突发性资金抽逃致使外汇短缺、本国货币贬值的情况表明，过度自由化的做法不利于维护资本市场的稳定发展。

第三，基于国家经济安全考虑，非洲国家应限制外资对金融等命脉行业的掌控。除南非等少数国家外，非洲国家金融业发展程度较低，特别是有许多国家外资金融机构通过并购等手段占有较大的市场份额，实际上掌控着这些国家的金融命脉，这不利于非洲国家的经济安全和自主发展。

## 五、外援管理与利用

### 1. 中国利用外援取得的成效

自 1978 年以来，中国开始大规模接受外国援助，主要援助方包括：联合国开发计划署、粮农组织、世界银行、亚洲开发银行、欧盟等多边机构；日本、德国、法国、美国、英国、西班牙、加拿大等国家；艾伯特基金会、阿登纳基金会等非政府组织。根据经合组织发援会的统计[①]，截至 2009 年，中国共接受官方发展援助 11.53 亿美元，其中 88% 为双边援助。[②] 这些国际援助主要流向教育、交通基础设施、农业、林业、社区发展等领域。由于这些领域与中国的经济发展与减贫项目相契合，因此外援为中国的经济建设和社会发展提供了重要支持和催化作用。与此同时，国际机构和发达国家丰富的发展经验和大量的扶贫方法也被引入中国，对中国的

---

① 由于中国商务部与经合组织发援会在统计方法和范围不同，双方统计的援助额有差别。
② 参见经合组织发援会网站，http://www.oecd.org/dataoecd/1/21/1880034.gif, 2011-12-09。

经济建设与扶贫开发的理论、方法、制度建设等方面产生了积极影响，推动中国扶贫制度的创新。

**2. 中国管理与利用外援的实施路径**

第一，中国政府对外援的管理采用的是"统一管理"与"对口管理"的原则。中国自接受外援之始就设立了管理外援的制度安排，即外援资金首先进入中央政府部门，再由中央政府部门分配到地方，各级政府部门实际上承担了外援监管的职能，并把援助资金纳入了政府可以动用的财政资源的范畴。政府以商务部和国家财务部为支点，分别对外援赠款和贷款实施具体的项目。在此过程中，对应的政府部门与外援方进行对口接洽并执行项目，如财政部负责来自世界银行与亚洲开发银行的援助项目。另外，中国遵循"官对官、民对民"的管理方法，由民政部门归口负责注册和管理非政府组织在华援助事宜，国内非政府组织（如国际民间组织合作促进会）承担具体援助项目的实施。

第二，确立"以我为主"和"为我所用"利用外援指导思想。在此指导思想下，中方形成了选择外援项目的三大标准：一是必须符合中国的长期发展规划；二是必须符合中国的扶贫计划；三是必须因地制宜。[①]外援计划和项目由此被充分纳入到中国自身的发展规划及规划的执行过程中。中国发展改革委员会由此负责与商务部、财政部协调援助项目的执行。这种受援国主导做法使得中国掌握了接受援助和管理援助资金的主动权，因此中国能够把有限的援助资金引导到国内需要重点发展的项目上，从而使援助资金发挥最大的效能。

第三，注重发挥援助方的"知识传播"作用，提高消化与吸收外援

---

① 参见周弘：《中国对外援的管理》，载于"国际发展合作：增长与减贫经验的分享"国际研讨会会议资料，中国国际扶贫基金，2009年10月28日。

能力。由于发展援助为新思想、新方法、新知识和经验开辟了途径，故中方借此契机积极、主动地向援助方学习相关技术与接受培训，更新观念，改善管理，创新机制，从援助项目开发到项目设计，执行过程中的管理、评估与监测，以及参与项目人员均从中获益，提升自身可持续发展能力，使外援充分释放知识转让的效能，中方取得能力开发与提高的成效。

3. 中国管理和利用外援经验对非洲的有效性

第一，非洲接受国际援助的主要地域，约占国际援助总额的1/3，因此国际援助已成为大多数非洲国家解决发展资金不足的重要补充。当前，非洲有20余国属中度或高度依赖国际援助国家，这清楚地表明国际援助在非洲国家经济与社会发展中的重要地位。国际组织虽相继出台了《巴黎援助效益宣言》、《阿克拉行动议程》等有关提高援助效益的文件，但仅靠援助方改变做法是行不通的，非洲国家作为受援方当然希望从自身做起，分享中国管理与使用外援的成功经验，扭转其在接受国际援助中的不利地位。

第二，在非的各国际援助方凭借其主导的国际援助体系、手中掌控的强势话语权，在很大程度上对在非洲国家实施的援助项目方式、重点领域等方面强力干预。无论是多边援助方，还是双边援助方，它们在为非洲国家提供援助时，均确定了符合援助方的援助条件、援助资金流向，甚至把援助方所认同的价值观强加给非洲受援国，这与非洲国家谋求与建立援助伙伴国之间平等关系、发挥受援方主导作用的意愿相左，非洲国家正在探求与争取更大的话语权和影响力。

第三，与中国情况不同,非洲国家虽强调加强政府在援助中的自主性，但尚未出台选择与接受外援的标准。反而，为了获得国际援助，非洲国家一方面应援助方的要求，提交国别《减贫战略报告》；另一方面，出于国家发展战略考虑，又有《2030年国家发展远景规划》，未形成二者的有效统一。非洲国家当下需尽快且主动地确定接受外援的标准，弥合国际援助资金流向与国家发展战略的鸿沟，且使前者服务于后者的需要。

## 六、人力资源开发

1. 中国人力资源开发取得的成效

医疗卫生事业与教育事业是人力资源开发的核心内容和主要途径，是一个国家建设人力强国的重要方式。改革开放以来，中国在医疗卫生及教育事业方面的发展成绩显著，较好地改善了中国人力资源状况，为中国经济的高速发展打下了坚实基础。第一，在提高国民身体素质方面，中国政府不断加大医疗卫生开支，重大疾病预防控制工作取得明显成效，大力推进医疗卫生事业。截至2009年，中国人均期望寿命达到73岁，高于世界平均水平4岁；婴儿死亡率由1990年的37‰降为2009年的17‰，20年内降幅超过一半；年龄超过65岁男性和女性占同群组比例分别达到76%和83%，分别高于世界同期平均水平8%和7%。[①] 第二，随着国内基础教育、中等职业技术教育、普通高等教育和成人教育有计划、分阶段的实施，中国多形式、多层次、多学科的教育体系正逐步形成。据第六次全国人口普查数据显示，2010年，中国每10万人中拥有大专及以上文凭人数已经达到8930人，是2000年时的2.47倍；每10万人中拥有高中和中专文凭人数为14032人，并呈逐年递增趋势；文盲人口从1982年的22996万人降为5466万人，文盲率降为4.08%，降幅近20个

---

① 世界银行，《世界发展指标2011》，中国财政经济出版社，2011年9月，第118~120页。

百分点。① 政府、社会及民众的大力支持，使中国的教育事业飞速发展，成就斐然。

高速发展的医疗卫生事业，为中国经济增长提供了保障。大批身体健康，充满活力的劳动者投身到经济建设中，为中国经济储备了基础的人力资本。良好的医疗保障体系，为各行各业的工作人员解决了后顾之忧。与此同时，基础教育的普及，有助于改善中国人力资源的基本素质；高等教育的扩招与推广，有利于培养经济发展所需的精英人才；多元化、多层次的职业教育，为各行各业提供了大量的专业人才。此外，科技活动的繁荣昌盛，促进了教育向生产力的转化，推进了以高新技术产业等为代表的第三产业发展进程，对调整产业结构、加快转变经济发展方式有积极的意义。

2. 中国医疗卫生和教育改革的实施路径

第一，在发展医疗卫生方面，中国政府采取的举措主要有：一是逐步健全中国公共卫生服务体系。近年来，中国政府逐步加强公共卫生服务建设，着力健全全民卫生服务体系。一方面，完善专业公共卫生服务网络，包括医院、卫生院、社区卫生服务中心、诊所（卫生所、医务室）、村卫生室、疾病预防控制中心、卫生监督所（中心）等卫生机构，增强疾病预防控制能力。中国建立了高效的疾病监控机制与疫情预警机制，明确了肝炎、艾滋病、结核病等重大传染病的防控措施，最大限度地预防控制疾病。另一方面，在中央及地方各级政府的重视下，加强公共卫生服务基础设施建设，培养专业卫生人才。二是大力发展中国农村卫生事业。1980年，中国农村实行"初级卫生保健"工作，加强农村医疗队

---

① 中华人民共和国国家统计局，《2010年第六次全国人口普查主要数据公报[1]（第1号）》，2011年4月28日。

伍建设，改善农村卫生基础设施与环境。1990年，中国颁布实施《我国农村实现"2000年人人享有卫生保健"的规划目标（试行）》，中国农村卫生事业发展步入新的阶段。2006年，卫生部等部门全面部署实施《农村卫生服务体系建设与发展规划》，大力加强中国县、乡、村三级医疗卫生基础设施建设，组织培训农村医疗卫生人员，极大地提高农村医疗卫生水平。三是逐渐完善中国医疗保障制度。改革开放以来，中国医疗保障制度经过劳保医疗向社会医疗的过度，基本形成了更加公平、高效的全民医疗保障体系，具体包括城镇职工基本医疗保险制度、城镇居民基本医疗保险制度和农村新型合作医疗保险制度。同时，鼓励多元化的医疗保障形式，大力推动商业医疗保险等的发展。

第二，在发展教育事业方面，中国政府采取的举措主要有：一是自1993年中国政府发布《中国教育改革与发展纲要》后，逐年加大对中国教育经费投入，义务教育现已被全面纳入公共财政保障范围。二是关注弱势群体，帮困助学体系不断完善。对于接受义务教育的贫困学生，国家给予"三免一补"[①]特殊扶助；对中等职业学校家庭经济困难学生和涉农专业学生免除学费。此外，以国家奖学金、助学金制度和以风险补偿金为核心的高等教育国家助学贷款新机制业已形成。三是发展壮大中国教师队伍。进入新世纪以来，政府先后推行了"对口支援西部地区高等学校计划"、"免费师范生制度"、"中小学教师国家级培训计划"等，扩大与优化教师队伍。四是大力支持科学研究工作，推动科技创新。

### 3. 中国人力资源开发经验对非洲的有效性

据世界银行统计资料显示，目前非洲国家的人力资本开发较为薄弱，

---

① "三免"是指免课本费、免杂费、免文具费。"一补"是指对小学半寄宿制学生和初中困难学生生活给予补助。

医疗卫生与教育事业发展不容乐观。

第一，非洲国家人力资源素质总体低下。在医疗方面，大部分非洲国家的医院数量很少，设备落后，医院病床数量有限，每千人拥有医生数量等指标在世界各大洲中居末位；居民的营养不良率、新生儿死亡率、平均寿命等指标也同样居于末位；在教育方面，非洲大陆居民的识字率、大学数量、入学率等也均较低。

第二，低水平的医疗和教育状况，导致非洲国家居民整体身体素质较差，劳动者低技能。劳动素质的低下是非洲大陆失业率较高的最重要的原因之一，外资企业在非洲面临着一方面无人可用、另一方面由于雇佣当地劳动少而受到当地社会指责的尴尬境地，严重影响着非洲经济社会的健康发展。近年来，随着非洲经济进入历史上较好的发展期，非洲国家对医疗和教育事业的重视程度逐步加深，投入也逐步加大，但由于起点低，非洲国家对人力资源开发的资金投入依然较少，低于世界平均水平。2009年，非洲国家医疗卫生与教育投入分别占国内生产总值的6.1%和3.8%，而世界平均水平为9.4%和4.5%。

非洲国家和中国都是发展中国家，只是处于不同的发展阶段。在发展过程中面临的各种经济社会问题都有一定的共性，在医疗和教育方面也是如此，探讨、学习中国在人力资源开发方面的经验教训，对非洲国家的发展是必要的，也是有意义的。

## 七、扩大就业

### 1. 中国扩大就业取得的成效

中国是人口大国。伴随着经济社会的发展和体制改革的不断深化，政策实行了积极就业政策，解决就业问题成就突出。第一，就业规模持续扩大。全国就业人员已经从1949年的1.8亿人，增加到2010年的7.6亿人。① 第二，就业结构进一步优化，城镇就业人口比重大幅增加。随着农业富余劳动力向非农产业的转移，我国第二、三产业就业比重继续提高。三次产业就业人员的比重由1978年的71:17:12转变为2009年的38:28:34。伴随着城市化和工业化进程的不断推进，城镇吸纳就业的能力继续增强。到2010年我国城镇从业人员已经达到3.5亿人，占全国就业人员的比重达到了45.6%。② 此外，非公经济体也成为吸纳农村富余劳动力的重要途径。第三，城镇失业得到有效控制，就业形势基本稳定。2010年，中国城镇登记失业率为4.1%。③ 第四，基本形成了市场导向的就业管理体制，建立了相对完善的劳动就业法律体系、多层次的劳动力市场以及覆盖城乡的公共就业服务体系。

丰富的劳动力资源是中国经济赖以获得持续快速发展的基本要素。国家扩大就业的举措对经济发展的主要贡献体现在：第一，拉动了教育等人力资本投资的发展，也带动了劳动力资源的开发利用。随着经济发展水平的提高，人力资本投资在经济增长中的作用日益增强，同时经济增长对人力资本投资的拉动作用也相应增加。第二，为中国工业化进程和产业发展提供了充足的劳动力要素。中国工业化的进程与城镇化的进程同时进行，并互相推动，就业的扩大既是工业化和城镇化的原因，也是工业化和城镇化的结果。第三，高素质人才就业队伍的扩大增加了人才竞争的激烈程度，有利于提高国家总体人才素质，适应经济发展的要求。

---

① 国家统计局：《中国统计年鉴2011》，北京：中国统计出版社，2011年9月。
② 国家统计局：《中国统计年鉴2011》，北京：中国统计出版社，2011年9月。
③ 国家统计局服务业统计司：《"十一五"经济社会发展成就系列报告之三：人口总量平稳增长 就业形势保持稳定》，参见中华人民共和国统计局网址：http://www.stats.gov.cn/tjfx/ztfx/sywcj/t20110302_402706838.htm, 2011-12-10。

第四，为普通劳动者提供了更多就业机会，有利于提高普通劳动者的收入，促进社会和谐与稳定。

2. 中国扩大就业的实施路径

面对巨大的人口总量和与之相应的就业压力，中国政府把扩大就业作为优先位置，针对不同时期就业工作的难点和特点，采取多种措施创造就业岗位，扩大就业。

第一，国家的农村经济政策为劳动力就业问题的解决提供了坚实的保障。在坚持集体所有制的前提下，农村地区实行家庭联产承包责任制改革，增强了农业经济的活力，一方面增强了农村经济吸收就业的能力，另一方面使农村既能作为农村剩余劳动力向城镇转移的基地，又能够给回流的外出务工人员提供一定的收入保障，免除了农村剩余劳动力流动的后顾之忧。

第二，结合调整所有制结构，积极引导非公有制经济发展，吸纳了大量劳动力就业。个体经济等所有制形式提供了大量的、形式灵活多变的就业机会。

第三，根据产业结构调整的需要，大力发展轻工业和第三产业，扩大了就业规模。国家为了扩大就业，十分重视发展轻工业和第三产业等劳动密集、劳动力吸收能力强的产业。

第四，国家坚持市场化的改革方向，通过市场配置劳动力资源，逐步发挥劳动力市场在实现劳动力就业中的主渠道作用。各项制度改革尤其是就业管理体制的改革和经济的快速发展，促进了我国就业规模的不断扩大。

3. 中国扩大就业经验对非洲的有效性

非洲国家人口众多，二元经济结构特性突出，存在大量农业剩余劳动力，与中国改革开放初期劳动力就业问题的特点相近。经过30多年来的发展，中国就业规模迅速扩大，劳动力就业矛盾在经济发展的过程中得到不断的化解。因此，中国扩大就业方面积累的经验对非洲有较强的适用性。

第一，扩大就业的根本出路在于坚持工业化的战略。中国经验表明，只有走工业化的道路才能为农村大量剩余劳动力提供足够的劳动就业机会。

第二，应该重视失业人口的基本保障问题。中国农村土地实行集体所有制，是为农村剩余劳动力提供基本保障的制度基础。非洲国家大多实行土地私有制，失业人口缺少必要的保障，容易形成长期失业人群，增加了失业问题的复杂性。对于非洲国家来说，尽管很难像中国一样实现土地改革，但是在处理就业问题时注意为失业人群提供基本保障也可以收到相似的成效。

第三，非洲国家可根据非洲资源禀赋的特点，大力发展农产品加工业、矿产品加工制造业等劳动力吸收能力较强的产业。非洲农产品和矿产资源丰富，具有发展农产品加工业和矿产品加工制造业得天独厚的条件。这些工业的发展能够最大程度扩大就业，促进非洲国家劳动力资源的开发和利用。

## 八、共同富裕社会政策

1. 共同富裕社会政策取得的成效

共同富裕社会政策是伴随着改革深入而出现的一种带有全新理念的国家政策，为解决当前经济增长带来的问题提出了新的视角。中国目前已完成"一部分人先富起来"的历史进程，正在逐步实现共同富裕。第一，国民经济保持平稳较快增长，综合国力大幅提升，中国现成为仅次于美国的世界第二大经济体。第二，居民收入整体提高，生活水平明显改善。2010年，我国城镇居民人均可支配收入达19109元，其中农村人口人均纯收入5919元，分别是1978年的52倍和54倍；食品支出比重持续下降，2010年城镇居民人均消费性支出和农村居民人均生活消费支出中食品比重为35.7%和41.1%，① 这表明消费结构正向发展性和享受性方向转变。第三，国内经济发展相对落后的中西部地区发展速度加快，经济总量和投资占全国的比重持续上升，区域发展呈现出协调性增强的趋势。第四，社会保障体系的框架基本确立，城乡养老、医疗和最低生活保障制度建设取得突破性进展。各项社会保险覆盖人群迅速增长。

中国政府实行的包容性社会政策有利于推动我国经济增长方式实现从量到质的转换。此外，包容性增长意味着经济发展的实惠能更多地为广大普通民众所享受，使更多的人包容到社会发展进程中，从而扩大民众在经济增长过程中的受益性，有助于民生问题的根本解决，推动社会的稳定与和谐。

### 2. 中国共同富裕社会政策的实施路径

第一，顺应富裕本身由一个由低层次到高层次的动态发展规律，政府提出了"先富带后富，实现共同富裕"的政策。在改革开放之初，宣布实行"让一部分人先富起来"政策，促进民营企业迅猛发展，为企业家致富创造良好外部环境，鼓励一部分人通过合法经营先富起来，体现初次分配注重效率的原则，为国民经济增长注入活力。

---

① 国家统计局服务业统计司：《"十一五"经济社会发展成就系列报告之九：全国城镇居民收支持续增长 生活质量显著改善》，参见中华人民共和国国家统计局网站：http://www.stats.gov.cn/tjfx/ztfx/sywcj/t20110307_402708357.htm，2011-12-10。

第二，对于西部欠发达地区，包括少数民族地区，实行特殊区域政策。中国政府实施了西部大开发战略，加大财政投入和政策支持力度，优化资源配置。在西部地区优先安排基础设施、生态环境和资源开发等建设项目，并不断加大对西部地区的投入和财政转移支付力度，以期通过加快西部地区的发展，缩小地区间发展差距，实现全国的均衡发展。

第三，深化分配制度改革，改革税收，加强政府对收入分配的调节职能，体现二次分配注重公平的特点。从 2000 年开始，国家相继取消牧业税、生猪屠宰税和农林特产税，尤其是取消了在中国存在 2600 多年的农业税，并以法律形式固定下来，减轻了农民负担，间接提高了农民的经济效益。此外，政府数次提高个人所得税起征点，以此提高居民收入，增加居民福祉，提高居民生活水平和生活质量。

第四，逐步完善社会保障制度。一方面，我国继续实行社会救济制度，对那些丧失劳动能力和生活没有依靠的老、弱、孤、寡、残居民，在吃、穿、住、医、葬等方面给予生活照顾和物质帮助，所需资金由国家财政负担。另一方面，完善社会保障制度。我国现已建立失业保险制度、医疗保险制度、生育保险制度、工伤保险制度、基本养老保险制度等。此外，针对农村地区，政府还建立了新型农村合作医疗制度和农村最低生活保障制度，推进社会民生事业的发展。

3. 中国共同富裕社会政策对非洲的有效性

第一，近十几年来，虽然大多数非洲国家持续保持中速增长态势，但穷人在初次分配中所占份额偏低，拥有财富和资产的富人是经济增长的最大受益群体。而且，非洲国家普遍存在社会保障项目不全、覆盖面缺损问题。尤其广大农民基本上被排除在国家社会保障体系之外，会因各种原因而致贫或返贫，生活处于脆弱状态。因此，这种增长并非是对穷人友善的经济增长，而是贫困化增长。若从贫困化增长过渡到包容性增长范式，需要摸索一套社会政策来支撑。

第二，2009年底、2010年初以来爆发的北非动荡原因之一在于未解决好民生问题，越来越多的非洲国家认识到高度重视社会财富的"存量不公"和"流量不公"问题。由于非洲国家的执政者在很大程度上是维护某一地区或某一个部族利益的，由此凸显资源收入管理问题、政治权贵过多占有社会财富问题、国内部分地区发展被边缘化问题，等等。随着，非洲大陆有越来越多国家进入中等收入发展阶段，也意味着进入社会矛盾高发期，需要政府的力量来处理增长后的分配问题，实现社会财富二次分配的制度化、公平化和合理化。

## 九、执政能力建设

### 1. 中国执政能力建设取得的成效

执政能力建设是中国共产党执政后的一项根本建设，中国历代中央领导集体对此高度重视，努力提高领导水平和执政水平，与时俱进地推进具有中国特色的社会主义民主和良治、良政，有力地推动了中国经济与社会的快速发展。中国人民在中国政府的领导下，在30年里至少完成了两件人类历史上罕见的大事：第一，在短时间内人民的生活水平得到显著提高，国家综合实力显著增强；第二，中国确保了人类历史上如此巨大的一个经济和社会转型是在一个相对稳定与和谐的状态下进行并且顺利完成的。在过去的30年里，中国没有大的内战和社会冲突，社会稳定和和平发展环境得以维护。

政党完成执政使命，首要的任务就是发展经济。在新的历史时期，不断提高党驾驭社会主义市场经济的能力，根本的是要坚持把发展作为党执政兴国的第一要务。因此，中国的发展经验表明，拥有一个强有力的、致力于发展的政府以及富有远见卓识的领导人和正确的政策是执政能力建设必不可少的因素。对于转型中的发展中国家来说，这些要素是凝聚全民对于实现现代化的共识、保持稳定并推进改革的重要保证。中国30年来所取得的经济发展成就是与其多年来在国内所进行的政治和社会改革同步进行密不可分的。事实上，中国的改革绝不仅仅限于单一的经济领域（尽管这一领域发生的变化最显著，也最直观），而是涉及经济体制、政治体制、文化体制以及社会体制等各个方面的全方位的改革，才得以确保经济改革不断向纵深推进以及在剧烈的社会和经济转型过程中各民族之间以及社会各阶层之间利益的兼容与和谐共处。

2. 中国执政能力建设的实施路径

第一，实行集体领导决策机制。中国各层级领导体现的是集体领导、民主集中制、个人分工负责制的特点，这就明确了党和政府的重大决策是组织的行为、集体的行为，而不是领导者个人的行为，并用制度建设加以规范，以此避免国家权力过分集中，最大限度地保障党的决策科学化。在进行重大决策之前，通常要经过专家或专业机构的论证评估或法律分析。对于涉及民众切身利益的决策，则通过社会公示或听证会等形式听取意见建议，并及时跟踪决策执行情况，确保政令畅通。

第二，深化干部人事制度改革，建立科学的干部选拔任用机制。中国政府现已建立以业绩为重点，由品德、知识、能力等因素构成的各类人才评价指标体系，推行领导干部述职述廉制度、重大事项报告制度、质询制度、问责制度和民主评议制度，以此选拔贤能之士进入领导岗位。

第三，强调依法执政，把党的执政行为纳入法制轨道。依法执政是中国共产党执政的主要经验之一，在新的历史条件下被不断强化。经

1999年修宪，"社会主义法治国家"被写入宪法。在这一基础上，2004年年初，国务院颁布《全面推进依法行政实施纲要》，明确提出："经过10年左右坚持不懈的努力，基本实现建设法治政府的目标"。同年9月，在党的十六届四中全会上，中共共产党第一次将依法执政、科学执政、民主执政列为"执政党的三大目标"，并首次在党的决议中写明："依法执政是新的历史条件下党执政的一个基本方式。"正是通过这些政策文件，依法执政成为党领导人民治理国家的基本方略。

第四，构建学习型政府，不断提高政治领导层及政府各级管理人员驾驭社会主义市场经济的能力。学习型政府是知识经济的必然产物。20世纪80年代以来，中国经济改革面临构建市场经济的考验、经济全球化的考验，社会信息化的考验等，为此政府机构倡导领导干部不断更新知识、加强理论学习，并健全干部培训、激励和考核机制，提高公务员的素质，努力塑造知识化、专业化的行政管理干部队伍，以适应中国经济快速发展的要求。

### 3. 中国执政能力建设经验对非洲的有效性

第一，非洲大多数国家为总统制政治模式，常常会出现个人至上、"赢者通吃"和总统大权独揽的情势。国家的发展在很大程度上取决于领导人的个人视野、脑力和治国理念，影响国家决策的科学化程度。近期，北非地区部分国家发生的持续动荡，其中就蕴涵着民众对政治领导人决策不满因素。这就需要非洲国家反思与探求提高政治精英或行政管理人员的科学决策能力。事实上，不少非洲国家在独立后就经历了发展政策偏差带来的恶果。盲目工业化造成了农业的长期停滞，快速城市化加剧了社会经济的二元化，人口的高速增长蚕食了经济增长的成果，等等。

第二，在"外植"的经济自由化和政治民主化的过程中，非洲国家普遍出现了如诺贝尔经济学奖得主缪尔达尔所说的"软政府"问题。"软政府"的突出表现是执行能力极弱，政府被各种既得利益绑架，政客们为了自己所代表的特点阶层、部落或群体的利益相互攻讦。其结果是国家的现代化事业举步维艰，人民生活迟迟得不到改善，有限的国家资源被用于周期性的选举等民主的实现"形式"和"程序"中。民主化所导致的领导人频繁更替客观上也使得发展政策的延续性和有效性受到影响。

第三，虽然大多数非洲国家已经建立了多党民主政治体制，但还存在选举舞弊、执政党利用权力修改选举法以及军事政变"回潮"等"反民主"的行为。另外，一些国家政府官员存在或多或少的裙带关系，领导干部选拔会出现关照同一部族、同一地区、同一宗派情况。因此，如何遏制日益严重的腐败现象、探索适合非洲土壤的"民主"体制等问题现已成为实现非洲国家振兴必须解决的问题。

# 第四章
# 中国的经验不可照搬

中国改革开放30余年来,经济与社会发展取得了显著的成效,但中国发展取得的经验具有明显的中国历史、政治、经济、文化和社会特征,这些方面均与非洲国家存在着显著的差异。因此,中国经验是不能照搬到非洲国家的。

第一,从政治基础看,自秦始皇统一中国伊始就确立了以"强势政府"为表现形式的"中心驱动"政治文化传统,延续至今。这种主导型政府依靠自己所掌握的政治资源、经济资源和文化资源,对国家经济建设方面具有很强的动员和干预能力。因此,执政者的政治治理能力对国家经济发展具有决定性影响。建国以来,中国共产党进入政权的核心,一直处于执政地位,在实行集体领导、遵循立党为公与执政为民的理念下,把国家的发展和人民生活的改善置于首位,与时俱进地加强自身的执政合法性建设,巩固和扩大了自身的执政基础。而且,由于党的政治权力可以自我延续,中国共产党领导下的多党合作制政府可制定中长期国家发展目标和长远的战略规划,而不受政治领导人更迭的影响,保持国家经济发展战略的高度可持续性。此外，中国业已建成的自上而下的各层级行政机构，且职能部门相互对应，加之拥有规范且制度化的各级干部考核和提拔机制做支撑，使国家政策能够一以贯之地得到执行。因此，中国发展型政治特点为经济发展提供了有力保障。

而非洲国家大多移植或参照某种欧式范式而形成本国的政治制度，属移植型政治制度。国内或隐或现的各种族群冲突、宗教冲突、党派斗争在一定程度上消解或侵蚀着国家权力。国家权威的缺失导致国家无法有效动员和整合各种资源，集全国之力推进国家的经济建设。目前，非洲的多党制也是在外来干预的基础上形成的，没有根植于非洲社会，未能超越狭隘的部族或地区利益，因此在政党与国家关系建构中，凸显政治领导人及其所代表政党利益观、政治经济政策发展取向。出于每个当政者拥有不同的治国理念，执政党有可能追求自己的短期利益，而不是国家长期发展目标，故政府更迭后，往往出现国家原有经济发展战略难以为继现象，代之以新战略、新方案。

第二，从经济发展初始条件看，中国地域广袤，人口众多，国内市场广阔，为中国发展劳动密集型制造业提供了人力资源和市场空间，可以实施面向国内市场和国际市场的产业发展体系，使得中国经济具有很强的独立性。且中国政府在建国之初，就建立以农本经济、注重粮食生产为核心的国民经济体系，而后发展重点是基础设施与制造业，最后序次是完善社会保障体系经济。[①] 可以说，在政府有限的可支配的财力情况下，体现了符合中国国情的发展道路。

而非洲大陆有 54 个国家，大多为小国，人口地理分布平均密度小，

---

① 参见中国国际扶贫中心编：《"经济转型与减贫：中国的经验对非洲发展的启示"政策研讨会会议论文集三》，2011年，第12页。

国内市场狭小。值得注意的是，非洲国家独立之时，承继了殖民时期形成的单一经济结构产业模式，呈现外向型经济发展特征。尽管非洲国家也在力图改变经济结构失衡格局，但由于实行工业化优先发展战略的未获成功，出口型经济结构未发生根本性变化，依旧严重依赖国际市场，经济基础脆弱。加之，非洲大陆内部国家间产业结构有很大程度趋同性，无法形成互补性产业及区域性消费市场。即使非洲国家构建了规模化工业，也必然面临消费市场掣肘问题，这方面与中国情况大不相同。

第三，从社会文化背景看，中华民族的建构经历了3000多年历史发展。统一多民族国家的长期延续，极大地促进了各民族之间政治、经济和文化交流，增进了各民族对中央政权的向心力和对中华文化的认同感，增强了中华民族的凝聚力、生命力和创造力，促进形成了中华文明的统一性和多样性。中国传统文化中的政治认同使其具有"治乱"政治文化，民众的矛盾冲突和利益诉求常常服务于全局整体性的社会和谐，更倾向于采用通过行政机构框架内解决，从而保持中国内部的稳定。此外，中华文明中的重储蓄、崇尚自强不息、勤俭节约的风尚深深烙印在民众的内心深处。上述特质造就了中国政府在对外交往和经济建设中独立自主的观念与不同民族齐心协力做事的风格，而且还具有促进国内资本形成的经济意义。

而大多数非洲国家是在极不合理的殖民地政治基础和边界范围上建立起来的，属新生国家。因此，这种"发育不良"的民族国家认同，不利于形成对非洲民族国家的统一的集体身份认同，民众的认同往往属于其所在的部族，而不是归属于民族国家。因此，非洲政治文化中并没有这样一种长期形成的上下一致并由下层来支撑的观念体系。国家与地方、不同部族之间可能随时发生分裂情况，这种状况既不利于国家对资源的集中调控，也不利于实现治下的和平。另外，非洲传统文化中尚存的财富共享财产观与集体主义家庭观，容易使民众中产生依赖思想，企业家精神被弱化，甚至潜移默化地反映到政府在治国理政方面的自主性。

第四，从外部国际因素看，20世纪五六十年代，西方国家对社会主义中国实行孤立、排斥与封锁，中国政府对于西欧在华经济势力（包括在华财产）进行了各种形式的废除、没收和斗争，建立了强大的、完全由国家管控的经济体系。随着中苏关系的破裂，中国完全走上依靠国内力量、通过自我积累进行经济与社会发展的道路。直到改革开放之前，中国既无外债，也未接受外国援助。中国政府无论在政治上，还是在经济上，均未与西方国家形成依附关系。

而非洲国家在独立之初，就与其原宗主国建立了紧密联系。西方大国利用在非洲国家继续存在的跨国公司，对其国家经济生活深度参与、甚至干预。非洲国家受累于经济发展战略的失误，造成国家外债负担沉重。西方国家于是利用向非洲国家提供外援之机，侵蚀其经济主权，非洲国家由此陷入既欲摆脱对西方国家依赖、又迫切需要外援维系其经济运行的悖论之中。这与中国发展经济面临的国际环境大相径庭。

正是基于中国与非洲国家在历史条件、经济基础与社会、人文特点方面的异质性，中国发展的经验对于非洲国家而言，是"他山之石"，可分享、可借鉴，但不可照搬。

# 第五章
# 我们的建议

为了使中国经验能够切实帮助非洲发展，提高中国在非洲国家的影响力，我们建议从两个方面加强相关的工作。第一，在理论层面，针对非洲经济发展问题，加强对中国经验及其面向非洲的适用性研究和宣传工作。目前，尽管对中国模式或中国经验的研究已成国内和国际学界热点，但针对非洲发展的中国经验研究以及研究中国问题和研究非洲问题的学界交流甚少，相关研究成果为数甚少。当前，国际和国内对中国模式或经验的研究日臻成熟，世界银行等国际机构肯定中国经验可以为非洲发展提供"智力资源"，非洲国家出现"向东看"趋势，为加强这方面的研究创造了良好的条件。建议在"中非联合研究交流计划"框架下，开展大规模的跨学科中非经济发展比较研究项目，像世界银行出版《世界发展报告》、欧盟发展委员会出版《欧洲发展报告》那样，出版《非洲发展报告》，系统阐述中国对包括非洲国家在内的发展中国家发展道路的新理念；有选择地翻译出版反映中国经验的研究成果，以及国际学界对非洲经济发展的最新研究成果；加强中国学者与国际组织，特别是与非洲学者的联合研究，并利用图书、杂志、媒体和网络，共同发表研究成果，以提高研究成果的说服力和影响力。第二，在实践层面，通过援助和企业"走出去"等手段和渠道，根据非洲国情的条件和可能，把中国发展经验的一些亮点推广到非洲，特别是帮助非洲国家进行经济发展规划，在非洲加强特区建设，改善交通和通信基础设施，促进农业发展和脱贫，对非洲大规模转移劳动密集型产业，让非洲的政府和人民真切地感受到中国经验的力量和实效。

## 主要参考文献:

### (一)著作

中华人民共和国国家统计局编:《中国统计年鉴2011》,中国统计出版社,2011年。

世界银行:《世界发展指标2011》,中国财政经济出版社,2011年。

魏龙主编:《中国对外贸易论》,武汉理工大学出版社,2002年。

黄汉民、钱学锋著:《中国对外贸易》,武汉大学出版社,2010年。

李晓西、胡必亮等著:《中国经济新转型》,中国大百科全书出版社,2011年。

中华人民共和国国务院新闻办公室:《中国的人力资源状况》,人民出版社,2010年。

郑成功主编:《中国社会保障改革与发展战略:医疗保障卷》,人民出版社,2011年。

吴德刚:《中国教育改革发展研究》,教育科学出版社,2011年。

曾湘泉、周禹著:《人力资源管理促进创新的理论、实践与机制研究》,中国人民大学出版社,2009年。

何干强主编:《当代中国社会主义经济》,中国经济出版社,2004年。

张宇主编:《中国模式——改革开放三十年以来的中国经济》,中国经济出版社,2008年。

邹东涛等著:《中国经济体制改革基本经验》,中国人民大学出版社,2008年。

潘维主编:《中国模式——解读人民共和国的60年》,中央编译出版社,2009年。

王梦奎主编:《中国改革30年》,中国发展出版社,2009年。

国家发展和改革委员会对外经济研究所著:《中国经济国际化进程》,人民出版社,2009年。

张维为著:《中国震撼:一个"文明型国家"的崛起》,上海人民出版社,

2011年。

谈世中主编:《反思与发展——非洲经济调整与可持续性》,社科文献出版社,1998年。

艾周昌主编:《非洲黑人文明》,中国社会科学出版社,1999年,第393页。

舒运国著:《失败的改革——20世纪末撒哈拉以南非洲国家结构调整评述》,吉林人民出版社,2004年。

安春英著:《非洲的贫困与反贫困问题研究》,中国社会科学出版社,2010年。

罗建波著:《通向复兴之路:非盟与非洲一体化研究》,中国社会科学出版社,2010年。

[赞比亚]丹比萨·莫约著,王涛、杨惠等译:《援助的死亡》,世界知识出版社,2010年。

杨光主编:《中东非洲发展报告(2002—2003):中东非洲的可持续发展问题》,社会科学文献出版社,2003年。

杨光主编:《中东非洲发展报告(2005—2006):经济全球化对中东非洲的影响》,社会科学文献出版社,2006年。

杨光主编:《中东非洲发展报告(2009—2010):国际金融危机对中东非洲经济的影响》,社会科学文献出版社,2010年。

杨光主编:《中东非洲发展报告(2010—2011):解读中东非洲国家"向东看"现象》,社会科学文献出版社,2011年。

Poul Engberg-Pedersen, Peter Gibbon, Phil Raikes and Lars Udsholt, *Limits of Adjustment in Africa*, Heinemann of Reed Publishing Inc, USA, 1996.

The World Bank, *Can Africa Claim the 21st Century?* Washington, D.C., April 2000.

Economic Commission for Africa African Union, *Economic Report on Africa 2010: Promoting high-level sustainable growth to reduce unemployment in Africa*, 2010.

## （二）研究报告

中华人民共和国新闻办公室:《中国农村扶贫开发的新进展》(2011年11月)，参见中华人民共和国中央政府网站。

国家统计局服务业统计司:《"十一五"经济社会发展成就系列报告之一至十三》，参见国家统计局网站。

周弘:《中国对外援的管理》，载于"国际发展合作：增长与减贫经验的分享"国际研讨会会议资料，中国国际扶贫基金，2009年10月28日。

中国国际扶贫中心编:《"经济转型与减贫：中国的经验对非洲发展的启示"政策研讨会会议论文集三》，2011年。

Ali Zafar, *Learning from the Chinese Miracle: Development Lessons for Sub-Saharan Africa*, Policy Research Working Paper 5216, The World Bank, African Region, February 2010.

Saferworld, *China's Growing Role in African Peace and Security*, January 2011.

## （三）论文

李斌、陈军:《中国新型工业化研究综述》，载《特区经济》2007年第8期。

蒋伏心:《中国工业化模式分析与目标选择》，载《南京社会科学》2004年第2期。

唐宇华:《非洲制造业的发展与工业化战略》，载《西亚非洲》1985年第1期。

姜忠尽、尹春龄:《非洲工业化战略的选择与发展趋向》，载《西亚非洲》1991年第6期。

陈竺:《中国医疗卫生事业发展成就斐然》，载《中国全科医学》，2008年第7期。

姚裕群:《论我国的就业政策与大学生就业问题》，载《人口学刊》，2004年第4期。

安培培:《劳动就业政策对我国人口城镇化障碍性影响研究》，载《经济问题》2011年第10期。

刘建飞:《"中国责任论"考验和平发展》，载《现代国际关系》2007年第4期。

姚桂梅:《非洲发展战略：从听命于人到以我为主》，载《中国党政干部论坛》2002年第9期。

李智彪:《对后结构调整时期非洲主流经济发展战略与政策的批判性思考》,载《西亚非洲》2011年第8期。

## （四）文章

彭元勋:《中国特色工业化道路的探索》,载《金融时报》,2007年9月21日。

陈顺,《非洲工业化任重道远》,载《中国水利报》2001年2月3日。

王宝锟:《非洲国家将工业化作为经济发展的关键动力》,载《经济日报》2009年11月28日。

[Senegal] Demba Moussa Dembele, "The Global Financial Crisis: Lessons and Responses from Africa", *Pambazuka News*, March 19, 2009.

Guo Chunjun, "East Africa Looking forward to Reinforce Partnership with China : EAC Secretary General", CCS *Weekly China Briefing*, August 14, 2009.

| 第二编 |

# 中国与西方国家对非援助比较及我国援外（援非）国际合作战略*

---

\* 张宏明，中国社会科学院西亚非洲研究所研究员。
　张永蓬，中国社会科学院西亚非洲研究所助理研究员。
注：本研究报告第一章之"二"由张永蓬主笔，张宏明增、改；其余部分由张宏明撰稿。

# 第一章
# 中国与西方国家对非援助比较

中国与西方国家[①]在长期对非援助的实践中逐步形成了各自的传统、特色和优势。但双方在对非援助的政策理念、援助方式、管理模式等方面存在明显的差异,各自的援助主体、重点援助领域,以及政策目标、援助效果也不尽相同。本研究报告的第一部分旨在:通过梳理中国和西方国家对非援助政策的沿革,辨析彼此政策的演化过程、政策调整的动因、内容和目标;通过对中国与西方国家援非政策与实践的比较分析,阐释各自的特色、优势和问题;进而借鉴西方国家的经验教训,探讨我国对非援助的发展路径。

---

[①] 本研究报告所谓西方国家,更多关注的是英国、法国、葡萄牙等非洲前殖民宗主国及美国、德国、日本等对非援助的主要出资国。严格地讲,日本不属于西方国家,但基于行文方便,在本研究报告中,所谓西方国家涵盖日本。特此说明。

# 一、中国与西方国家对非援助政策的发展轨迹

无论是对中国还是对西方国家而言，对非援助均可谓是其对非经贸合作，乃至整个对非关系中的一个特殊的领域。原因在于，较之贸易、投资和承包劳务等其他合作领域，官方发展援助更多地是一种政府行为。加之，作为援助的施动者，援助国在援助理念、援助规模、援助方式，乃至援助领域、援助效果、援款结构安排的确定上拥有主导权。因此从某种意义上讲，特别是站在非洲国家的立场，中国和西方国家对非援助的动因、规模和目的，在一定程度上体现了中国和西方国家各自现实的对非政策及其走势。对非援助政策系中国与西方国家对非政策的组成部分，事实上，作为一种政策工具，各国对非援助政策的演化往往也是与其对非政策的调整同步进行的；因而，分析中国和西方国家对非援助政策的演化，有必要将之置于各自的非洲政策，乃至外交战略的大背景下考量。

## （一）中国对非援助政策的沿革与内涵

中国对非援助政策演化受到了国际环境、中国与非洲国家内部形势、中非关系及大国在非洲利益关系等诸多变量因素的影响；并且作为一项战略支出和政策工具，中国对非洲援助政策的发展变化，基本上是伴随中国对非经济政策，乃至对非战略的调整同步进行的。综观半个多世纪以来中国的对非援助的发展历程，站在中非关系沿革的宏观视角，以改革开放作为分界线，大致可分为前后两个时期；不过，就中国对非援助政策本身而言，则大致经历了摸索、确立，调整、过度和充实、完善三个阶段；从中既可看到中国对非援助政策的连续性，亦可看到其鲜明的

时代特征。①

**1. 中国对非援助政策的确立**

新中国成立至改革开放的30年间,中国发展与非洲国家的关系,首先不是出于经济上的考虑,而是基于政治和外交上的需要。作为中国外交战略的逻辑延伸,这一时期的中国对非政策亦带有浓厚的政治色彩,其特点是:经济利益服从并服务于政治、外交需要,经济关系局限于双边和官方;合作领域狭窄,以中国单方面援助为主,双边贸易为辅,对非投资尚未提上议事日程。

中国对非洲国家的援助始于1956年。作为中国对非政策的一个重要组成部分,经济援助更多是配合中国对非政策和外交战略而展开的。进入20世纪60年代,越来越多的非洲国家相继挣脱殖民枷锁,为了帮助非洲国家发展民族经济、巩固政治独立,中国政府于1963年12月和1964年1月先后提出了《中国对阿拉伯国家和非洲国家的五项原则》和《中国对外援助的八项原则》②,从而确立了中国对外援助(包括对非援助)的基本方针。较之西方国家,这一时期中国对非援助政策的特色在于,中国将包括非洲在内的亚非拉国家作为反帝、反殖的基本力量,将对非援助作为履行无产阶级国际主义义务的重要内容③,并且"不把这种援助

---

① 这部分内容,详见张宏明:《中国对非援助政策的沿革及其在中非关系中的作用——兼论中国对非援助的政策效应》,载《亚非纵横》季刊,2006年第4期;另见张宏明:《中国与非洲经贸关系的发展与思考》,载张蕴岭主编:《中国对外关系:回顾与思考(1949—2009)》,社会科学文献出版社,2009年,第114~131页。

② 周恩来总理在1963年12月和1964年2月访问非洲10国,1964年1月21日在马里首都巴马科首次宣布《中国对外援助的八项原则》。具体内容,详见《周恩来选集》下卷,人民出版社,1984年,第429~430页。

③ 诚如毛泽东主席1963年8月在同非洲朋友的谈话中所言,"已经获得革命胜利的人民,应该支援正在争取解放的人民的斗争,这是我们的国际主义的义务"。见《人民日报》1963年8月9日。另见1964年12月21日周恩来总理在第三届全国人民代表大会第一次会议上的发言。

看做是单方面的赐予，而认为援助是相互的"；其要旨是"严格尊重受援国的主权，绝不附带任何条件，绝不要求任何特权"。

在《八项原则》指导下，中国对非援助在20世纪60～70年代平稳发展，达到了既定的政策目标，合作双方都从中受益。中国的经济援助对非洲国家争取和巩固政治独立、维护国家主权、发展民族经济起到了一定的积极作用。中国自身亦获益匪浅：首先，中国真诚、无私的援助赢得了非洲国家政府和人民的普遍赞誉，增进了互信，为日后中非长期友好合作奠定了坚实的基础；其二，锻炼和培养了队伍，为日后中非经贸合作的发展积累了宝贵的经验；其三，赢得了越来越多的非洲国家的外交承认和支持，拓展了中国在非洲的外交空间和政治影响；其四，配合了中国对外关系的开展，并且对打破帝国主义孤立中国的企图、改善中国的国际处境、提升中国的国际地位发挥了积极作用。

毋庸讳言，这一时期的中非经济关系也存在一些问题：其一，这一时期的中非经济合作关系是特定时空背景下的产物，算的是政治账；由于未按经济规律办事，部分援建项目效益欠佳，难以为继，甚至亏损倒闭；其二，中国也是发展中国家，人均GDP甚至还低于一些非洲国家，随着非洲受援国数量的增加（截至1979年非洲受援国的数目已增至44个），对外援助（包括对非援助）已使中国有些不堪重负；其三，随着国内工作重心的转移，中国援外资金与国内建设资金之间的矛盾日益尖锐，大大超出了中国的承受能力。简言之，随着形势的变化，中国与非洲原有的经济合作从内容到形式都存在很大的局限性，在这种情况下，顺应时势，另辟蹊径，势在必行。

2. 中国对非援助政策的调整

改革开放后，中非关系开始步入了"正常"发展的轨道。按经济规律和国际惯例办事，特别是互利合作、共同发展构成了中国对非经济政策调整的核心内容，同时也是中非经济关系发展的趋向和特征。随之，中国的对非援助政策也进行了相应的调整。

20世纪70年代末至80年代初是中国对非经济政策调整的酝酿期，其间，中国和非洲国家的形势都发生了重大变化。在中国，十一届三中全会确立了以经济建设为中心、实行改革开放的基本路线，并明确提出在平等互利的基础上积极发展同世界各国的关系，从而为中国调整对非经济政策提供了理论依据。1982年中共十二大总结了建国30多年来外交工作的经验教训，对外交政策做出重大调整，外交工作重心也开始转向为国内现代化建设服务。在非洲，随着"非殖民化"进程接近终结，发展经济成为非洲国家的主要任务。非洲形势的变化，特别是中国对内、对外工作重心的转移，对中非关系产生了直接影响；相对于改革开放以前重视政治利益和外交需要，经济因素在双边关系中的地位逐步凸显。

20世纪80年代初，对非政策的调整在经济层面主要反映在中国政府于1983年1月提出的"平等互利，讲求实效，形式多样，共同发展"四项原则①。四项原则明确了中国与非洲国家在新形势下展开经济合作的

---

① 1982年12月至1983年1月，中国总理访问非洲11国，此行目的是与非洲国家领导人探讨在新形势下进行经济技术合作的新形式和新途径，并阐述中国的设想。1983年1月13日，中国总理在坦桑尼亚首都举行的记者招待会上宣布中国与非洲国家开展经济技术合作的四项原则：1.中国同非洲国家进行经济技术合作，遵循团结友好、平等互利的原则，尊重对方的主权，不干涉对方的内政，不附带任何政治条件，不要求任何特权。2.中国同非洲国家进行经济技术合作，从对方的实际需要和可能条件出发，发挥各自的长处和潜力，力求投资少、工期短、收效快，就能取得良好的经济效益。3.中国同非洲国家进行经济技术合作，方式可以多种多样，因地制宜，包括提供技术服务、培训技术和管理人员、进行科学技术交流、承建工程、合作生产、合资经营等等。中国方面对所承担的合作项目负责守约、保质、重义。中国派出的专家和技术人员，不要求特殊的待遇。4.中国同非洲国家进行经济技术合作，目的在于取长补短，互相帮助，以利于增强双方自力更生的能力和促进各自民族经济的发展。

原则、方式和目的。其新意在于：（1）与以往以经济援助换取非洲国家政治支持的"互利"相比，更侧重于经济上的互利合作；（2）强调中非发展合作要"从双方的实际需要和可能条件出发"，这表明中国对非经济援助一方面将量力而行，另一方面将注重援建项目的社会和经济效益；（3）强调合作形式的多样性，注重以援助带动对非贸易、承包工程、劳务合作的发展；（4）援助方式更为灵活，为进一步巩固已建成生产性援助项目成果，在传统技术合作的基础上，中国同部分受援国开展了代管经营、租赁经营、合资经营以及提供技术服务、培训技术和管理人员等多种形式的技术、管理合作[①]。

需要指出的是，20世纪80年代初中国对非援助政策的重新定位是依据时势变化在政策层面做出的调整，这种调整实际上是60年代"八项原则"的延伸和发展。因为中国对非援助政策的基本原则并未发生质的变化，只是根据中国自身的国情和非洲受援国的需要，适度调整了对非援助的规模、布局和方式。虽然80年代由于中国对非经济援助的减少，恰逢非洲经济形势恶化及台湾岛内形势变化，致使一些非洲国家与中国关系因台湾问题而处于不稳定状态。但从总体上讲，中国对非经济政策的调整是富有成效的，并为日后中国对非援助政策的改革、完善，奠定了良好的基础。

3. 中国对非援助政策的充实与完善

20世纪90年代中叶以后，中国对非援助政策步入了改革、充实、完善的阶段。当时，随着非洲国家政局趋于平稳，非洲经济形势开始走出低谷；中国的改革开放也逐步向纵深推进。为了适应时势变化，中国

---

① 中华人民共和国国务院新闻办公室：《中国的对外援助》（白皮书，2011年4月21日），新华社北京2011年4月21日电。

政府针对发展中非经贸合作关系陆续出台了一系列政策措施。就中国援外（援非）政策的改革而言，重点是推动援助资金来源和方式的多样化。1993年，中国政府利用发展中国家已偿还的部分无息贷款设立"援外合资合作项目基金"。该基金主要用于支持中国中小企业与受援国企业在生产和经营领域开展合资合作[①]。1995年10月，国务院召开外援工作会议，决定对外援方式进行改革，其要旨是：（1）通过中国进出口银行向包括非洲国家在内的发展中国家提供具有政府援助性质的中长期低息优惠贷款（即贴息贷款），以扩大了援外资金来源；（2）按照国际惯例，推动有竞争力的中国企业和受援国企业就援助项目开展合作；（3）实施以援助与投资相结合带动贸易、工程承包的"大援助战略"，以进一步拓展非洲市场。

进入21世纪，随着中非关系，特别是中非经贸合作关系的迅猛发展，中国对非援助政策也得到进一步充实、完善。在21世纪的第一个10年，借助中非合作论坛平台，中国适度调整了对非援助的规模、布局、结构和领域，不断丰富中非发展合作的内涵，呈现出如下新意与特点：

其一，2000年"中非合作论坛"机制成立后，中国对非援助开始纳入论坛框架的机制化轨道，对非援助开始有了以三年为限的前期总体规划。

其二，中国对非援助的力度不断加大，中国政府多次承诺，将根据非洲国家的不同情况，继续在力所能及的范围内提供各种援助；随着中国经济发展水平的提高和综合国力的增强，逐步扩大援助规模。

其三，中国对非援助的领域不断拓展，从早期的以提供物资、援建

---

① 中华人民共和国国务院新闻办公室：《中国的对外援助》（白皮书，2011年4月21日），新华社北京2011年4月21日电。

基础设施工程等重大标志性项目为主，逐步向更深更广的领域拓展，尤其加大了对民生领域的投入。

其四，中国在做好传统援外项目的基础上，更加重视支持非洲受援国的能力建设，同非洲的发展合作逐步呈现经济基础设施建设等"硬援助"与人力资源开发等"软援助"协调发展的局面。

其五，中国对非援助的方式日趋丰富，援外方式已由无偿援助、无息贷款，扩展到优惠贷款、混合贷款等多种形式；并设立了多项专项基金，如"非洲人力资源开发基金"、"中非发展基金"等，进一步满足了受援国的多样化需求。

其六，中国对非援助的渠道趋于多元化，中国对非援助虽然仍以双边为主，但通过联合国、国际金融机构等国际组织，适度加大了对非洲多边援助的力度。

其七，中国对非援助的类型日趋丰富，除了规划援助外，中国加大了对非洲人道主义、自然灾害等紧急援助，并积极参与非洲维和行动、向非洲国家派遣志愿者、参与非洲国家战后重建等。此外，中国还大幅度减免了非洲重债穷国的债务。

其八，中国在实施对非援助的过程中越来越重视国际合作与协调，并就发展援助、"三方合作"、援助有效性等问题开始与包括发达国家在内的各类援助体进行沟通、对话；凡此种种，不一而足。

2010年8月，中国政府召开全国援外工作会议，在全面总结援外工作经验的基础上，明确了新形势下进一步加强和改进对外（对非）援助工作的重点任务，诸如：优化援助结构，创新援助方式；提高项目质量，打造精品工程；丰富援助内涵，提高受援国自主发展能力；完善体制机制，提高保障能力等。①

## （二）西方主要国家对非援助政策的沿革

西方国家对非援助政策的调整同样是与其对非政策，乃至外交战略的调整同步进行的。关于西方国家对非援助政策的分期，学界存在不同的界说。究其因，一方面是由于设定的标准不一或参照系方面的差异；另则，西方国家是十多个国家构成的群体，各国对非援助政策调整的时间、动因、内容、政策目标也不尽相同。本研究报告主要关注冷战结束以后西方大国对非援助政策的调整、变化。

站在对非政策，乃至外交战略这一更宏观的视角，多数西方国家的对非援助政策大致经历了三次比较明显的调整：第一次调整始于冷战终结之际；第二次调整大致始于 20 世纪 90 年代中叶，第三次调整始于本世纪初。

### 1.冷战时期西方国家对非援助的政策目标

冷战时期，西方出于全球战略和安全利益的考虑，对非洲国家的内部问题，特别是政治制度和政权类型，往往视而不见，甚或采取容忍的态度。作为一种战略支出，援助更多的是充当西方与苏联争夺非洲的政策工具。以美国为首的西方国家为了应对苏联的"南下战略"，在对非援助政策方面基本上采取的是"遏制"政策，即苏联及其"代理人"势力的触角伸向那里，西方国家的援助就指向那里。非洲作为西方战略安全的侧翼，这一时期，西方对非援助的政策目标是以安全利益为核心，只要不倒向苏联，西方国家对非洲的援助基本上不附加涉及非洲国家内

---

① 参见陈德铭：努力开创援外工作新局面——深入贯彻落实全国援外工作会议精神。http://www.wfstudy.gov.cn/wnewsView.jsp?id=5288。

部事务的政治条件。关于这一点可以从西方国家，特别是美国和法国向扎伊尔蒙博托独裁政权提供的大量经济和军事援助的事例中得到印证。另一个典型例证是日本在20世纪80年代将索马里和苏丹列为重要援助对象，但事实上，当时日本与这两个国家的经贸关系并不密切，只是为了配合美国遏制苏联的全球战略。

2.冷战终结伊始西方国家对非援助的调整

冷战的终结对整个国际关系产生了巨大而深远的影响。国际格局的重大变化，直接影响到了西方与非洲的关系。首先，随着地缘政治地位迅速下降，使得非洲国家面临的外部环境急剧恶化，失去了左右逢源的回旋余地，特别是与西方国家进行讨价还价的筹码。其二，冷战结束后，国际政治力量的重新排列组合，使得力量对比的天平明显地倒向西方，致使西方国家在推行强权政治方面更加毫无顾忌。随之，非洲国家的内部问题，特别是政治改革问题越出国界，成为西方大国关注的问题。以美国、英国、法国、德国为代表的西方大国相继就包括援助在内的非洲政策做出重大调整。

较之冷战时期对非援助服务于西方的安全战略，即将安全利益置于首要位置；西方国家此次政策调整，就结果而言，主要反映在以下两个方面：

其一，西方大国对外援助的战略方向发生了转移。为了促进东欧和"独联体"国家尽快在政治意识形态方面融入西方体系，西方国家加大了对这些国家的援助。随着利益重心的转移，非洲备受国际社会的冷落；20世纪90年代西方对非援助的骤减便是一个非常有说服力的例证。[①] 以

---

① DEVELOPMENT COOPERATION REPORT 2009–ISBN 978-92-64-05504-9- © OECD 2009.

发达国家为主体的经济合作与发展组织发展援助委员会（OECD/DAC）成员国对非洲的援助从1990年的158亿美元，降至2000年的104亿美元。①

其二，西方大国的对非援助附加的条件更加苛刻。在以往国际金融机构（世界银行和国际货币基金组织）附加经济条件的基础上，西方国家又"给援外赋予了输出制度和价值观念的使命"②。此次政策调整的政治意识形态色彩非常浓重，其核心内容是输出西方价值观念，将对非洲的经济援助附加政治条件，更确切地说是将援助与非洲国家的政治民主化挂钩，利用援助的经济杠杆作用向非洲国家施压，迫使其进行政治变革。

20世纪90年代上半叶，西方国家对非援助的政策目标是：在继续凭借其经济实力迫使非洲国家按照市场经济模式进行经济结构调整的同时，利用"苏东"演变的有利时机推动非洲国家进行政治民主变革。几乎所有西方大国都借助援助的杠杆作用，向非洲国家施加经济和政治压力，提出了包括多党制、民主、人权、市场经济等种种附加条件，只是各国对非洲施压促变的强度与手法不同而已；美国和法国在这方面施加的压力尤大，其行为亦尤为露骨。③ 此外，西方大国还通过协调行动向非洲国家施压。1991年7月举行的西方七国首脑会议专门就非洲民主化问题通过一项决议，规定今后各国向非洲国家提供发展援助或减免债务，将视后者是否实行政治民主化而定。由西方主导的世界银行和国际货币基金组织等国际金融机构也将政治民主化列为其援助非洲国家的条件。

20世纪90年代上半叶，非洲国家的政治体制之所以发生如此广泛

---

① OECD/DAC: http://stats.oecd.org/qwids
② 参见 Olaw Stokke(ed), Aid and Political Conditionality, FRANK Cass CO. LTO, London, 1995, pp.1–87。
③ 关于美国、英国、法国、葡萄牙、美国、德国、日本对非援助政策的调整的动因、内容和做法，参见张宏明：《多维视野中的非洲政治发展》，社会科学文献出版社，1999年，第221~226页。

而富有戏剧性的变化；与西方国家调整对非援助政策，将经济援助与政治变革挂钩是密切相关的。对此，西方学者亦不讳言。①

3. 20世纪90年代中叶西方国家对非援助政策的调整

冷战结束后西方国家对非援助政策的第二次调整同样是伴随各国对非政策的调整而进行的。由于西方各国与非洲国家的历史渊源不同，利益关切各异，各国政策调整的时间点和内容也不尽相同。法国是最先进行政策调整的西方大国，事实上，在"拉博勒讲话"一年后，巴黎就着手政策调整②。不过，就多数西方国家而言，此次政策调整大致始于20世纪90年代中期，系由下列因素促成③：

其一，西方国家联手对非洲施压、推行其政治、经济模式的战略意图已基本实现，多党民主政体业已在非洲国家普遍确立，随之，西方国家逐步将注意力移向维系和巩固既得的"西化成果"上；其二，在多党民主浪潮冲击下非洲出现的一些倾向，诸如伊斯兰极端势力在政治上趋于活跃、部族主义泛滥、军人涉政回潮等现象，引起了西方国家的警觉和担忧，西方国家逐步意识到维系非洲稳定的重要性；其三，随着民主化浪潮渐趋平缓，经济逐步走出低谷，使得非洲作为战略资源重要来源地的经济价值又重新凸显，西方舆论亦随之从盛行多年的"非洲悲观论"

---

① 诚如美国学者戈兰·海登在《非洲的政治改革历程：未来应汲取的教训》一文中指出，"尽管多数非洲国家内部存在接受自由民主观念的社会力量，90年代非洲国家对政治改革的反应仍然受到各自在国际政治经济中所处地位的制约，而且在许多方面取决于这种地位。尤其是某个特定的非洲国家依赖西方外援的程度往往会影响到其反应。"此文系作者向1998年在北京举行的"21世纪非洲发展前景国际讨论会"提交的论文。
② 关于20世纪90年代初期法国对非政策调整，详见张宏明：《法国对非洲"多党民主"政策的沿革——兼论法非关系的发展前景》，《西亚非洲》双月刊，1993年第5期；另见张宏明：《国际格局变化中的法国对非政策》，《中国与非洲》月刊，1993年第7期。
③ 参见张宏明：《西方调整对非政策的动因、内涵及其效应分析》，《亚非纵横》季刊，1999年第3期；另见张宏明：《西方大国缘何调整对非政策》，《中国与非洲》月刊，1999年第12期。

中走出，开始重新审视和评估非洲的经济潜力；其四是为了修补因在非洲强行推行政治民主化而出现的与非洲国家关系的裂痕，非洲前宗主国英国特别是法国，在这方面的做法尤为明显。继法国之后，美国、英国、葡萄牙、德国等其他西方国家从各自利益出发也相继程度不同地调整对非援助政策。

此轮对非援助政策的调整，就政策取向方面的变化而言，主要体现在以下几个方面：

其一，西方国家利用援助杠杆继续在非洲推销西方政治、经济模式和价值观念的基本战略虽未动摇；但方式方法趋于灵活，改变了以往全面施压促变的强硬、刻板的做法。具体表现在：弱化"民主是发展的先决条件"的强硬态度，转而强调民主、稳定与发展之间互为条件的内在联系；认可当非洲国家确定了民主政治变革的方向后，各国可以根据本国国情自行确定其民主化进程的方式和节奏。

其二，西方国家对非政策的目标重心发生了变化，在利用援助工具在非洲推行其政经模式初步得手后，西方国家逐步把政策重心移向维系和巩固"西化成果"上，由此开始关注非洲的地区安全及各国政局稳定。此外，随着世界经济形势的好转，西方国家对非洲资源需求的上升，西方大国的非洲政策逐步从政治优先，转向政治和经济并重。

其三，西方国家对非援助附加条件的做法虽未发生变化，但其附加条件的侧重点有所调整，即从以前的民主政治变革转向对公共事务的良好治理。至此,"良政"①一词成为在西方国家对非政策中频繁出现的词汇。较之民主,"良政"的含义更为宽泛,它涵盖政治、经济、社会等多方面内容。西方学者将之界定为:"一种建立在自由民主模式基础上的,维护人权和公民权的,拥有行政效力及具有道德规范的、廉洁的、负责任的政治体制及其对公共事务的良好治理"②;并且这种"良好治理"必须是建立在公民社会的有效监督和信息共享等透明度基础上的。③

需要指出的是,西方国家对非援助政策并未发生实质性的变化;只是根据非洲形势的变化,特别是基于自身的战略利益,在不同时期,其政策目标的侧重点有所不同而已。事实上,西方国家对援助附加的政治条件非但没有减少,反而还增多了;除了原有的人权、民主条件之外,

---

① "良政"(英文:good governance,法文:bonne gouvernance)概念的出台受到了80年代经济结构调整,反新古典主义革命,苏东剧变导致共产主义衰落以及非洲民主政治变革等诸多因素的影响。需要指出的是,西方国家将"良政"作为援助的附加条件并不是在民主化浪潮在非洲大陆国家初兴之时提出的;而是在多数非洲国家步入政治民主化进程后提出并付诸实施的。"良政"概念首先是由世界银行作为在资金上支持非洲国家的经济改革而提出的条件,目的旨在削弱国家对经济的控制,按照市场规律进行经济管理。1989年11月世界银行在《撒哈拉以南非洲从危机到可持续发展》(Sub-Saharan Africa: From Crisis to Sustainable Growth)报告中将结构调整成效不佳的原因归咎于非洲国家的治理不善,认为非洲国家普遍缺少实现经济发展的政治环境。1992年,世界银行在一份题为《治理和发展》(Governance and development)的报告中再次重申,非洲发展问题的根源在于"治理危机"(Crisis in Governance),出路在于提高非洲国家政府的执政能力和责任心并对公共事务实施公正而透明的管理。此后,"良政"概念被西方国家所吸纳,逐步成为其向非洲国家提供援助的附加条件,"良政"也被赋予更加明确和丰富的含义;法国甚至将"良政"建设视为促进非洲和平与稳定、实现可持续发展的一项基础性条件。见 A.Leftwitch ,Gouvernance, Democracy and Developpement in the Third World, *Third World Quarterly* , 1993, 14(3),p.619-620.
② A.Leftwitch ,Gouvernance, Democracy and Developpenet in the Third World, *Third World Quarterly* , 1993, 14(3),p.605.
③ Bonnie Campbell, Gouvernance, réformes institutionnelles et redéfinition du rôle de l'Etat: quelques en jeux conceptuels et politiques soulevés par le projet de gouvernance décentralisée par la Banque mondiale, 2000.

又增添了良政这一新的附加条件。① 此外，这一时期，非洲发展问题尚未引起西方国家足够的重视，各国对非援助的规模亦未发生趋势性的反转。

4. 21世纪初西方国家对非援助政策的变化

进入21世纪，西方国家一改以往漠视非洲的态度，对非洲给予了前所未有的关注。基于非洲形势变化及自身战略利益的考虑，西方大国对非政策逐步从冷战结束初期的以政治为主，20世纪90年代中期的政治和经济并重，逐步转向安全、经济优先；具体而言，就是将经贸合作置于各自对非关系中的优先位置，加强与非洲在反恐和安全领域的合作。

随之，西方国家对非援助政策也发生了相应的变化：其一是加大对非洲国家的援助力度，统计数据显示，进入21世纪以来，多数西方国家的对非援助规模呈上升势头，并在2006年达到历史高峰；其二，在延续以往的援助条件，诸如民主、人权、良政的同时；西方国家又将促进非洲发展、维系非洲安全纳入其对非援助的政策目标；其三，西方国家对非援助更加注重与应对全球性问题（诸如恐怖主义、环境危机、气候变化、疾病防治、粮食安全、重大自然灾害、移民等）相结合。上述政策取向在本世纪10年代中叶得到进一步强化。

较之以往，此轮西方国家对非政策调整的一个显著变化是更加注重协调立场，特别是注重通过集体行动加强与非洲在发展和安全领域的合作。西方国家除了利用双边机制之外；八国集团峰会成为西方大国协调对非洲援助政策的重要平台。自2001年以来，几乎历届八国峰会都专门设置了非洲议题或与非洲相关的议题，并就非洲发展、安全、减贫等问

---

① Gordon Crawford, Foreign Aid and Political Reform: A Comparative Analysis of Democracy Assistance and Political Conditionality, Hampshire Macmillan, 2001, p.77.

题出台了一系列政策文件和具体措施。

促使西方国家对非政策从战略忽视向战略关注转变，加大与非洲国家在发展和安全领域合作力度的因素是多方面的，择其要者而言，主要有以下几个方面。

其一是基于反恐和应对非传统安全等战略利益方面的需要。

2001年"9·11"事件爆发后，美欧等西方大国逐步意识到：极端贫困和社会动荡是滋生恐怖主义的温床，非洲国家有可能成为恐怖主义组织频繁活动的地域；和平、安全与发展问题密切相关，非洲的稳定与发展直接关系到世界的安全与繁荣；援助能够促进非洲国家的稳定与发展，而后者有助于抑制恐怖主义，进而维护西方的安全及其在非洲的利益。正是基于对发展问题的新认识及应对非传统安全的需要，西方国家纷纷加大了对非洲发展问题和安全形势的关注力度。美国对非援助政策的调整尤为明显，华盛顿除了对反恐前沿国家加大援助力度外，也将非洲国家视为反恐的重要合作伙伴；这也是促使美国设立"千年挑战账户"，加大对非援助力度的一个重要原因。继美国之后，欧盟的非洲政策也逐步向安全导向型转变，随之，减贫、安全、发展等词汇频繁出现在欧盟国家对非洲的政策文件中。

其二是基于获取非洲市场、资源及扩大政治影响方面的考虑。

进入21世纪，随着世界经济形势的好转，使得非洲这一潜在巨大市场和战略资源重要来源地的经济价值又重新凸显；西方国家从长远经济利益出发，为在综合国力竞争中居于主动地位，纷纷提升对非战略，尤其是提升经贸合作在对非关系中的地位，其政策目标旨在获取非洲的资源与市场，并且在地域和国别选择上更加注重突出重点，即优先考虑具有市场潜力和自然资源等经济价值较大、具有区位优势的地区和国家。

据此，北非和南部非洲地区以及南非、尼日利亚、刚果（金）、赞比亚、安哥拉、利比亚等国成为西方国家发展经贸关系的重点。西方大国提升对非战略以及对非洲政策的调整，在很大程度上决定了其对非援助的发展方向；作为一种战略支出和政策工具，援助在提升本国软实力、为本国拓展非洲市场和获取非洲资源铺路搭桥的作用也日益凸显。此外，扩大在非洲的政治影响力、争取非洲国家的外交支持，同样是西方大国的重要考量，这在日本和德国表现得尤为明显。日本和德国之所以大幅增加对非援助，目的便是为了"购票入常"。

其三是基于遏制新兴国家特别是中国在非洲持续增长的影响。

进入21世纪，印度、巴西、俄罗斯、土耳其等新兴国家纷纷加大对非工作的力度。比较而言，"中国因素"对西方国家的触动更大。2000年中非合作论坛机制启动后，中非经贸合作关系的快速发展和中国在非洲影响力的迅速提升，尤其是2006年中非合作论坛北京峰会的召开，更加剧了美、欧（欧盟大国）、日等国的危机感和紧迫感。西方各国加大对非洲的重视和投入的动机和目的虽不尽相同，但有一点是共同的，这就是它们都受到快速发展的中非关系的刺激。作为崛起中的大国，中国在非洲的活动已日益引起西方国家的关切，西方大国几乎都将中国在非洲影响力的急速增加视为对其既得利益的挑战。可以说，"中国因素"业已成为西方国家调整和制定其对非政策的重要考量，因而在它们的对非政策中都包含抵消中国在非洲影响力的成分。随之，援助则成为西方国家与中国在非洲博弈的一种的重要手段。西方国家希望通过加大对非援助，改善或密切与非洲国家的合作关系，进而强化其在非洲的影响力。

其四是基于全球化背景下对非洲发展的世界意义的新认识。

进入21世纪，国际社会强烈地意识到，包括非洲国家在内的发展中国家正经历着一场严峻的发展危机;如果发展问题进一步恶化,发展中国家发展困境加大,必将进一步压低全球总需求,迟滞全球经济复苏的步伐。虽然非洲经济自20世纪90年代中期以来持续保持中速增长势头,但并未从根本上扭转"有增长、无发展"的尴尬局面。2000年世界银行、非洲开发银行、联合国非经委等机构联合发表的《非洲能拥有21世纪吗?》的报告认为,非洲是仍然目前世界上唯一的贫困化持续加剧的地区,尤其是在撒哈拉以南非洲,其日收入低于1美元的绝对贫困人口在其总人口的比例由1990年的44.6%上升到2000年的46.5%,预计到2015年仍将高达42.3%。① 加之,非洲国家自身"造血"功能不足,普遍缺乏自主发展的内驱力,可以说非洲发展问题已到了无法回避的程度。问题的严重性还在于,非洲的贫困化不仅对国际安全构成严峻挑战,而且还将拖累世界经济的可持续发展。

值得一提的是,进入21世纪以来,西方大国除了借助八国峰会平台加强彼此之间对非援助政策的协调外;还就非洲发展、安全、减贫等议题频繁与非洲国家对话,这在以往是很少见的。尽管双方在诸多问题上仍存在分歧或争议,但这一趋向也反映出西方国家对非洲及非洲发展问题的重视程度在提高。

综上所述,中国与西方大国均是自非洲国家独立伊始就开始向其提供援助的国家。比较冷战前后中国与西方国家对非援助政策的发展变化,可以得出三点结论:

其一,中国对非援助政策具有较强的连续性,而西方国家则发生了较大的变化,这在援助的政治理念或政策原则方面尤为明显。

---

① 引自姚桂梅:非洲经济发展的主要特征述评,载《西亚非洲》2005年第4期。

其二，中国对非援助政策的调整，更多地体现在改革援助方式、拓宽资金来源、丰富援助领域等技术层面，而西方国家则更多地反映在政策理念和目标等政治或战略层面。

其三，中国对非援助政策的意识形态色彩逐步淡化、消失；反观西方国家，其对非援助政策带有浓厚的政治意识形态色彩。

## 二、中国与西方国家对非援助比较

中国与西方国家对外（对非）援助比较，涉及援助实力、政策理念、援助规模、援助方式、援助渠道、援款结构、援助领域、管理模式、援助效果等诸多方面。客观地讲，在上述几个方面，中国与西方国家各具传统、特色和优势；但同时双方亦有各自的问题、缺失，并在某些方面呈现出明显的差异性。总体而言，中国在上述方面的特点反映了作为发展中国家或社会主义国家的属性。

### （一）中国与西方国家对非援助的实力比较

在国际关系中，国家的硬实力、软实力构成了一个国家的综合实力；同时也是一国参与国际发展合作的基础性条件，它将影响到该国对外援助的全过程，包括援外政策、规模、方式、渠道、效果等。国际援助中的硬实力与软实力是相辅相成的关系：硬实力是一国提供对外援助的基本条件，同时也是软实力得以发挥作用的基础；而良好的软实力则可以从社会、文化或意识形态等方面对受援国施加影响，并且可在一定程度上弥补硬实力的不足，提升援助效果。

1. 中国对非援助的实力评估

进入21世纪，随着综合国力的增强，中国的硬实力、软实力均保持上升势头；但总体而言，较之西方发达国家，作为发展中国家，中国在这两方面均存在局限性。

（1）中国对非援助的硬实力

改革开放30多年来，中国经济实力的迅速增长为中国对非洲援助奠定了重要基础。自改革开放以来，中国一直是世界上增长最快的经济体之一。从基本国力看，中国国内生产总值由1978年的3645.2亿元人民币增至2010年的401202亿元人民币，增幅为110倍。当年，中国经济总量首次超过日本，成为世界第二大经济体，外汇储备达到28473亿美元。[①] 此外，中国经济门类齐全，产业结构日趋合理，这些因素都是中国对外（对非）援助的重要基础。

但是毋庸讳言，较之西方发达国家，中国的硬实力还有相当大的局限性：首先，尽管中国经济总量已跃居世界第二位，但就人均而言，与西方发达国家相比仍有很大差距，甚至不及一些发展中国家；其次，中国还存在地区发展不平衡、收入差距悬殊等问题，还有相当比例的贫困人口，解决贫困问题仍任重道远；再次，在经济全球化和国际金融危机叠加的背景下，中国经济也难以保证没有起伏；凡此种种都对中国对外（对非）援助构成了制约，限制了援外援非的作为。

（2）中国对非援助的软实力

中国在非洲或开展对非发展合作的软实力主要反映在以下几个方面：

其一是中非关系长期友好发展的坚实基础。特别自2000年中非合作

---

① 数据见中国国家统计局：《关于2010年度国内生产总值（GDP）初步核实的公告》（2011年9月7日），http://www.stats.gov.cn/tjdt/zygg/sjxdtzgg/t20110907_402752625.htm，2011-10-7；中国国家统计局：《中华人民共和国2010年国民经济和社会发展统计公报》：http://www.stats.gov.cn/tjgb/ndtjgb/qgndtjgb/t20110228_402705692.htm，2011-5-28。

论坛成立以来，中非关系步入了全面、持续、快速发展的新阶段。通过2006年和2009年两个"八项措施"，中非政治、经济、文化、法律和学术交流开始步入机制化轨道；中国对非援助的力度不断加大，方式更趋多元化；中非双方都从中受益，中非合作对提升非洲的国际地位、促进经济增长也发挥了积极的作用。①

其二是中国发展模式对非洲国家的示范作用。作为与非洲有相似历史经历的发展中国家，能够在短短30多年时间内取得世界第二经济体地位，并使贫困率大大下降；中国的发展经验或"中国模式"引发了非洲国家的广泛关注，借鉴中国发展经验成为一些非洲国家探索本国复兴之路的重要选项。

其三是中国平等相待、互利共赢的合作理念。这些原则或理念经过了时间的检验，赢得了非洲国家的赞赏和尊重；同时，这也是中非关系与西方同非洲关系的本质区别。

但同时，中国在软实力方面也存在一些劣势或缺失：

其一，中非文化交流滞后于经贸合作关系。虽然近年来中非关系呈现出全方位的发展态势，涉及政治、经济、社会、文化、安全等诸多领域；但是中非合作在上述领域的发展并不均衡，甚至缺乏协同性；突出表现在：较之快速发展的经贸合作关系，中非在人文领域的交流与合作明显滞后。这种失衡引发了诸多问题，并对中非关系的持续健康发展带来负面影响。

其二，中非政治制度和价值判断方面的差异。民主化后，非洲国家

---

① 仅就经济方面而言，在非洲2002年至2008年以平均6%的增长中，中国因素就贡献了2%。见法国国民议会执政党人民运动联盟党团主席让—弗朗索瓦·科佩在法国前总理拉法兰担任主席的"前景与创新基金会"召开的主题为"非洲看中国"研讨会上的发言：《西方对中国在非洲的成功应深省而非批评》。新华网：http://news.xinhuanet.com/world/2010-09/16/c_12575827.htm。

与中国在意识形态、政治制度取向等方面的差异性拉大，连带地也影响到双方对民主、人权、主权等方面的价值判断。目前非洲国家已经认同西方倡导的民主、人权和良政等价值观，并将这些价值观载入非盟宪章；而中国的社会制度和价值观与西方有本质区别，中非双方在这方面的共同语言不多。

其三，中国在国际话语权方面处于明显劣势。基于历史传统、语言、文化渊源，以及政治制度、经济联系、宣传手段和技巧等因素；西方媒体在非洲的影响远远大于中国；非洲社会有关中国的信息主要来自西方媒体，这就难免产生不利中国的认识和言论。加之，非洲社会利益集团趋于多元化，多党民主政体下的言论自由；使得在中非经贸关系快速发展中出现的一些问题被放大，进而影响了一部分非洲人对中国及中非关系的看法，甚至出现了有损于中国形象和中非关系发展的负面舆论。

其四，"不附加条件"援助是一把"双刃剑"。一方面，不干涉内政或不附加条件的援助是中国的优势，非洲国家政府乐于接受；但另一方面也遇到非洲民间社团和学术界人士的批评，认为无条件援助缺乏透明度，容易助长腐败，不利于非洲国家的良政建设。无论对中国的指责或批评是否符合事实，这些言论毕竟有其存在基础，在一定程度上损害了中国在非洲的形象和软实力，弱化了援助效果。

2. 西方国家对非援助的实力分析

较之中国，作为老牌殖民宗主国和发达国家，西方国家对非援助在硬实力和软实力方面均具有比较明显优势，但同时也存在一些问题或弱点，后者在一定程度上抵消了其援助效果。

（1）西方国家对非援助的硬实力

西方发达国家经济实力雄厚，是国际发展援助体系的主要力量。西方国家大多是最早步入现代化进程的国家，经过百余年的发展，西方国家不仅产业门类齐全，而且拥有领先世界的工业、农业和服务业体系，高技术产业更是领先世界。因而具备向非洲提供援助的雄厚物质和技术基础。

但较之中国，西方发达国家也存在"过犹不及"的缺憾。原因在于，就现代化进程的发展阶段而言，西方国家、中国、非洲国家基本上处于高、中、低三个不同的发展阶段；因此，由于吸收、消化能力方面的原因，在某些行业或领域，西方发达国家的先进技术并不完全适用于非洲，移花接木的结果难免造成"水土不服"。相对而言，中国的技术或许更适合非洲国家现实的发展水平。

（2）西方国家对非援助的软实力

较之中国，西方国家开展对非发展合作的软实力主要包含以下几个方面：

其一是西方国家特别是前殖民宗主国与非洲的历史联系。这种传统联系绵延数百年，涵盖政治、经济、军事、文化、语言、教育等诸多方面；这种历史渊源至今仍是西方国家与非洲发展关系的基础。另则，当代非洲国家的各类精英都有在欧美留学、工作的经历。

其二是西方与非洲在意识形态或价值判断方面有共同语言。民主、人权、良政等是西方国家对非援助的附加条件，上述价值观念构成了西方在非洲软实力的核心内容。西方国家往往凭借这些价值观对受援国施加影响。值得一提的是，上述价值观业已得到众多非洲国家的认同并载入非盟宪章。

其三是西方掌控着国际话语权，占据对非舆论宣传的优势。近年来，西方国家利用手中掌握的强势话语权，一方面伸张自己在非洲所作所为的正当性；与此同时，频繁发动舆论宣传攻势，针对中国对非援助政策的某一点，或就中非发展合作中出现的某些问题，刻意渲染、"妖魔化"中国形象，并且这种宣传已经引起一部分非洲人士或利益集团的共鸣。

但影响和制约西方国家对非援助软实力的因素同样也存在：

其一是西方国家强制性地对援助附加各种条件。西方国家此举反映了其对非关系不平等的实质。这种带有控制性的做法，一方面忽略了非洲国家的具体国情，在客观上干扰，甚至限制了非洲国家自主选择发展道路和方式的权利，招致非洲国家的不满；同时，对援助附加的各种条件导致援助项目程序繁杂、周期拉长，致使援助效果受到影响。

其二是西方"选择性"的援助使得援助与需求脱节。西方国家对非援助更多地基于自身的利益考虑，而较少顾及非洲受援国的现实。具体表现在其对非援助选择性做法：诸如对政治、经济战略意义较大的国家或其前殖民地国家，对有具有区位优势或能够满足其附加条件的国家，对有利于自身利益的项目优先提供援助等。这些做法在一定意义上损害了西方国家的声誉。

此外，西方国家援助承诺长期难以足额兑现，援助项目缺少持续性和稳定性，在一些领域缺少长期持续性投入等情况也使其在非洲的信誉受损。

## （二）中国与西方国家对非援助的方式比较

基于不同的历史经历、发展基础和国际处境，中国与西方国家在对非援助的方式方面形成了各自的特点。客观地讲，双方各有特色、长处与不足。需要指出的是，本研究报告所谓"援助方式"是一个非常宽泛的概念，系指中国和西方国家在对非援助过程中的一些做法。

1. 中国对非援助的传统和特色

中国向非洲国家提供力所能及的经济援助属于"南南合作"的范畴。较之西方国家,中国向非洲提供的援助虽然数额有限,但成效显著。这主要得益于,在半个多世纪的实践中,中国对非援助已经形成了自己的传统和特色;择其要者而言,大致涵盖以下几个方面:

其一,中国对非援助始终坚持平等互利、共同发展的原则。

中国与非洲国家都有过沦为殖民地或半殖民地的经历,这使得它们在处理国际关系时有着相同或相近的准则。中国对非援助始终强调并坚持平等互利的原则。就平等而言,中国从不居高临下地以教师爷或判官的姿态与受援国打交道,也从不会颐指气使地告诫受援国应该怎样做。就互利而言,中国政府始终强调援助不是单方面的施舍,而是相互支持;中国也从不以施恩于人的施舍者自居,而是致力于合作双方的共同发展。实际情况亦如是,中国的援助一方面在一定程度上支持了非洲国家经济发展和社会进步;与此同时也有力地配合了中国的外交工作和经济建设,推动了中非经贸关系乃至整个双边关系的发展,拓展了中国的外交空间和国际影响,并对捍卫中国的主权和统一发挥了重要的作用。

其二,中国在实施对非援助过程中严格尊重受援国的主权。

不附加条件或不干涉内政是中国对外援助(包括对非援助)的原则和政策理念。中国坚持和平共处五项原则,尊重各受援国自主选择发展道路和模式的权利,从不对经济援助附加任何政治条件,不干涉受援国的内政,也绝不谋求任何特权。这与冷战结束后西方国家借助援助工具在非洲推行其政治意识形态、移植其民主制度的做法形成鲜明对照。非洲国家虽然多系小国弱国,但特殊的历史遭遇使非洲领导人具有强烈的自尊心,他们十分反感西方国家将经援与政治挂钩的做法。

其三，中国对非援助的政策、原则和理念具有很强的连续性。

中国政府在对外援助中始终恪守"援助不附带任何条件"，而并没有像西方国家那样由于"时过境迁"的原因而发生任何变化。事实上，这一原则至今仍然主导着包括对非援助在内的中国对外援助活动。而反观西方国家，其在冷战前后的援助政策，特别是对非援助政策则变化很大，多数西方国家都将经济援助与非洲国家的政治变革挂钩并且附加种种限制性条件。以美国为例：冷战时期，美国将亲美或反苏作为其对非洲国家援助的标准；冷战结束后，"民主"、"良政"开始成为美国对非洲国家援助的重要条件。冷战前后，西方大国美国和法国对待蒙博托政权态度的变化就是一个突出的例证。

其四，中国对待非洲受援国一视同仁，普惠所有非洲建交国。

现行的中国援外政策并没有以意识形态、价值观念等政治标准，或自然资源、市场潜力等经济标准来划定核心受援国。可以说，中国对非援助基本上是一视同仁，普惠所有建交国，不存在特定的偏爱国家（当然，中国所面临的一些特殊问题特别是台湾问题也是其中的致因）。反观西方国家，特别是一些欧盟国家（如法国、英国、葡萄牙、德国），其对非援助的主要对象多系前殖民地国家。① 因此非洲舆论批评此举实际上是利用援外工具在后殖民时代延续着前宗主国和殖民地之间的传统关系。美国、日本等国的对非援助看似散乱，但目的性却较强，大多集中在经济价值、政治影响较大，或具区位优势的非洲国家。

其五，中国对非援助充分考虑并照顾到受援国的利益和关切。

中国的援助是真诚无私的，是穷朋友之间的相互帮助。中国向非洲国家提供经济援助的目的旨在提高非洲受援国的造血功能，增强其自力更生和自主发展的能力；在援助领域和项目的选择上，中国能够急朋友之所急，根据自身的能力和非洲国家的实际需要，通过协商方式，最大限度地满足非洲受援国的合理要求或优先考虑；并注重援助项目的效益，尽力为受援国培养本土人才和技术力量。而一些西方国家的对非援助，特别是战略援助部分，更多的是基于自身利益的考虑。

其六，中国对非援助主要通过双边渠道并以物资援助为主。

由于援非资金有限，长期以来，中国对非援助主要通过双边渠道实施。实践证明，双边援助简便易行、灵活务实，特别是在援建项目的实

---

① 例如：英国的重点援助对象是英联邦非洲成员国，2009年，在22个被列入英国对外援助的优先国别中非洲占据14国，其排序依次是：埃塞俄比亚、苏丹、尼日利亚、坦桑尼亚、刚果（金）、加纳、马拉维、乌干达、莫桑比克、津巴布韦、肯尼亚、卢旺达、赞比亚和塞拉利昂；法国对非援助的重点国家多系非洲法郎区成员国和马格里布国家，2009年，位居法国对外援助前10位的国家中有8个是非洲国家，依次是科特迪瓦、摩洛哥、突尼斯、刚果（布）、喀麦隆、埃及、塞内加尔和阿尔及利亚，它们之中除了埃及外，其余均为非洲法郎区成员国和马格里布国家；排在法国对非援助前10位的是科特迪瓦、马约特岛（法国海外领地）、摩洛哥、突尼斯、塞内加尔、埃及、马达加斯加、阿尔及利亚、刚果（布）和喀麦隆，上述10国占当年法国对非援助额的68%；葡萄牙同样将优先的援助资金投入到5个葡语非洲国家，2009年，葡萄牙对佛得角、几内亚比绍、圣多美和普林西比、莫桑比克和安哥拉的援助总额为1.4亿美元，占当年葡萄牙对非援助总额的81.4%，占当年葡萄牙对外援助总额的比重为27.5%；即便是德国（因战败失去非洲殖民地），也将援助重点放在曾经是其殖民地的非洲国家，如喀麦隆、坦桑尼亚等国，其中喀麦隆是德国在非洲最重要的双边援助对象国，2007年达到7.4亿美元。

施效率上要比多边援助高得多，受到非洲国家的欢迎，从而更易于发挥援助作为政策工具的功效，提升对非援助的有效性。另则，中国的对非援助长期以来一直以"看得见、摸得着"的"实物"形式进行转移，现汇援助相对较少。这种方式减少和简化了援助资源在受援国的转移过程，有利于援助项目更快更好地产生效果，同时也可以在一定程度上抑制腐败行为的发生。

其七，在充分考虑受援国利益前提下，注重发挥援助的互利功效。

改革开放前，中国对非援助基本上是"单向行为"；从 20 世纪 80 年代起，中国开始关注对非援助的互利性和合作性。中国相继推出了代管经营、租赁经营、合资经营以及提供技术服务、培训技术和管理人员等多种形式的技术和管理合作；并注重与贸易和工程承包相结合，推动中国企业与受援国企业间开展合作；其中，合资合作方式是由中国政府和受援国政府提供政策与资金支持，推动中国企业与受援国企业进行直接合作，从而扩大了企业资金来源和项目规模，使受援国增加了收入和就业、增强了援助效果，也使双方企业从中受益。90 年代中期以来特别是进入 21 世纪后，中国对非援助已逐步形成了援助与投资、贸易和工程承包相结合的援非模式，即所谓"一揽子"模式，比较典型的案例有"安哥拉模式"、"苏丹模式"等。实践证明，这种模式颇受非洲国家的欢迎，近年来，已有不少非洲国家向中国表达了希望效仿的愿望。需要指出的是，在这种模式中，投资起主导和带动作用，而作为政策工具的援助发挥辅助作用。

其八，中国对非援助信守承诺、援建项目按期保质。

中国向非洲国家提供的援助额不多，但效果却非常好；究其因，除了援助理念、政策和方式方面的原因外；信守承诺、援款及时到位，援建项目按期保质无疑也是其中的重要原因。无论内部、外部环境发生何种变化（如近期的国际金融危机），中国对非洲国家的援助承诺一旦做出，就一定会兑现。反观西方国家，非但未承担其应尽的国际义务[①]，而且即便是已经承诺的援助也往往是口惠而实不至。进入 21 世纪以来，西方国家近年来在各种国际场合做出的增加对非援助的承诺，几乎历届八国峰会均有新举措、新承诺出台，但实际上是"雷声大、雨点小"，真正落实到位的则不多。统计数据显示，截至金融危机爆发前的 2007 年，西方大国对非洲的援助和减债承诺的兑现率均不足 50%。[②]

其九，中国援非合作人员的敬业和吃苦耐劳的奉献精神。

中国政府在《中国对外援助八项原则》中特别规定，中国专家同受援国自己的专家享受同样的物质待遇。中国专家的物质待遇远远低于西方同行，后者往往是携带家眷，住的是洋房，一家人甚至拥有几个黑人雇员，而这些费用均从其母国所提供的援助经费中支出，这种"自我消费"无形之中就减少了援款的实际数额。此外，中国专家的敬业和吃苦耐劳精神得到了非洲受援国的普遍赞誉。

### 2. 西方国家对非援助的特点

站在历史延续性的视角，西方国家一直是国际对非援助的主体，其

---

[①] 西方国家的援助是非洲发展和实现联合国千年发展目标的一个重要的资金和技术来源，但是西方国家在援助非洲发展问题上与其应承担的国际义务相距甚远。2010 年是联合国提出发达国家官方发展援助占国民总收入 (GNI)0.7% 的目标 40 周年；但截至 2009 年，作为官方发展援助主要来源的经济合作组织发展援助委员会成员国官方发展援助仅占其国民总收入的 0.3% 左右，大大低于既定的指标；除了北欧国家外，其余国家均未达标；美国、德国、日本等国甚至至今尚未做出达标的具体时间表。

[②] 虽然非洲国家一再敦促西方国家应该重视援助承诺的履行，但 2008 年国际金融危机爆发后，西方国家普遍陷入经济衰退，不仅其对非洲援助已作出的承诺难以兑现，而且从目前西方国家的经济境况看，至少在今后几年内，其对非援助规模的可持续性将大打折扣；事实上，自 2006 年西方国家对非援助的历史高峰过后便开始呈下降趋势，金融危机无疑将进一步加大这一趋势。

对非援助在定位、理念、政策、方式方法等方面均与中国存在较大的差异，其特点主要反映在以下几个方面（本着"避让"原则，"西方国家对非援助的特点"凡已经在上文"中国对非援助的传统和特色"中提及的，不再赘述；关于西方国家对非援助一些值得中国借鉴的做法，详见本研究报告第一部分之"三"）：

其一，西方国家的对非援助反映了与受援国地位的不平等。

从对非援助政策的原则和理念来看，中国更强调援助方和受援方的平等性，主张在实施援助的过程中充分尊重受援国的主权；不干涉内政，不附加政治条件构成了中国对外（对非）援助的基本原则。而西方国家没有类似的政策声明，附加条件构成了西方国家对外（对非）援助政策的一大特色。究其因，一方面是受历史传统的影响或国家性质使然；另一方面，西方国家所提供的援助赠款比重很高，一般在90%以上。因此，长期以来，西方国家在对外（对非）援助中一直以"捐赠者"自居，这使得援助国和受援国处于一种不平等的地位，西方国家对非援助附加的多种条件便是这种不平等关系的具体表现。

其二，西方援助限制了非洲国家自主选择发展模式的权利。

西方国家对外（对非）援助主要分为资金援助（含无偿赠款和有偿贷款）、技术援助（包括人才培训、合作研究和技术咨询等）、粮食援助和债务减免等四种类型；在具体实施中，则主要是项目援助、部门援助和预算支持三种方式。① 这些方式的突出特点是设置多种附加条件，将援助资金与受援国的制度和政策挂钩。例如：部门援助表面看是与受援国政府协作，以保证受援国政府对发展战略或政策的主导权；但是，"协作"过程是附带着条件的，诸如要求受援国在发展政策、战略和财政支出等方面做出调整和改革。与之类似，预算支持表面看是将援助资金直接转移到受援国中央银行，受援国完全可以在其政策范围内加以支配；但其条件同样要求受援国在发展战略、政策、宏观经济框架和公共财政管理方面进行改革。在实际操作中，为了得到援助，多数受援国往往"选择"接受西方援助国的建议，即相关改革在相当大程度上是按照西方的标准或要求进行的。其结果：受援国在获得资金援助的同时，也在一定程度上削弱了自主制定发展战略和政策的权利。

其三，西方国家所提供的赠款在援款结构中比重很高。

中国的对外援助属于南南合作范畴，强调互利合作，对赠款比例没有特别界定。而以西方国家为主体的经合组织发展援助委员会对"发展援助"则有严格的界定，其中之一就是在成员国所提供的援助中赠款必须达到相应的比例。② 站在历史延续性的视角，西方国家对外（对非）援助的赠款比例呈现出逐年加大的趋势：在20世纪80年代之前，西方国家双边官方发展援助中赠款比例大致在60%左右；90年代中期提升至

---

① 根据欧洲委员会的解释：项目方式（Project Approach）：是指在拥有特定预算的特定时间段内，为实现具体而清晰目标的一系列活动。部门方式（Sector Approach）：是援助国与受援国政府、各援助方和其他利益方共同协作的方式，其目的在于保证受援国政府对发展政策、战略和财政支出的主导权。预算支持（Budget Support）：指外部融资机构向受援国（伙伴国）财政部进行的财政资源转移。参见：European Commission: EuropeanAid Development and Cooperation: http://ec.europa.eu/europeaid/how/index_en.htm，2011-2-25。
② 见经合组织对官方发展援助的定义：http://www.oecd.org/document/4/0,3746,en_2649_37413_46181892_1_1_1_37413,00.html，2011-10-14。

90%；进入 21 世纪，多数国家达到 95% 以上，一些北欧国家甚至达到 100%。据经合组织统计，2009 年经合组织双边援助赠款及类似款项比例占到 96.6%（援助性贷款与资本仅占 3.4%），通过多边机构援助的赠款比列更高，达到 97.8%。①

其四，西方国家对非援助的技术性、专业性较强。

在经合组织的项目方式下，一个项目的各个方面都有清晰的界定或"安排"；诸如：对各利益方特别是针对性群体界定；对协调、管理、财政方面的安排；支持绩效管理的监测和评估系统；要求适度的财政和经济分析，以体现项目收益是否大于成本。再以部门方式为例，援助项目各方应达成可监测结果的战略框架、时间框架和制度框架，同时还应具备中期资助框架和绩效检测系统等。作为检验援助效果的方式，多种评估报告会定期公开发布，对援助资源的投入、产出效果及存在的问题做出评估、分析，并提出改进建议。这些都体现了援助方式技术性、专业性的特点。

## （三）中国与西方国家对非援助的领域比较

在对非援助重点领域的选择上，中国与西方国家各有侧重，只是程度不同而已；从趋势上看，除了涉及政治意识形态的领域外，中国与西方国家在这方面的差距正在收窄。需要指出的是，中国与西方国家对援助领域的类别划分存在一些差异。按照经合组织分类，西方发达国家一般将援助领域分为社会、经济、生产、多部门、一般计划援助、债务、

---

① OECD统计数据。http://stats.oecd.org/Index.aspx?DataSetCode=AEO_BASIC_INDICATORS#,2011-9-20。

人道主义及其他领域；①而中国主要分为农业、工业、经济基础设施、公共设施、教育、医疗卫生等领域。②

1. 中国对非援助所侧重的领域

20世纪80年代之前（含80年代），中国对非援助以生产和经济基础设施为重点，涉及农牧渔业、水利、化工、纺织、电力、交通运输、公共设施、石油矿产、通讯、教育等领域。进入20世纪90年代，对非援助虽然仍以生产和经济基础设施为主，但其比例已相对下降；截至2009年底，中国对外援助项目主要分布在农业、工业、经济基础设施、公共设施、教育、医疗卫生等领域，重点是帮助受援国提高工农业生产能力，增强经济和社会发展基础，改善基础教育和医疗状况。③需要指出的是，进入21世纪，中国对非援助的领域已大为拓展，特别是加大了能力建设、人力资源培训、人道主义、债务减免方面的援助力度。

2. 西方国家对非援助所侧重的领域

西方国家对非援助在各个时期所侧重领域同样不尽相同。20世纪60年代西方国家对非援助主要关注经济和生产领域，尤以交通和采掘业为主。70年代重点关注非洲的经济增长、减贫和促进收入公平分配等。80年代注重对受援国内部经济发展要素的整合，在重视传统生产部门的同时，加强了对教育、人口、健康等领域的援助。90年代以来，西方国家对非洲社会领域、债务减免和人道主义领域的援助呈不断上升趋势，同

---

① 其中，社会领域包括：教育、健康、人口、生活用水供应及卫生设施、政府与公民社会、其他基础设施和服务等；经济领域包括：运输、通讯、银行与金融、商业及其他相关服务；生产领域包括：农业、林业、渔业、工业、采矿与建筑业、贸易和旅游业。
② 其中，经济基础设施主要指交通、通讯和电力等领域；公共基础设施主要包括市政设施、民用建筑、打井供水、会议大厦、体育场馆、文化场馆、科教卫生设施等。
③ 国务院新闻办公室：《中国的对外援助》（白皮书），2011年4月21日。

时对经济领域的援助也基本保持较高比例。① 2008年经合组织发展援助委员会成员国对非援助占比最高的是社会领域，占到42.6%；其次是经济领域，占16.1%；人道主义援助占12%；其余各领域相对较少，均在8%以下。②

### 3. 中国与西方国家对非援助侧重领域的同异

总体而言，进入21世纪，在联合国千年计划推出后，中国与西方国家都加大了对非洲民生领域的援助力度；从趋势上看，随着中国对非洲援助领域的扩大，③ 中国与西方国家对非援助所覆盖领域的差异在缩小；但同时双方所侧重的领域也存在差别，即便是同一领域，其内涵也不尽相同。

中国对非援助所侧重的领域，按照经合组织对援助领域的分类，主要是在生产领域的农业和工业；经济基础设施中的交通、通讯和电力等领域；社会基础设施也是重点，但中国对该领域的援助主要集中在援建体育场馆、办公楼或会议中心等，而不包含政府与公民社会等与政治意

---

① 1990年，西方国家对非援助的社会和经济领域分别占17.5%和21%；生产领域、一般计划和债务减免分别占17%、19.8%和14.8%；多部门、人道主义和其他领域分别占7.5%、2%和0.8%。到2008年，西方国家对非洲社会领域的援助侧重更加明显，其次是经济和人道主义领域。从当年经合组织发展援助委员会（DAC）主要大国对非援助领域看，在社会领域的援助一般都占到30%以上（只有日本为23.3%），其中英国和美国都在50%左右。法国援助较为重视社会、经济和债务领域；德国关注社会和债务；英国集中于社会和经济领域；美国集中于社会和人道主义领域；日本主要是社会和经济领域；挪威援助领域较为均衡。数据来源：DAC/OECD, *Development Aid At A Glance Statistics By Region* 2.AFRICA 2010 *edition*。

② 数据来源：DAC/OECD, *Development Aid At A Glance Statistics By Region* 2.AFRICA 2010 *edition*。

③ 例如，减免债务和人道主义援助，是中国在20世纪90年代末以来才加以重点关注的对非援助领域。2000年至2009年，中国免除35个非洲国家的312笔、总计189.6亿元人民币的债务；自2004年9月中国政府正式建立人道主义紧急救灾援助应急机制至2009年底，中国已累计开展紧急援助近200次。数据参见国务院新闻办公室：《中国与非洲的经贸合作》（白皮书），2010年12月；国务院新闻办公室：《中国的对外援助》（白皮书），2011年4月21日。

识形态相关的敏感领域。

西方国家对非援助主要集中在社会基础设施和经济基础设施领域。前者包括教育、健康、人口、生活用水及卫生设施、政府与公民社会等方面。其中，西方主要国家对非洲非政府组织的援助，或通过非洲非政府组织实施的对非援助在20世纪90年代中期成为一种趋势；[①] 其在西方对非官方发展援助中的占比也呈上升势头，2001年为5%，2007年占到6%。[②] 经济领域援助所关注的重点是运输、通讯、金融和商业等。

此外，就政策导向而言，中国与西方国家也存在差异。中国对非援助始终坚持奉行以发展优先的援助政策，援助领域和项目侧重于经济基础设施和与民生相关的领域，并加大了与非洲在能力建设方面的合作，目的旨在提高非洲受援国的造血功能，增强其自主发展能力。反观西方国家，在冷战结束后，加大了与上层建筑或意识形态相关的"社会基础设施"领域的援助力度；其对非援助的政策导向先后经历了"民主援助"、"良政援助"；"9·11"事件发生后，在美国的主导下，西方对非援助又出现"安全"优先的倾向。

## （四）中国与西方国家援外（援非）管理体制比较

中国与西方国家援外（援非）管理体制的形成都经过了几十年的改革和发展历程；双方现行的援外（援非）管理体制和运行机制既有趋同点，也有各自的特点，后者更多的表现为差异性。

---

① 美国于1992年推出一项政策，决定在政府腐败行为严重的国家加强与当地非政府组织的合作。随后在90年代中期，英国、德国、法国和荷兰等西方国家相继增加对非洲非政府组织的援助。见：Sam Chege, Donors shift more aid to NGOs, Africa Recovery, United Nations, http://www.un.org/ecosocdev/geninfo/afrec/vol13no1/aid2ngo.htm，2011-10-24。

② OECD统计数据。http://stats.oecd.org/Index.aspx?DataSetCode=AEO_BASIC_INDICATORS#,2011-9-20.

## 1. 中国援外管理体制的运行轨迹与特点

中国援外管理体制先后经过20世纪50、60年代的"总交货人部制"①、70年代的"承建部负责制"②，80年代的"承包责任制"③；进入90年代后逐步形成多机制联动的援外管理体制。2008年10月，由商务部、外交部和财政部三部委的主管部领导出任委员会主任和副主任的"部际联络机制"正式启动；该机制由24个中央部委构成，其功能是统筹援外归口管理和多方联动，以发挥各方职能优势，加强沟通和协调。此后，根据中央和国务院关于"加快行政管理体制改革，建设服务型政府"的要求，我国逐步形成了援外决策、执行、监督相分离的管理模式。2009年1月1日起，新调整的援外管理职能分工开始运行。④ 2011年2月，"部际联系机制"升级为"部际协调机制"。在新的协调机制下，商务部是国务院授权的政府对外援助主管部门，其职责是：拟定对外（对非）援助政策（会商外交部）、规章、总体规划和年度计划，审批各类援外项目并对项目实施进行全程管理。商务部所属相关司局分别受托管理援外成套项目、技术合作项目、物资项目和培训项目的具体实施。中国进出口银行负责优惠贷款项目评估以及贷款发放和回收等的管理工作。

中国援外（援非）管理体制改革经历了由中央行政集中管理逐步走向权力和责任下放；由单个或少数部门集中管理走向多部门联动与协调

---

① "总交货人部制"是指：为了确保援外项目的工程质量和按期完成，当时的国家计委按援外项目的专业性质，指定中央相关部委担任总交货人。
② "承建部负责制"是指：国家对外承担的经援项目，按行业分工，确定由国务院有关部门作为承建部；其核心是加强中央和地方协调，管理模式比"总交货人部制"较为灵活，权力有所下放。
③ "承包责任制"是指：承包单位作为援外项目具体执行人；其优点是下放项目运作权，承包单位在确定施工方案、管理方法和资金运用等方面都享有较大的权力。
④ 王世春（时任商务部对外援助司司长）：《2008年中国对外援助情况》，载于《中国商务年鉴：2009》，北京：中国商务出版社，2009年，第329页。

管理的演化过程。不过总体而言，中国现行的援外管理体系基本属于行政管理范畴；从专业角度看，仍然缺少更为权威性或专业性的委员会或领导人直接牵头，现行的"部际协调机制"依然难以避除"政出多门"、相互扯皮的现象。

2. 西方国家援外管理体制的特点

西方国家援外管理体制同样也经过了不断改革、完善的过程，但其主基调并未发生根本性的变化。其特点是：通过政府主管的专业或专门机构实施援助，如美国国际发展署、英国国际发展部、法国开发署、日本协力机构和德国国际合作协会等；其现有性质及前身基本都是相对独立的政府援外机构或政府委托援外机构；上述专业机构在参与政策制定、获取资金、信息，以及实施援助项目方面都具有较大的独立性或自主权。作为援外机构管理体系的主要载体，这些官方或具有官方性质的专业援外管理或执行机构的纵向运作规程一般是：由其负责制定援助项目和计划及其所需资金预算，报政府主管部门协调，再经国会或议会批准后组织实施。这种上下关系较为单纯、直接，避免了部门协调之间的可能出现的推诿扯皮和繁杂程序等弱点。

不过，西方国家的援助机构在管理机制上也存有差异性，大致可分为三类情况：一是设立专门机构管理对外援助，例如：美国国际开发署、英国国际发展部、澳大利亚和加拿大开发署等均属于政府下属的独立的援外专业机构，专门负责协调本国的对外援助活动；二是由专门的政府部门进行管理（但其下设有执行机构），例如：德国由经济合作与发展部专门管理对外援助事务，意大利、爱尔兰、比利时、荷兰、丹麦、挪威、芬兰、瑞士和瑞典等一些欧洲国家和新西兰等国则由外交部负责管理对外援助；三是多部门参与管理，例如：法国、西班牙、葡萄牙、日本和奥地利等国的对外援助事务由外交部、财政部、工贸部等部门参与管理，并委托专门机构负责具体的组织实施工作；其中，法国、日本和西班牙的援助管理机构都涉及十多个不同部门，其管理模式与中国存在相像之处。

在运作机制上，西方国家也各有特点。美国国际开发署、英国国际发展部和日本国际协力机构都属于政府机构的一部分，其运作机制具有行政专业机构的特点。德国国际合作协会虽然隶属于德国联邦经济合作与发展部和联邦财政部，但其运行机制是企业性质。作为企业，国际合作协会的唯一股东是德意志联邦国共和国，股东的具体职能机构分别是德国联邦议院预算委员会和德国政府。国际合作协会由德国政府下属的联邦经济合作与发展部、联邦财政部、联邦对外办公室和联邦经济与技术部派出代表进行管理。

### 3. 中国与西方国家对外援助管理模式比较

中国与西方国家援外管理体制的差异主要有以下几点：

其一是管理体系和运行机制方面的差异。就援外的管理体系而言，尽管中国在商务部之下也设有援外司作为对外援助执行机构，但管理的行政特色比较突出；而西方国家则大多是仅仅保留了援外执行机构的官方所有权，援外执行机构则在运作方式和过程方面具有较强的独立性和专业性，有些西方国家的援外执行机构甚至按企业模式建构、运作。中国对外援助机构的运作机制与一些西方国家虽有相似之处，但商务部援外司与德国国际合作协会、法国开发署和日本协力机构相比，在独立性或自主性方面仍显不足；与美国和英国等国的专业性"发展署"相比，中国商务部援外司在运作方面面对的行政制约因素更多一些。比较而言，西方国家援外执行机构的独立性和专业性更为突出一些。

其二是设外机构在性质方面的差异。基于不同的援助管理体制、机构性质和运作机制，西方国家援外执行机构多在受援国设有分支机构；但各国又有所不同：有的在一个国家设立一家或多家分支机构（办公室或办事处），有的则由设在一国的某个机构负责周边几个国家的援助事务；重要的是：这些分支机构的人员构成均系长期专司援外事务的专业人员。而中国则主要是驻外大使馆经商处，其优点是在每个受援国都有设立；但缺点是官方色彩较浓、行政管理特点突出，尤其是大部分是非专业人士，对援外业务并不精通。

其三是设外机构在执行力方面的差异。由于设外机构在性质方面的差异，西方国家驻外分支机构人员多系长期从事援外工作、精通业务的专业人士构成，并且可以灵活接触受援国社会各个阶层，深入实地直接了解当地社会的现状。而作为官方机构，中国驻外经商处则在这方面具有一定局限性。从效果看，西方国家驻外分支机构的办事效率不仅不亚于政府机构，而且由于其具有官方背景，还能同时得到本国驻受援国使馆或其他机构的配合和支持，其工作可以更加深入，在选择援助项目和形式上更易发挥能动性或创意性。

## （五）中国与西方国家对非援助效果比较

目前，国际上对援助效果的评估尚未形成统一的标准。经合组织制定的评估标准为发达国家所认同。中国等新兴援助国尚未形成相互认同的标准。然而，即便按照经合组织的标准，就不同的援助项目和计划而言，其效果在实际评估中也难以全面、客观的反映。因此，一般的社会评价和学术性评价仍是评判援助效果的重要手段和依据。[①] 其评价要素一般包括：项目投入、实施过程、援助前后效果对比、经济效益、社会口碑或学术评价等（本研究报告侧重于从"特色"视角来探讨、评价中国与西方国家对非援助的效果，双方趋同的方面不在此列）。

1. 中国对非援助的效果特点

中国对非援助在 20 世纪 60 年代至 80 年代一直以成套项目为主；从 90 年代开始，中国更多关注对非洲民生领域的援助，同时也兼顾少量成套项目援助。综合中国对非援助的效果，大致可以归结为以下几个方面：

其一，中国援建的一批生产和基础性成套项目，对非洲受援国的经济和社会发展起到了一定促进作用。

其二，一些小型技术援助项目（如中国的刺绣、蘑菇种植、沼气、竹编等）成本低、技术简单、实用性强，在受援国赢得较好口碑，对于解决当地就业、改善人民生活条件起到一定积极作用。

其三，中国医疗队在非洲国家的规模和分布范围在国际援非史上是少有的，[②] 同时，中国医生的医术和敬业精神也赢得了非洲民众的认可。

其四，中国对非援助基本可以用实物形式展现，诸如中国援建的工厂、道（铁）路、桥梁、医院、学校、会议大厦、体育场馆等，都是看得见、摸得着的实物，不仅具有实用价值，其影响也比较持久。

其五，中国对非援助不附带任何条件和不干涉内政的原则，以简捷

---

① 这里，对援助效果的评估不同于常规性的项目评估，前者重在反映援助项目的建设及其完成对改善受援国民生和促进当地社会发展方面的效能；而后者主要是对项目本身的实施过程和质量的评估。因此，效果评估标准和项目评估标准有所不同，前者不仅包括后者，且范围更大，更多侧重社会和经济方面。

② 据统计，截至 2010 年 12 月，中国共向 46 个非洲国家派出 1.8 万人次援外医疗队员，累计治疗患者 2 亿多人次，并为非洲培训数万名医疗技术人员；有 1000 多名中国医疗队员分布在 41 个非洲国家。见国务院新闻办公室：《中国与非洲的经贸合作》（白皮书），2010 年 12 月。

易行的双边渠道为主的援助方式等，也是中国对非援助效果的组成部分，并受到非洲国家政府的认同。

2. 西方国家对非援助的效果特点

1960 年至 2009 年，西方国家对非洲双边官方发展援助实际支付总量约为 5000 亿美元，① 但就援助效果而言，可谓是毁誉参半。其援助效果按领域划分主要体现在以下方面：

其一，长期以来，西方国家特别是欧盟成员国一直是非洲经济基础设施的重要援助方，其在非洲公路、水库、公共建筑等基础设施方面的援助效果较好。

其二，西方国家长期对非洲的医疗卫生、人口、饮用水、农业、技术，特别是教育援助取得积极成效，不仅在一定程度上提升和改善了非洲国家的教育质量和教学条件，尤为重要的是培育了其与非洲各类精英之间的情感纽带，在这方面西方国家有许多成功的案例。此外，一些小型软领域社会项目效果也比较好。②

其三，西方大国对非援助的战略目标非常明确，注重利用援助杠杆

---

① OECD 统计数据。http://stats.oecd.org/Index.aspx?DataSetCode=AEO_BASIC_INDICATORS#,2011-9-20。然而，国际学术界还有其他的数据。赞比亚学者达姆比萨·娒约认为，自 20 世纪 40 年代以来（作者没有说明截至日期，但其著作出版于 2009 年），"从富裕国家流入非洲的援助约为 1 万亿美元"。见：Dambisa Moyo, *Dead Aid: Why Aid is not Working and How There is Another Way for Africa*, Allen Lane, Penguin Books, 2009, p.35；另有美国学者认为，自 1960 年至 2003 年，国际对非洲援助已付出 1.7 万亿美元。见：Thomas W. Dichter, *Despite Good Intentions: Why Development Assistance to the Third World Has Failed*, University of Massachusetts Press, 2003, pp. 2-3. 这些数据差距非常之大，持相关观点的学者本人也没有提供确切的数据来源，因此难以确认其正确性。但这些估计数据可能都包含了多边援助和非政府组织等非官方发展援助，也可能包含未实际支付的援助资源。

② 例如，美国国际发展署通过向卢旺达全国农村学校发送往年考试题的方式，明显提高了学生考试成绩；此外，2008 年德国在卢旺达实施的"加强非洲警察业务能力计划——卢旺达培训计划"和"通过推动良政实现减贫与危机防范"计划等小型技术援助项目，也都取得良好效果。

对非洲国家政治发展取向和国家机器施加影响；内容涉及安全、司法、军队、警察、政府职能建设等。站在西方的立场，上述援助基本达到了预期的政策目标。

其四，西方国家在实施对非援助的过程中注重占领"道德高地"，并借此输出"普世价值观念"、体现人文关怀。从结果来看，其所倡导的民主、良政、社会公平、公民权利、反腐、透明度和人道主义等价值观已为多数非洲国家所认同并在非盟宪章中得到体现。

### 3. 中国与西方国家对非援助效果比较

由于中国与西方国家处于不同的发展阶段，及在国家性质、政治制度等方面的差异，各自对非援助的原则理念、政策目标、方式方法不尽相同；因此，很难用统一的标准来衡量双方援非的效果并对其优劣做出准确的评价。客观地讲，双方均有一些成功的经验或失败的案例值得彼此借鉴。

中国对非援助数额虽少，但效果和口碑却颇佳。对此，西方学者亦不讳言。究其因，美国学者将之归结为以下几点：

其一，中国对非援助比西方国家更讲求实效性。中国项目的程序性（包括设计、考察、实施等流程）用时大约在一年左右，而西方则通常需要数年时间。[①]

其二，中国对非援助不受各种条条框框的限制。中国对外（对非）援助自成一体；而西方国家对非援助则往往要受到经合组织、多边金融机构等通常施加的政治、经济、社会、环境、安全条件或标准，及官僚程序等的制约。

---

[①] Deborah Brautigam, *Chinese Aid and African Development: Exporting Green Revolution*, Macmillan Press LTD, 1998, p.159-160.

其三，中国对非援助在项目选择上更具魄力。中国往往在西方国家政府和多边机构认为条件不成熟、太艰苦和不可行而放弃援助的国家、地区和部门实施了经济援助项目。

其四，中国在非洲的援建项目更具视觉冲击力。中国援建项目多以物化形态展现，诸如体育场馆、政府办公楼、会议大厦、文化中心、铁路、公路、桥梁等，给非洲人带来看得见、摸得着的利益。①

同样，我们也不宜用有色眼镜来观察或评判西方国家对非援助的效果。客观地讲，西方国家也有一些比较成功的案例或经验值得中国借鉴；择其要者，有以下几点：

其一是体现人文关怀的"软性"援助项目。西方国家对非援助涵盖的范围很广，既有战略性项目，同时也包含体现人文关怀"软性"项目；后者涉及性别平等特别是妇女权利、儿童健康、艾滋病、社会福利、环境保护等诸多领域。这种体现社会公正、人类同情、保护弱者的"巧援助"，很容易在心理上打动受援者，拉近彼此距离，使受援者心生感激。此外，一些"事务性"援助项目的实际效果亦不容低估，② 正所谓"不以善小而不为"。

其二是资金特别是现汇援助的效果优势。西方预算援助、特别是一般预算援助，虽然是以受援国接受援助国提出的政治经济改革等为附加条件，有干涉内政的色彩；但是，由于预算支持是直接向受援国政府提

---

① "其二、其三、其四"，见 Thomas Lum, et al., *China's Foreign Aid Activities in Africa, Latin America, and Southeast Asia*, Congressional Research Service, CRS Report for Congress, February 25, 2009, p.4.
② 例如：美国改善卢旺达教育考试成绩的援助计划，看起来规模非常小，甚至谈不上规模，但影响却遍及卢旺达全国；而且影响的是卢旺达下一代人，是卢旺达的未来，对于美国未来在卢旺达的影响大有益处。

供资金（多是赠款），因此又多为受援国政府乐见。同时，长此以往，还会在非洲社会形成一种规则心态和顺应心理，即认为设置条件才是援助的本质，而无条件援助反倒难以理解；进而衍生出：看得见钱才算是援助，不给钱（更不必说优惠贷款）则未必是援助。①

其三，西方的战略性援助或内核式援助经验值得关注。所谓战略性援助或内核式援助是指：西方国家通过附加援助条件对非洲人权、民主、良政的影响，通过预算援助对受援国财政和经济发展战略的影响，对受援国政府和司法的援助影响，加上对妇女儿童、艾滋病和基层权利等方面的援助，共同构成一个系统完整的影响链，其实质是从价值观、政权和人文心理等方面全面影响受援国。相比之下，中国的援助多属硬件援助，这种"外围式援助"的缺陷是难以从政治、心理层面对非洲受援国产生实质性的影响。

## 三、西方国家对非援助的特点及其对中国的启示

中国对非援助虽然成效卓著，但也并非尽善尽美。进入21世纪，国际援助体系正在经历深刻的变革，随着国际政治生态、世界经济形势、非洲和中国形势的变化，中国对非援助也面临一些亟待解决的问题。中国对非援助如果能在维系自身传统和特色的基础上，合理借鉴国际社会对非援助有益的做法，汲取先进管理经验，无疑将有助于提升中国对非援助的质量、水平和影响。

---

① 例如，有卢旺达地方政府部官员认为："中国不会带给非洲很多钱，我看到中国主要是在做商业和贸易。"这无异于否定中国援助的性质。

## （一）中国对非援助的制度化、程序化和透明度仍有待提高

制度化和程序化是西方国家进行对外援助（包括对非援助）规划与决策的一个重要特点。对外援助是一个科学决策的过程，也是一种有法可依的行为；在这方面，西方国家的经验值得中国借鉴。美国、英国、法国、德国和日本等西方国家对外援助的法制化程度都比较高，其中的一些国家还建立了援外专门立法，如美国在1961年通过的《对外援助法案》，英国在2006年通过的《国际发展法案》等；内容涉及本国对外援助的动因、政策目标、援助优先事项、援助方案及其批准程序（必须得到国会的批准）等。除了援外立法之外，一些国家还配套形成了相应的援外法案或政策文件，用以规约本国对外援助的相关事项。这些法律或政策文件一方面为对外援助（包括对非援助）的决策、援助方案的制定和援助项目的实施提供理论和政策依据；同时也起到规范、约束政府或执行机构对外援助行为的作用。因此相对而言，发达国家对外援助的依据明确、决策过程透明、数据公开，援助行为也比较规范，避免了对外援助的随意性。

近年来，中国政府加强了援外的制度性建设，但到目前为止，我国尚没有专门针对援外的立法。制度化和程序化方面的缺失，容易导致对非援助的随意性。中国要成为负责任的大国，对外援助就必须向着专业化、科学化、制度化的方向发展，加快援外立法势在必行。中国在制定援外法规时，可以借鉴国际经验，吸取其中的合理成分，形成有中国特色、具有指导意义的科学、务实的对外援助法。中国的援外法应包括两个方面，其一是常态援助法案，其二是针对特殊事件而出台的具有指导意义的援助法案。

中国对非援助的透明度也有待进一步增强。客观地讲，由于制度化

和程序化方面的缺失，中国对外援助（包括对非）总体上透明度比较低，这也是造成国际社会误解中国的原因之一。从 2010 年开始，中国政府加大了这方面的工作，相继发表了《中国与非洲经贸关系报告 2010》、《中国与非洲的经贸合作》（白皮书）和《中国的对外援助》（白皮书）；但上述文件中所开列的"项目"类别不齐整，统计数据也缺乏系统性和完整性。

## （二）中国对外（对非）援助的决策、管理、协调机制有待完善

由于制度化、程序化程度较高，西方国家对外援助的管理体制比较健全，主管机构的地位较高，职能相对独立。西方国家对外援助的政府主管部门既有共性也有特性。进入新世纪，为了避免政出多门，确保政府能够更加有效地使用援助工具，服务于整体对外战略；西方国家对外援助的政策决定权趋向于中央政府集中，美国、英国、法国、德国、日本等都由独立的部级机构归口管理；如 1997 年从英国外交部独立出来的"国际发展部"，既是英国援外政策制定的参与者，也是管理援外实务的主要机构；德国对外援助的主管机构是 1993 年成立的经济合作与发展部；在美国，国务院在对外援助政策的制定过程中起主导作用，美国国际开发署署长为副国务卿并同时担任总统对外援助顾问。另则，由于发展援助涉及减贫、环境、治理、能力建设、疾病防治等经济社会的诸多领域，因此西方国家在援外管理方面比较注重跨部门的协调与配合。一些国家还建有跨部门的政策协调机制，如法国的"国际合作与发展部际委员会"，该委员会是一个常设的决策和协调机构，由总理亲任主席，成员由与发展援助相关的 12 位部长组成，总统派出一名代表参与该委员

会的工作。

此外，西方国家对外援助的决策、管理和执行机构的权责比较明确，且各司其责。虽然各国执行机构的差异较大，但大部分国家都会有一个主导的机构。作为惯例，资本援助和技术援助一般是分开的，并由两个机构分别负责，贷款援助在多数国家都由一个专门的金融机构负责。例如：日本对外援助的主要执行部门是日本国际协力银行和国际合作事业团；前者主要负责操作日元贷款和政府对外经济合作基金，后者主要负责对外技术合作和无偿援助。法国对外援助的执行机构是法国开发署，该署具有官方经济部门和特殊金融机构的地位，由外交部和经济财政部共同主管。德国的发展援助执行机构主要是德国复兴信贷银行和德国技术合作署，前者负责对外提供赠款和双边援助贷款；后者负责对外技术援助。美国国际开发署是美国对外援助的最主要执行机构，其援助拨款占美国全部对外援助的2/3；但在选择受援国和决定援助配额的决策中，开发援助署只有咨询权；由于开发援助署是纯粹的政策执行部门，所以它在对外援助的执行过程当中更加强调对外援项目的评估。英国国际发展部既是援外政策制定的参与者，同时也是援外的主管机构和执行机构；其执行功能主要通过下属的驻外办事处贯彻实施。

中国对非援助涉及10多个部委，需要协调"纵横内外"多方面的关系和工作；因此整合援外管理体系，加快建立集中统筹、"纵横有序"、职责分明、系统完善的对外（包括对非）援助机制非常必要。否则就会导致运行效率低下，难以形成政策合力。这方面值得完善的工作主要有以下几方面：

其一，成立由国务院总理或副总理直接领导垂直管理机构。目前我国已成立由商务部、外交部、财政部等有关部门和机构组成的"对外援助部际协调机制",但一定要有总理或副总理挂帅,以便于真正捋顺援外行政管理的纵向关系,协调"纵横内外"方方面面的工作。

其二,加强各涉援职能部门或机构的内部沟通与协调。建立分工明确、相互配合的横向机制;以提高外援(包括对非)工作的运行效率,以避免由于缺乏内部沟通协调而造成的不必要的损失。

其三,加强"后方"与"前方"(我驻非使馆)的沟通。作为"前方"的中国驻非使馆和经商处最了解所在国的实际需求,因此,在制定及其实施援非规划的过程中,国内主管部门在统筹考虑的基础上,应充分咨询和尊重"前方"的意见,做到有的放矢。

其四,在加强内部协调的同时,还应注重对非援助的外部平衡。非洲有54个国家,各国国情不同,对非援助一方面要有国别政策或方案,切忌搞一刀切;但同时也要照顾到"面"的均衡性,驻非使节要以国家利益为重,克服"爱屋及乌"的心理,以免引起非洲国家间的攀比。

## (三)中国对外(对非)援助前期规划特别是国别方案有待加强

重视规划先行和全程管理是西方国家实施对非援助的普遍做法,在对非援助的方案确定后,援助前期规划的科学性和务实性就成为关键,因为它是各国实施对非援助的行动指南。西方国家都比较注重制定对非援助的总体规划,包括地区政策、国别政策及其重点援助领域等。以日本为例,其《官方发展援助大纲》就明确了日本对外援助的地区和国别政策;诸如,亚洲地区是日本对外援助的重点对象,其中,东亚是重中之重;在南亚地区重点促进民主化和市场经济化;对非洲地区的援助则注重培育自我发展能力;中东地区由于是日本能源供应地,重点是促进社会稳定；在中南美洲地区重点解决地区差距问题。再如法国，1998年援外体制改革后，法国政府调整了对外援助的地区政策；由原来"阵营国家"和"阵营外国家"转变为"优先联系区"（Zone de solidarité prioritaire，ZSP）国家和"转型国家"（paysémergents）。"优先联系区"不仅包括低收入的最不发达法语国家，同时也向非法语国家开放。从2000年开始，对于"优先联系区"国家，法国政府定期制定年度发展合作战略文件，用以指导双边发展合作；对于"转型国家"，则只签署针对具体项目的发展援助协议，不制定战略文件。

此外，监督与评估工作也是西方国家实施对非援助项目管理的重要环节。为了提高了援助资金的使用效果，几乎所有西方大国都建立了援外效果评估机制。同时，为了保证了评估结果的客观性和可信度，评估工作由项目执行单位和独立评估机构共同参与。

中非合作论坛成立后，中国对非援助开始纳入机制化轨道。中国对非援助前期总体规划的制定基础是国别援助规划，中国应注重在一个统一的框架内规划对非援助并制定行之有效的国别方案。制定国别规划是建立在复杂细致的数据分析和评估论证基础上的，整个过程应注重程序性和技术性，同时还应与受援国的社会经济发展计划相联系。目前存在的问题主要有二：

其一，中国对非援助缺乏科学的前期规划。现行的在合作论坛框架内三年一次的对非援助规划也基本上是单向的，即"自上而下"、"自内而外"①制定的。但"凑整数"式的三年援非规划似有"拍脑门"之嫌。因为往往是先定下援助项目的"数字"后，才"对号入座"，分配到具体的非洲国家；而不是根据不同非洲国家的实际需要，自下而上、"自内而外"汇总后制定的，其结果难免造成"无的放矢"，或引起非洲国家间的攀比。

其二，中国对非援助缺乏明确的国别方案。中国对非合作在行为上多通过双边合作形式实施，但其政策是面向全非的，缺乏行之有效的国别方案。而非洲有54个国家，国情不同、需求各异；中国在非洲各国的利益侧重点不同，援助所追求的政策目标也不尽相同，因此中国对非援助必须充分考虑到非洲各国的国情和发展不平衡等因素，在援助规模、援助方式和援款结构上也应因国而异，对非援助切忌搞一刀切，只有根据具体的国家区别对待，方能用好、用活援外资金并收到最佳的效果。国别规划一般包括：援助的额度、援款的结构或组合方式（包括无偿援助、无息贷款和贴息贷款的占比）、援助的重点领域或具体项目等。制定国别政策主要考虑的因素有：政治关系、受援国经济状况、援助目的、受援国是否很好地使用援款及援助的实际效果等。

## （四）中国对外（对非）援助的类型划分及其政策目标有待细化

援助不同于投资，作为一项战略支出和政策工具，应充分发挥其综

---

① 这里的"外"系指中国驻外使馆（包括驻非洲国家的使馆）。发达国家的援外管理或执行机构一般都有独立的常设驻外机构；它们身处工作一线，最了解受援国的实际需求。因此，在发达国家，一般是由执行机构提出国别政策的建议，由政府部门批准并公布实施。中国驻外使馆实际上代理这方面的职能。

合效应。发达国家特别是西方大国的对非援助在类型划分上比较明晰,有战略型、发展型和人道主义援助等;不同的类型的援助有各自的理念或原则支撑,所欲达到的目标也各有侧重。西方国家对非援助所追寻的政策目标虽然不尽相同,但共同点是各国的政策目标都非常明确。多数国家对非援助通常兼有多重目的,但在特定的时期内,会配合其非洲政策,有一个主要政策目标。西方大国官方发展援助的政策目标大致可分为政治、经济和公共目标三大类。政治目标旨在扶植与本国经济政治制度相同的国家,建立和巩固本国在某一国家或地区的综合影响,提升本国的国际地位,实现某一直接的政治目的和利益等;如冷战终结后的一段时期,以美国、法国、英国、德国为代表的西方国家所实施的对非援助与政治改革挂钩的做法便是一个突出的例证。再如,"9·11"事件爆发后,西方大国的对非援助更多的是基于战略和安全考虑,在这方面,美国的做法最为典型;此外英国也在其对非援助中增加了预防和制止冲突、维和等新的援助项目。经济目标是通过援助杠杆或途径,为本国与非洲国家开展经贸合作创造有利条件,特别是为本国企业开拓非洲市场和获取非洲资源搭桥铺路。公共目标虽然具有公益或人道主义特点;但同样可以通过实施援助来提高本国在非洲的软实力,如西方国家向非洲提供的用于社会经济发展的援助或人道主义援助等。

此外,西方国家在非洲实施的"内核式援助"也值得中国借鉴。西方大国尤其注重这类"软援助"。几乎所有西方大国都设有专项援助资金用以支持非洲国家的各类培训活动及各专门领域的非政府组织活动,目的是输出或普及西方价值观念。另则,日本将部分援助资金用于帮助非洲国家制定各种发展规划或用于支持非洲资源普查,以便在日后的合作中占得先机;欧盟大国还支持本国学者在非洲开展各种学术活动或调查研究工作，同样旨在维系和强化其与非洲的传统影响。

目前中国对非援助在类型上还不够明细，随着中国的崛起及在非洲利益的多元化，中国对非援助的类型及其政策目标应进一步细分和明确。原因在于，中国在非洲的利益及对非洲的需求是多元的，并不仅仅局限于政治、经济、安全、文化等某一特定的领域。据此，在总体目标下，具体的政策目标还应根据援助类型细分，不同的类型具有不同的功能，所欲达到的目的也应各有侧重。

其一，战略型援助：应有助于维护中国的主权和促进统一大业；有助于巩固和增强中国在非洲的利益存在与安全；有助于提升中国在非洲乃至全球的地位和影响。

其二，发展型援助：其短期目标是为中国扩大对非投资、出口、承揽大型工程项目等搭桥铺路、创造便利条件；中、长期目标是促进中非经贸合作稳定、持续、健康发展，确保中国可持续发展的经济安全。（说明：发展型援助一般是为促进受援国社会经济发展而提供的援助；但在此前提下，实际上各援助国在援助的实施过程中均有自身利益的考量。）

其三，人道主义援助：旨在增进非洲国家，特别是民间对中国的友好情感，提高中国在非洲的软实力，并为中国经济平稳、高效地"走进非洲"营造良好的社会氛围。

## （五）中国对非援助的全程监管与项目评估工作还应进一步强化

中国对非援助应以质量为先，注重援助的实际效果。对非援助项目的全程管理（包括项目的立项、招标、实施和评估等），是确保援助资金的使用效果、最大限度发挥援助功效的重要环节。近年来国际社会越来越重视对非援助的效果,几乎所有西方大国都在经合组织的评估框架下建立了各自援外效果评估机制。随着中国援非规模逐年扩大,援非项目越来越多,实施单位也在增多;为了确保对非援助资金的使用效果,中国可基于自身的情况,在研究制定适合我国的对非援助规划及其援助效果评估机制的过程中,可以借鉴西方国家行之有效的、而又符合国际惯例的援外(包括援非)项目评估机制。在这方面还有许多值得改进和完善的地方。

其一,援建项目是一项政治性和技术性很强的工作,科学论证、精心择定援建项目,提高立项工作水平,是实现"效果型援助"的前提。大型援建项目,特别是基础设施项目的立项还应通过当地资质机构或知名度高且持中立立场的国际机构的环境论证。

其二,建立公正的项目招、投标机制,强化对非援助的全程管理、监督与评估工作,是提高援助资金的使用效果,确保援助项目质量的重要一环。为了保证评估结果的客观性和可信度,评估工作由项目执行单位和独立评估机构共同参与。

其三,根据对非援助事业发展的实际需要,建立一支政治可靠、业务熟练、擅长管理的复合型的援外管理干部队伍,是实现"效果型援助"的组织保障。

## (六)民间组织在中国对外(对非)援助中的地位和作用有待提高

西方国家比较注重调动国内的各种社会力量参与援外(援非)工作,非政府组织在其中发挥着越来越大的作用,其地位也有显著提高。中国政府虽然从 20 世纪 80 年代开始吸纳民间力量参与对非人道主义援助,但进展缓慢,规模较小,作用有限;总体而言,中国对非援助通常采取官方对官方的模式进行;这也是中国对非援助受到一些非洲国家非政府组织误解或非难的原因之一。

在全球化时代,人类的交流已不限于国家间的经贸关系和政治对话,并且拓展到社会和社会、公民和公民之间的深层交往;另则,伴随政治民主化和经济私有化,非洲国家的社会趋于多元化,社会分层也日趋明显;这使得中国原有的援助模式已滞后于形势发展。在这方面,中国应与时俱进,借鉴西方国家的相关经验,例如在援助领域引入国际上通行的PPP(public-private partnership)模式,即援助主体和援助对象不只局限于官方,也应包括各类社会组织、私有企业。

基于国情,中国对非援助应注重官民并举,适度提升和发挥非政府组织在援助中的作用。充分发挥民间组织参与中国对非援助的益处有四:

其一,可以吸取社会资源和民间力量参与国际援助,在一定程度上扩大中国对非援助的规模,丰富援助形式。

其二,可以直接接触最需要帮助的受援国民众,提高援助资金的利用效率,达到更好的援助效果。

其三,可以适当缓冲和"稀释"官方援助的政治色彩或政治意愿,使中国的援助更容易被受援国国民接受,更具感染力。

其四,通过民间对民间的方式更易于与受援国非政府组织沟通与协调,此举一方面可以拓展中非合作的民意基础,提升非洲民众对中非合作的认知程度;同时也可以扭转国际社会,特别是非洲国家的一些利益集团或非政府组织对中国援非政策及中非合作的错误认知。

## （七）中国应以更加开放的姿态参与援外国际合作

（关于这部分内容，详见本研究报告的第二部分）

## （八）中国对非援助的宣传工作亟待加强

由于主客观方面的原因，特别是中国在舆论宣传上的欠缺，非洲民众并不真正了解中国对非援助的实际情况。由于中国援外缺乏透明度和西方媒体的恶意渲染，一些国家的民众甚至以为中国的援助都进了当权者的腰包，很少惠及普通民众。加之，由于西方的炒作，即将中国的援助与资源挂钩，是一种"新殖民主义"，致使一些国家的民众误认为中国的援助不过只是一种"等价交换"，因此根本不领中国的情。对此，中国需要用事实说话，在受援国和国际社会广泛、细致并深入宣传中国的对非援助成果。

外宣工作很复杂，要想收到成效，必须注重方式方法，讲求策略和技巧。外宣的受众大致可分为两部分（当然还应当更细化），一是受援国的各种利益集团和普通民众；一是国际社会，特别是西方国家的各种利益集团和普通民众；对于不同的受众要采取不同的宣传素材和方式方法。外宣既要讲道理，也要学会讲故事；既要答疑解惑，有时也要针锋相对；不过策略上可多样化，有时甚至可以化退为进，总之一切应以实效为目的。

为了提高援外交流与合作水平，应整合现有援外信息资源，搭建一个集信息发布、宣传、研究于一体的信息平台，系统组织发布援外正面信息，澄清事实。让关心我国援外工作的国内外各界人士能够集中、系统了解到这方面的信息，有助于赢得国际社会更多的理解和支持，推动援外工作发挥更好更持久、更广泛的影响。

此外，如上文所言，中国外宣工作的被动与援外（援非）透明度的缺失有很大关系。在这方面中国还有许多工作要做：其一，中国应继续定期对外发布援外（援非）年度白皮书，重要的是增强白皮书内涵的透明度；即白皮书中所列"项目"的类别要齐整，各类统计数据要具系统性和完整性。① 其二，中国应加快建立并完善对外（对非）援助效果评估体系，并公开发表援助效果评估报告（"效果评估"与"项目评估"二者有别）。

---

① 从笔者了解到的情况来看，西方包括非洲学界的一些人士，对"中国对外援助白皮书"的反应并不十分满意，原因在于，白皮书所提供的数据过于笼统。中国此举可谓是有意为之，主要是基于自身的利益考量。不过事实上，中国对外（对非）援助的相关数据，对有心人来说，还是可以获知的。笔者在法国波尔多黑非洲研究中心做访问学者时，曾读到一份由日本学者撰写的关于中国对非援助方面的文章（4万余字），文中列举的各种数据非常具体。其信息来源或依据：先是查阅、收集各个时期非洲国家有关中国对该国援助的信息；并对之进行分类、叠加；得出中国在各个时期在非洲实施的援助项目、金额等相关数据。

# 第二章
# 中国援外（援非）国际合作战略

坚持独立自主与参与国际合作是我国改革开放政策的辩证统一，我国政府已在多种国际场合明确表态，中国将积极参与、促进国际发展合作。[①] 我国援外国际合作战略问题研究的宗旨是：顺应国际发展合作的发展趋势，分析我国在援外国际合作方面的处境，权衡我国开展援外国际合作的利弊得失，确立援外国际合作在我国对外援助中的定位，明确我国援外国际合作的原则和目标，探讨我国援外国际合作的操作方略。

## 一、我国援外（援非）国际合作所面临的环境

近年来许多西方国家或国际组织主动并且急切地希望就国际发展合作议题与我国加强对话与协调，这是以往所不曾有的。我国实施对外援

---

[①] 参见国家主席胡锦涛在俄罗斯圣彼得堡与巴西、墨西哥、南非、刚果（布）、印度五国领导人集体会晤时的讲话，见新华社圣彼得堡（俄罗斯）2006年7月16日电；另见国家主席胡锦涛在联合国成立60周年首脑会议发展筹资高级别会议上的讲话，见新华网联合国2005年9月14日电；及国家主席胡锦涛2009年9月25日在美国匹兹堡举行的20国集团领导人第三次金融峰会上的讲话。

助已有60多年的历史,并在实践中逐步形成了自己的传统、特色和优势;而西方国家或国际组织主动就国际发展合作问题,特别是就三方合作及非洲发展议题与我国展开对话与合作则是近几年的事。我国对外援助自成一体,截至20世纪末,我国与西方国家的对外援助基本上是各走各的路,互相之间也少有关注。但进入新世纪,伴随国力的提升,我国逐步加大对外(对非)援助力度,且成效卓著,国际影响力日增;随之,我国对外(对非)援助越来越受到国际社会的关注,并进入西方大国的视野。西方国家或国际组织在这个时间点上,希望就政策协调、制度规范、项目合作等国际发展合作事宜与我国展开对话与合作绝非巧合,从西方所设置的对话议题或合作内容上亦可印证这一点。目前,我国在援外国际合作方面承载的国际压力有逐渐加大的趋势。

## (一)西方国家与我国对话与合作的意图

西方国家、国家集团或国际组织主动就国际发展合作事宜,特别是就对非援助问题与我国展开对话与合作,确有援助本身方面的考虑,但除此之外还有更深层次的战略考虑。

### 1. 西方国家在援助本身方面的考虑

西方国家是提供国际发展援助的主要出资方,并主导着国际援助体系及国际援助的发展方向。冷战结束以来,西方的"民主援助"模式与中国的民生援助模式在效果上形成鲜明的反差。西方大国为在全球范围,特别是非洲大陆推行其政治意识形态、移植其民主制度可谓费尽心机,且耗资巨大,但效果却不尽如人意,甚至还引起了一些国家的反感。反观中国,对非援助资金虽然远远低于西方国家,但成效却颇为显著;特别是我国不附加政治条件的政策理念,简便、高效的双边援助方式,以及信守承诺，平等协商的做法得到受援国的普遍认同。这是西方国家所不愿看到、不能接受的现实。

近年来，西方国家之所以主动就国际发展合作事宜，特别是就对非援助问题与我国展开对话与合作，主要是基于以下考虑：

其一，鉴于国际发展援助参与方的不断增加，特别是新兴发展中大国日益成为国际发展援助的潜在力量，西方国家希望新兴国家在国际发展援助方面上有更大的作为，以减轻自身的负担。在"海利根达姆对话进程"中[①]，西方国家反复强调"发展的共同责任"，认为包括中国在内的新兴经济体是全球化的直接受益者，在全球发展问题上应承担更大的国际责任。可以说，西方国家拉新兴大国参与国际发展合作的目的之一就是帮助其分担责任，而非分享权力。

其二，随着国际援助主体的增加，援助模式也趋于多样化。在这种背景下，西方国家认为，加强与"新兴援助国"之间的协调，及"南北合作"与"南南合作"相互融合，有助于借鉴彼此成功经验，形成优势互补，以提高援助有效性。近年来，西方国家通过多种渠道打探、了解我国对外（对非）援助的相关事宜，确有借鉴我国对外（对非）援助在政策、方式和做法等方面成功经验的考虑。客观地讲，近年来，西方国家的对外（对非）援助政策也确做了一些微调，特别是在援助与条件方面的分寸把握上趋于灵活。

---

① 海利根达姆对话进程（Heiligendamm Dialogue Process，以下简称"进程"）是在2007年6月八国集团海利根达姆峰会上由德国总理默克尔倡议发起的八国集团与中国、印度、巴西、南非和墨西哥等五个新兴大国之间的机制性对话安排。"进程"通过由来自八国集团国家、欧盟和五个新兴大国的特别代表和副部长组成的指导委员会进行协调。指导委员会主席由八国集团轮值主席国担任。下设发展、投资、创新与知识产权、能源等四个工作组。设在经合理事会（OECD）总部的海利根达姆秘书处为"进程"提供组织支持和学术支持。"进程"原定为期两年，2009年7月在意大利山城拉奎拉举行G8+5对话会议上，双方决定将这一对话进程延续两年。后被G20所取代。

其三，新兴国家在国际发展援助方面的身份特殊，作为既是援助国又是受援国，新兴国家在提高援助的针对性和有效性方面确实具有特殊的优势。一方面，在传统援助国看来，新兴国家有接受援助的经验，深知受援国急需什么，加强与新兴国家的合作可以提高其对外援助的针对性；另一方面，新兴国家在有效利用外援方面积累的一些成功经验也值得其他发展中国家借鉴。

其四，也是非常重要的一点，一些西方大国试图借助国际发展合作的"新方式"来规范、制约我国的援外（援非）战略。近年来，西方的政要言论、学者观点、媒体舆论均更多地将其对外（对非）援助效果欠佳的原因归咎于中国。在它们看来，我国的对外援助政策理念、方式方法与西方模式存在明显的差异，甚至冲突，并对西方主导着国际发展援助构成严重干扰。因此，就援助本身而言，西方的真实意图是：试图凭借其主导的国际援助体系、手中掌控的强势话语权，以及所谓援助理念道义上的优势[①]，通过政策协调、制度规范和项目合作等手段，促使我国承担更大的国际责任，遵守其制定的游戏规则，将我国对外（对非）援助纳入其主导的国际援助体系，[②]以规范、制约我国的援外（援非）政策和行为。

### 2. 西方国家在更深层次的考虑和意图

西方国家主动并急于与我国就国际发展议题展开对话与合作的真实意图是：以发展合作问题为切入点，规范我国的对外（对非）经济行为，

---

[①] 西方国家自认为其对非援助的政策理念占据着"道义上"的优势，理由是其所倡导或奉行的援助与良政挂钩政策，与非联宪章或相关文件精神是相吻合的。

[②] 2010年10月20日，即在韩国首尔20国集团峰会召开前夕，欧盟委员会主席巴罗佐明确表示，欧盟希望把新兴经济体纳入一个国际发展援助框架中去，以增进各国间协调，并确保重要的发展援助原则得到遵循。

干扰我国对外（对非）经贸战略，遏制我国持续增长的国际影响力。从这个意义上说，国际发展合作问题不过是一种障眼法；西方特别是一些西方大国与我国在国际发展合作方面的角力，更多的是基于战略层面的考虑。因此只有将国际发展合作问题置于西方与我国的利益关系和战略竞争态势中来谈，方能搞清楚西方国家的真实意图。

西方希望与我国就发展议题开展对话与合作所涵盖的地理范围十分广泛，几乎涵盖除欧洲、北美之外的世界各大洲，所涉及的国家更为广泛；但重点在非洲和非洲国家。因此剖析西方与中国在非洲的利益关系与攻防态势，可以起到以小见大、举一反三的作用。

（1）西方国家对中非合作态度的变化

我国在对非援助方面所面临的环境变化，实际上是源于西方对中非合作关系态度的变化，以及由此而进行的包括对非援助在内的整个对非政策调整所造成的。冷战结束后，非洲地缘战略地位下降，备受国际社会冷落，西方大国对非援助的骤减便是一个有说服力的例证。[①] 但是，进入新世纪，西方国家一改以往漠视非洲的态度，给予非洲以前所未有的关注。西方大国从综合国力竞争考虑，为在对非洲资源和市场的"再分配"中为本国捞取更多的份额，纷纷加大对非关注和投入力度，并加紧了对非洲主导权的争夺。

促使西方国家加大对非关注和投入力度的因素是多方面的，比较而言，"中国因素"对西方国家的触动更大。2000年中非合作论坛机制启动后中非经贸合作关系的快速发展及我国在非洲影响力的迅速提升，尤其是2006年中非合作论坛北京峰会的召开，更加剧了美、欧（欧盟大国）、

---

① DEVELOPMENT CO-OPERATION REPORT 2009 – ISBN 978-92-64-05504-9- © OECD 2009.

日等西方大国的危机感和紧迫感。由于"中国因素"的发酵,不仅非洲重新进入西方大国的战略视野,而且中非关系,特别是中非经贸合作也成为国际社会热议的话题,并且已经从民间或舆论层面上升到政府政策层面。随之,我国与西方在非洲相安无事的局面亦被打破,我国对非援助政策备受西方国家的非议、甚至责难。西方国家一方面试图通过调整对非政策来重新构建其与非洲的关系,与此同时,试图以援助问题为切入点干扰我国的非洲战略。

(2)西方与我国在非洲利益冲突的焦点①

西方大国急于就非洲发展议题与我国开展对话与合作的深层次原因在于双方在非洲的利益冲突,目的旨在遏制我国在非洲的"攻势"。西方大国将中国视为其在非洲战略上竞争者。② 近年来,西方大国与我国在非洲的矛盾或冲突,归纳起来主要集中在经济利益、价值观念、战略态势三个层面,并且在多数情况下,这三者是相互叠加的,有时甚至互为因果关系。

其一是经济利益层面的博弈。其焦点在于争夺非洲的市场,特别是资源。西方将非洲视为其传统势力范围,在它们看来,中国是一个后来者,但是发展势头迅猛,大有后来居上之势。一些西方政要和智库认为,中国在非洲的经济活动打破了大国在非洲原有的利益平衡:中国不仅在

---

① 关于这部分内容,详见张宏明:《西方与中国在非洲利益冲突与中国的应对策略》,文载《西亚非洲》月刊,2010年第7期。本文系笔者在中国社会科学院国际研究学部2009年12月25日在北京国际饭店举办的"2009年度国际热点焦点问题学术研讨会"上的发言,发表时在内容上略作增改。

② See "China–Africa relations and the global village: diplomatic perspective," State Department Documents and Publications, 7 April 2008; Padraig Carmody and Francis Owusu, "Competing hegemons? Chinese versus American geo-economic strategies in Africa," Political Geography, Vol. 26, No. 5, 2007, pp. 504–524; Michael Klare and Daniel Volman, "America, China and the scramble for Africa's oil", Review of African Political Economy, No. 108, 2006, pp.297–309.

蚕食英国和法国等老殖民国家的传统势力范围,而且也对美国、日本等国的在非利益构成严重挑战。

其二是价值观念层面的冲突。我国对非政策的理念、行为方式以及社会发展模式与西方所倡导的价值观念存在明显的差异;而我国的合作理念、合作方式正在被越来越多的非洲国家认同或接受。因此在西方看来,中国在非洲的存在不仅仅是快速推进的经贸合作关系和日益扩大的政治影响力,而且还是一种有别于西方的内在发展模式,它有可能成为非洲国家替代西方发展模式的一种选项,其在非洲所可能产生的示范效应是西方难以接受的,甚至被视为对西方的最大威胁。

其三是战略层面的竞争。西方大国与中国在非洲战略层面的竞争主要是围绕着对非洲事务主导权的争夺,并且这种竞争已经超出了非洲大陆的区域范畴。西方大国更多的是从全球战略的角度来审视中非关系的,认为中国在非洲的存在,不仅在经济利益、价值观念等方面对西方构成挑战,而且也在地缘战略上对西方主导的国际秩序构成挑战。它触及了一个非常敏感的问题,即西方应该如何与迅速崛起的中国在非洲乃至全球相处,这关系到国际格局的变动与重组,以及大国力量的平衡与均势等战略问题。

## (二)我国在援外(援非)国际合作方面的处境

我国自恢复联合国合法席位后就开始参与联合国等多边机构的发展援助工作(多边援助),并尝试与其他国家在发展援助领域开展交流、合作。① 不过总体而言，我国对外援助基本上是通过双边渠道实施的，参与国际合作的广度与深度都十分有限。随着我国经济的快速发展和综合国力的提升，一方面，国际社会，特别是西方国家希望我国承担更多、更大的国际责任；另一方面，基于国际地位、国际形象等提升软实力方面的考虑，我国自身也有参与国际合作的需求。

1. 我国在援外（援非）国际合作方面承载的压力

目前，我国在援外国际合作方面的压力主要来自西方国家或由西方主导的国际组织。不过，据我们在非洲实地调研时了解到的情况，这只是一些西方大国或国家集团（欧盟）高层的政治意愿和战略考虑；其实际工作部门，特别是在一线工作的专业人员和合作人员则并没有这种要求。换言之，包括三方合作在内的援外国际合作，并非实际工作中产生的需求，而只是某些西方大国或国家集团高层试图借此遏制我国的一种手段。此外，许多发展中国家国家对三方合作也并不积极，它们更认同我国不附加任何条件、便捷高效的双边援助方式。

2. 西方对我施压、迫我就范的手法

近年来，西方国家干扰我国援外战略，迫我就范的手法大致可分为虚实两手。其一是利用其手中掌握的强势话语权频繁发动舆论宣传攻势，针对我国援外政策的某一点，或在援外项目实施过程中出现的某些问题，刻意渲染、妖魔化中国形象。诸如：指责我国以"不干预内政"为由保持同一些"无赖"国家的关系，忽视发展中国家的民主和良政建设；抨

---

① 如1981年，中国与联合国开发计划署合作，在华实施发展中国家间技术合作(TCDC)项目。自1996年起，中国与联合国粮农组织合作，向发展中国家派遣中国农业专家。此外，中国还与世界银行、联合国贸发会议、联合国工发组织等多边机构和新加坡在培训领域开展了有效合作。见中华人民共和国国务院新闻办公室：《中国的对外援助》（白皮书，2011年4月21日），新华社北京2011年4月21日电。

击我国"不附加条件"、缺乏透明度的援外政策理念削弱了国际社会改善发展中国家人权状况的努力，纵容了独裁政权，助长了腐败行为；攻击我国在非洲的经济活动，是以援助为掩护，目的旨在掠夺、抢占发展中国家的资源和市场，它排挤了当地产业，破坏了发展中国家自主发展的能力，带有新殖民主义的性质；指责中国企业漠视劳工权益、环境保护和社会责任，中国技术人员和劳工充斥中国援建项目，把持各个要害部门，从而阻碍了技术转让和当地人的就业机会；对于我国援外项目出现的质量问题，西方舆论更是大加渲染和指责，凡此种种，不一而足。问题的严重性还在于，西方对我国的舆论攻势还引起了一些发展中国家的政治势力、反对派领导人、利益集团和非政府组织的共鸣，后者与西方势力一唱一和，对我国的国际形象造成十分恶劣的影响。

其二是主动就国际发展合作议题与我国展开对话、合作。近年来，美国、英国、法国、德国、日本、加拿大、澳大利亚等西方国家，及欧盟、世界银行、经合组织、联合国相关组织等国家集团或国际组织，纷纷就国际发展合作事宜、特别是就合作开展对非援助事宜主动与我国沟通；内容涉及政策研究、政策协调、制度规范、项目合作、三方合作、援助机制、援助方式、重点领域，以及援助有效性、联合组团考察项目、合办援助学术研讨会、合作开展人道主义救灾行动、债务减免、援助与良政关系等议题。此外，在德国的倡议下，从 2008 年 2 月开始，西方发达国家还利用多边渠道与包括我国在内的新兴国家就发展等议题展开对话，即"G8+5海利根达姆进程"[①]，其中的发展议题，内容涉及联合国千年发展目标、援助与发展、援助有效性、发展筹资、对非援助、三方合作、能力建设以及加强援助方协调等诸多问题。

综上所述，西方大国急于就国际发展合作议题与我国开展对话与合作的意图是十分明确的，就是借此促使我国承担更大、更多的国际责任，将我国纳入西方主导的国际援助体系，遵守其制定的游戏规则，干扰我国的援外（援非）战略，并试图以此为突破口，达到牵制我国对外（对非）经贸战略，遏制我国"软实力"的目的。

## 二、我国开展援外（援非）国际合作的利弊得失分析

我国在开展援外（援非）国际合作的过程中，肯定会有得有失；问题关键在于，如何趋利避害，将负面影响降低到最低点，实现合作收益的最大化。基于利弊得失分析，我国还是应以开放的姿态，适度参与包括三方合作在内的援外国际合作；只要方略得当，我国有能力掌控或规避参与合作可能带来的风险。

### （一）我国参与援外（援非）国际合作的必要性

我国在援外（援非）国际合作方面的确承载着较大的国际压力，不过从趋势上看，我国自身也有参与援外（援非）国际合作的需要。关于

---

[①] 按照德国总理默克尔的设想，"海利根达姆进程"是一个以议题为引导的对话机制，对话成员国依议题而定，不是固定的。它是一个政治对话进程，而不是谈判进程。其目的在于通过对话在八国集团和五个新兴大国间创造信任感和增进相互依存度，在重要全球问题上促进对彼此动机和利益关切的理解，增加对全球问题复杂性和共同责任的认知，并希望能够由此发展出一套共同的政治观点，让新兴大国分担国际责任，以最终将新兴大国整合到八国集团的全球治理框架之中。

我国适度参与援外（援非）国际合作的必要性，主要是基于以下考虑：

1. 国际合作业已成为国际援助的发展趋势

经济竞争、经济矛盾、经济协调、经济合作是国际经济合作的规律。竞争是市场经济的必然产物，竞争会发生摩擦、冲突，甚至对立，这些都是经济矛盾的表现形式。有矛盾就需要通过协调里解决。协调包含着调控、调节、调解、协商等多重意义。协调是推动合理竞争、缓解矛盾冲突的良好机制，通过协调缓和矛盾就产生了合作。在当代国际关系中，伴随经济全球化的深入发展，国家之间的相互依存越来越高、相互影响也越来越密切。援外国际合作是适应经济全球化趋势的产物，是经济全球化在国际发展援助领域的延伸，同时也是我国参与国际经济合作的有机组成部分。进入21世纪，国际发展援助已然呈现出各类援助主体相互"渗透"的发展趋势，在这种情况下，为避免受制于人，我国虽然可以在短期内不介入由西方主导的国际援助体系；但此非长久之计，在高度相互依存的世界中，我国援外（援非）不宜，也不可能长期特立独行，自立于国际援助体系之外，参与援外（援非）国际合作是迟早之事。既然如此，不如顺势而为，主动适应国际发展援助的走势。

2. 国际合作可以在一定程度上提高援助的有效性

援外国际合作是指不同主权国家政府、国家集团或国际组织等援助主体为了共同的利益或目标，在发展援助领域中以援助要素的移动、组合为主要内容而进行的协作活动。依据国际经济合作原理，援外国际合作至少在理论上，通过国际间的合作可以实现有限援助资源的合理、有效配置，达到援助要素的优化组合，从而提高援助有效性，推动受援国社会经济的发展。有鉴于此，我国找不出更好的理由拒绝参与援外（援非）国际合作，而且不参与首先意味着在道义上的失分。因此，目前我国面临的问题已不再是要不要参与的问题,而是如何参与的问题。

### 3. 开展援外国际合作是维系我国发展战略的需要

在经济全球化和国际金融危机叠加的背景下,发展中国家正经历着一场严峻的发展危机;如果发展问题进一步恶化,发展中国家发展困境加大,必将进一步压低全球总需求,迟滞全球经济复苏的步伐。据此,我国政府呼吁国际社会加强发展合作,以更宏观的角度审视发展问题:将发展中国家作为应对国际金融危机、实现全球经济复苏的重要力量;将解决发展问题、化解发展危机作为应对金融危机的一个重要环节。而要实现这一目标,一方面需要国际社会共同努力,进一步深化全球发展伙伴关系;与此同时,我国也应重新审视全球化条件下的南南合作与南北合作,积极探索南南合作与南北合作交融的新途径、新领域和新方式;充分利用各自的比较优势,与国际社会携手合作,推动联合国千年发展目标如期实现,建设一个共同繁荣的和谐世界。

### 4. 可以扭转我国在援外国际合作上的被动处境

国际关系的事务属性决定了国际社会是能力较量的舞台。目前国际发展援助的力量对比是"西强我弱"。虽然就趋势而言,作为崛起中的大国,我国援外影响力处于上升势头;但就目前的整体实力对比而言,西方国家依然是国际援助的主体并垄断着国际援助的话语权。相对于西方国家而言,我国援外无论是规模还是经验都还显弱小和稚嫩。国际发展援助机构网络化的趋势使得国际援助领域里的主导力量,特别是西方大国可以获得比以往更大的话语权和影响力,并对于其他援助国形成巨大的国际舆论压力。另则,我国对外援助不隶属于"经济合作与发展组织发展援助委员会"体系,在援助理念、援助方式、援助重点等方面与西方国家存在明显的差异,并且也因此经常受到西方政治势力和非政府组织的诟病。目前在援外国际合作方面西方国家更加积极、主动，特别是在援外政策协调方面对我国形成较大压力，在这种情况下，一味回避反而会使我国陷入更加被动境地；而应早有预案，化被动为主动。

## （二）我国开展援外国际合作的负面影响

目前，参与援外国际合作的主体十分广泛，它不仅是主权国家间的援助协作活动，还包括主权国家与国家集团、国际组织，乃至非政府组织，以及彼此之间的合作。因此，援外国际合作所涉及的政治风险、文化背景、法律法规、管理机制等都比以往我国惯常实施的双边援助活动要复杂得多。加之，我国的援助理念和方式与西方国家存在明显的差异。在这种情况下参与国际合作肯定会对我国援外（援非）战略带来一定的负面影响；择其要者而言，主要反映在以下几个方面。

1. 我国援外（援非）自主权将受到一定程度的限制

从近年来的国际援助实践来看，随着多边与双边、官方与非官方援助方之间的相互融资与管理合作，西方主导的国际援助体系在援助理念、模式、目标、方式、方法等方面正在朝着趋同化的方向发展，进而导致以往的以主权国家面貌出现的援助机构的边界出现了模糊的趋势。在这种情况下，我国参与援外（援非）国际合作，如果介入得过深，难免会束缚自己的手脚，甚至会部分地丧失我国对外（对非）援助固有的传统、特点和优势。

2. 在政治、经济上将会承受更多的监督或压力

不同援助主体（包括国家或地区、国家集团、国际组织和非政府组织等）之间的援助政策协调是援外国际合作的重要内容之一。西方拉我国参与援外（援非）国际合作的用意非常明确：政治上，试图通过"合作"，

促使我国遵守其制定的游戏规则，规范我国的援外（援非）政策，特别是弱化我国的援外理念，甚至还有可能使受援国对我国援外政策、理念产生疑虑，误以为我"不附加条件"政策发生了变化；经济上，通过"合作"，要求我国增加援外（援非）资金的规模，促使我国承担更大、更多的国际责任，并试图通过"合作"借鸡生蛋，独享成果，提升其自身的影响力。

3. 我国对外（对非）战略或许将受到一定程度的干扰

深入分析西方推动我国参与援外国际合作的动机可以发现，其视野并不仅仅限于援助领域本身，目的旨在从战略层面牵制、规范我国在全球，特别是在非洲的经济活动，遏制我国在非洲的影响力，以扭转其在于中国竞争中的不利处境。原因在于：西方大国对我国在非洲的战略意图始终心存疑虑，认为我国在非洲的行动对西方在非权益构成了威胁；虽然就在非洲的总体实力对比而言是西强我弱，但目前的战略态势却是我主动，西被动。

## （三）我国开展援外国际合作的积极意义

我国开展援外（援非）国际合作虽然面临诸多困难和挑战，但也不能因噎废食，而要有长远的战略眼光，不计一时一事的得失。客观地讲，开展援外（援非）国际合作也可以为我国带来诸多积极的影响。

1. 有助于营造有利于我国和平发展的国际环境

近年来，无论出于何种目的，在援外（援非）国际合作问题上，西方国家希望与我国协调与合作的姿态更为积极、主动。在这种形势下，我国就发展问题参与国际交流与合作可以减少国际摩擦，增强战略互信，减缓、避免与西方国家剧烈的正面冲突，为我国经济和企业平稳、安全、高效地"走进非洲"营造良好的国际环境；同时也是我国融入国际体系，拓展和深化南南合作与南北合作，增进与国际组织联系，改善与西方大国关系的一个契机。

2. 有助于提升我国负责任的大国形象和软实力

在国际政治经济活动中，国家的直接目标是通过各种方式，或弥补或增强自己的能力。从根本上讲，国家能力（包括硬实力和软实力）既是国际合作的出发点，也是国际合作的最终归宿。在现有的国际行动中，对外援助无疑是提升我国负责任的大国形象和软实力最为直接和有效的渠道或工具。近年来，我国对外援助的政策理念、合作模式受到西方政治势力和非政府组织，甚至一些受援国利益集团、非政府组织的质疑和非难；通过适度开展援外国际合作可以彰显我国开放态度、负责任大国形象，进而提升我国的国际地位和软实力。

3. 有助于提高我国在发展合作规程制定中的发言权

在国际机构的发言权和决策权是等不来、求不来的，只能靠自身的不懈努力去争取。目前在援外国际合作领域出现了一些新趋向，相关标准、规则也在酝酿、商议、制定的过程中。通过参与援外国际合作的对话，可以伸张我国对相关问题的政策主张，有助于推动包括南北关系在内的国际关系朝着民主化方向发展，改进国际发展援助体系的治理结构，切实提高我国在相关机构的代表性、发言权和决策权，从而使我国在援外国际合作进程中处于更加有利的位置。

4. 有助于借鉴其他国家在援外方面的成功经验

我国实施援外工作已近 60 年，并在实践中逐步形成了自己的传统、特点和优势；但与发达国家相比，在经验等方面还存在一些欠缺。通过参与国际合作，可以研究、借鉴、汲取其他国家或国际组织在发展援助方面的成功经验和失败教训，了解国际发展援助的运行规则。这对于完善我国援外（援非）机制，丰富援外（援非）方式，提高援助实效，进而从整体上提高我国援外（援非）工作水平，增强我国发展援助的能力，无疑是大有裨益的。

5. 有助于拓宽资金渠道，借力参与实施大型援助项目

我国援外资金有限，短期内也难以大幅增加；对外援助基本上都是"看菜吃饭"，有多少钱，办多大事，难以实施大型援助项目。随着非洲区域经济一体化的提速，我国与非洲在区域层面的发展合作业已提上日程；但单靠我国自身力量难以承担大型或跨国的区域性大型援助项目。通过国际合作或许可以弥补我国自身实力的不足问题，不失为一种解决办法；而且还可以拓展我国对外援助的新渠道，使我国有限的援助资金发挥更大的功效，当然这要视与其他合作方的谈判、博弈结果。

6. 有助于维护受援国的利益并提高援助的有效性

站在受援国的立场，在援助主体日益多元化的背景下，援助国（或援助方）与受援国之间加强沟通与协调，在平等互利的基础上开展务实合作，通过援助要素跨国优化组合，至少在理论上，有助于发挥各自的比较优势，减少援助过程中的交易成本，从而提高援助的有效性，达到参与各方共赢的目的。此外，或许还有助于促进国际社会，特别是西方发达国家兑现其向发展中国家提供援助的国际承诺。

## 三、我国开展援外国际合作的战略构想

我国开展援外国际合作既要从自身的国情出发，坚持自身的援外理念、方针政策和方式方法；同时也要明确援外国际合作在我国对外援助中的定位，以及我国开展援外国际合作的指导原则、战略目标和操作策略。

## （一）援外国际合作在我国对外援助中的定位

援外国际合作在我国对外援助中的定位涉及方式定位和身份定位两个层面：

1. 国际合作在我国援外方式中的定位

鉴于西方国家依然主导着国际援助体系，基于双边援助在国际援助的资金配比中约占七成，而且从趋势上看，即便是作为积极倡导者的西方国家也不会将援助资源大量用于援外国际合作；因此，双边援助仍应继续在我国对外（援非）援助中居于主导地位，成为我国对外援助的主渠道和主要方式；包括"三方合作"在内的援外国际合作在我国对外援助中则处于从属地位，只是作为我国对外援助的一种补充形式。原因有三：其一，我国援外资金非常有限，不宜分散使用；其二，实践证明，双边援助简便易行，特别是在援建项目的实施效率上要比多边援助、"三方合作"等方式高得多；其三，便捷、高效的双边援助方式受到受援国的普遍欢迎，更易于发挥援助作为政策工具的功效。

2. 国际合作在我国对外援助中的身份定位

随着我国经济总量的提高，特别是综合国力的增强，近年来，国际社会对我国的身份定位已然发生变化，甚至一些发展中国家也将我国视为"过渡中的发达国家"。身份的变化意味着我国要承担更多、更大的国际责任。作为快速崛起的大国，我国身兼受援国和援助国双重角色；虽然身份特殊，但在未来相当长时期内，我国参与援外（援非）国际合作，无论其组合模式是以"南南合作"的面貌还是"南北合作"的形式出现，我国的身份仍应为发展中的大国。我国的大国责任和国际义务只能与我国的国际身份，特别是与自身的经济发展水平和财力状况相适应。

## （二）我国开展援外国际合作所应遵循的原则

基于国际合作在我国对外援助的定位，我国在参与援外国际合作的过程中仍应继续维系固有的援外理念和原则；事实上，其中的大部分原则，特别是量力而行、不附加任何政治条件等原则仍然适用于包括"三方合作"在内的援外国际合作，在此基础上，还应有针对性地制定涉及开展援外国际合作本身的原则。

1. 坚持自愿参与、平等协商的基本原则

国际合作系指国际行为体在互动中"自愿"调整其政策的行为，目的是协调各方的不同点，以达到一种共同得益的结果。因此，无论合作主体如何组合，我国都应坚持不预设任何前提条件的自愿参与原则；在就援外国际合作的相关事宜展开对话与合作的过程中，应坚持相互尊重、平等协商、互利互助、充分照顾彼此关切和各方利益的原则。

2. 以受援国为核心，充分尊重其意愿和需要

我国开展援外国际合作应坚持以受援国为核心的原则。我国可以就援外国际合作的相关议题与任何合作方进行对话；但一旦上升到实质合作阶段或机制层面，则必须坚持有受援国的参与。换言之，我国与任何国家的合作都不应以牺牲受援国的利益为代价，任何超越受援国搞双边利益交换的行为都将最终损害我国在受援国的长远利益。此外，在合作对象的组合、合作项目的选择上应充分尊重受援国的主权和尊严，尽可能地使援助计划与受援国优先发展战略相吻合，切实满足受援国的实际需求；在合作项目的实施过程中应充分发挥受援国的作用。

3. 坚持以"我"为主，兼顾各方利益的原则

平等协商、优势互补、合作共赢是各方参与援外国际合作基础和前

提。但鉴于西方国家的政治意图，我国开展援外国际合作在时机的选择、介入的深度、合作机制的设置、合作对象的组合、合作项目和形式的选择等方面，要在"以我为主"、"为我所用"、扬长补短的前提下，兼顾各方利益。

4. 倡导多边主义，发挥联合国的核心领导作用

我国参与援外国际合作应坚持多边主义方向,倡导以南南合作为主，进而朝着南南合作与南北合作相互交融的方向发展。此外，在合作机制的设置方面，最好是利用参与方各自现有机制，不再另起炉灶，以免受制于人（当然这也要视情况而定）。我国应积极倡导加强联合国在发展领域的核心领导作用，后者作为最具普遍性、代表性和权威性的政府间国际组织，是促进援外国际合作的重要机制。

5. 坚持出资比例相对平衡的原则

基于身份定位，我国参与援外国际合作仍应继续坚持量力而行的原则，不与发达国家攀比，也不受西方国家或国际组织的捧杀。换言之，我国的大国责任只能与自身的经济发展水平和财力状况相适应。具体到我国在援外国际合作中的出资比例上，应坚持相对平衡的原则，一般不超过一比一（即不超过 50%）；但我国在开展南南合作中出资比例可以视情况略高些。

6. "互利合作"不宜移植到援外国际合作中

正确处理援外国际合作与互利合作之间的关系。我国在双边援助中可以继续适度利用援助工具促进互利合作；但这种做法不宜移植到援外国际合作中。我国参与援外国际合作不应带有任何商业性目的，而应首先满足受援国的利益和愿望。否则就会适得其反，严重影响我国在受援国的形象，乃至国际声誉。在这方面，我国应站得高些、看得远些。

**7. 在责任和利益关系上，坚持共同而有区别的原则**

较之双边援助，援外国际合作涉及的主体更多，责任和利益关系也更复杂。我国在开展援外国际合作的过程中应坚持倡导公平合理、互利共赢的原则；具体到责任和利益关系上，应坚持共同而有区别的原则。

## （三）我国开展援外国际合作所欲达到的目标

参与援外国际合作的所有各方均有自己的考虑和盘算。我国开展援外（援非）国际合作，首先要立足于我国发展战略的长远需要，兼顾并满足受援国（受援方）的发展愿望和实际需求；同时也要适当考虑其他合作方的利益关切。原则上讲，上文在"我国开展援外国际合作的积极意义"中所列各项均可构成我国参与援外国际合作的目标，除此之外，鉴于援外国际合作本身的特性，我国的目标落脚点应更多地发挥其功能效应。

**1. 配合我国对外经贸合作的开展，提升我国的软实力**

援外（援非）国际合作是我国对外（对非）经济合作和经济外交的重要内容。就援外（援非）在我国对外（对非）经贸战略中的地位和作用而言，援助本身不是我国开展对外（对非）经贸合作的目的，而只是作为辅助工具，为推动我国经济平稳、高效"走进非洲"，开拓非洲资源与市场营造良好的国际氛围。同样，开展援外国际合作本身不是我国的目的，而只是实现目的的途径和手段。在我国与非洲经贸关系日趋紧密、利益关系越来越复杂、矛盾和问题日渐增多的形势下，我国参与援外（援非）国际合作应起到化解矛盾的润滑剂作用，为我国在非洲的经济活动营造良好的氛围；应有助于拓展我国对非经贸合作的民意基础，传播和谐世界的理念，树立我国良好的国际形象，提升我国的软实力。

## 2. 缓解国际社会的疑虑，增强与西方国家的战略互信

随着综合国力的提升，我国业已成为一个具有全球影响的大国；随之，西方对我国战略意图的疑虑和担心也在加大。于是，西方与我国在对外援助政策理念上的差异逐步上升到战略层面，西方大国更多的是从全球战略的角度来审视我国援外政策及其理念的，认为我国现行的援外（援非）模式，不仅在价值观念层面对西方构成挑战，而且也在战略层面上对西方主导的国际秩序构成挑战。它触及了一个非常敏感的问题，即西方应该如何与迅速崛起的中国在全球相处。国际合作系指国际行为主体之间为了实现各方实际的或预期的需求，而在行为或政策上的协调或协作；因此，通过开展援外（援非）国际合作，可以在一定程度上缓解西方对我国的战略误解，进而为我国和平崛起营造有利的国际环境。

### （四）我国参与援外国际合作的操作策略

我国开展援外（援非）国际合作的操作策略，涉及时机的选择、尺度的把握、合作对象（包括援助国和受援国）、合作项目、合作方式的选择，以及援助要素（资金、技术和项目实施）组合方式的选择等诸多问题。对这些问题的处理好坏，直接关系到能否实现，以及在多大程度上达到我国参与国际合作所预设的目标。基于利弊得失分析，加之缺乏实践经验，我国开展援外（援非）国际合作宜采取以下步骤或策略。

#### 1. 积极参与援外（援非）国际合作相关规则的谈判和制定

合作规则或国际制度（即游戏规则）是国际关系发展的必然结果，同时也是国际合作赖以有效运行的制度保障；国际制度能够缔造国际秩序，因而也能规范国际合作。换言之，国际制度一经确立便重新定义了国家利益，并会对合作主体的对外决策行为产生制约与影响。这是由合

作规则即国际制度的属性和功能决定的。国际制度是众多国家利益聚合的体现,只有多元的利益,才会形成利益的交错,产生共同的期望;因而国际制度是各国期望与意志汇聚而成的规则、制度原则。其主要功能是促进合作主体间(主要是政府间)特定的合作性协议的形成,为合作性协议提供通用术语和规范性程序,从而为国际合作的展开提供制度框架和制度保障。

截至目前,包括三方合作在内的援外国际合作的游戏规则仍在商议过程中,尚未定型。我国政府应抓住有利时机,在条件允许的情况下,积极参与援外(援非)国际合作相关游戏规则的谈判和制定(如我国已经参与的"海利根达姆进程"发展工作组对话及各种相关国际会议等[①]);这是确保我国在援外(援非)国际合作中处于有利地位的重要一环,应摆在当前政府工作的首要位置。

我国参与援外国际合作,决不只是作为附庸式的配角,而是要捍卫自己的利益,并在其中发挥建设性作用,诸如:申张中国的合作理念、政策主张和有关举措,提出具体的合作建议。在当今各国相互依存度不断加大的国际社会中,在"制度化合作"业已成为国际合作的发展趋势的情况下,我国相关政府职能部门一方面应成立专门工作小组,积极参与援外国际合作相关规则的制定;另一方面,鉴于西方国家在国际援助体系中占据主导地位并掌控着话语权,我国在参与规则谈判、制定的过

---

① 仅在2009年,我国派团先后参加了G8+5海利根达姆进程发展工作组第四次和第五次会议、亚欧会议发展会议、G8+5拉奎拉峰会、WTO促贸援助非洲地区审议会议、亚太地区审议会议以及促贸援助第二次全球审议会议、世界粮食安全峰会、联合国南南合作会议等重要国际发展会议;同时,我国政府以开放的态度与美、英、法、欧盟、澳、加等西方国家和地区组织以及世界银行、经合组织等国际组织就国际发展议题开展对话和沟通。2010年,中国与世行、联合国粮农组织、联合国开发计划署、亚洲开发银行等国际和地区机构在援外培训、农业技术合作、公共基础设施建设等方面开展了有效的合作。

程中，应积极与其他新兴国家协调立场，增强我国在国际规则制订中的话语权和影响力，使规则谈判和制定朝着有利于南方国家的方向推进。

2. 坚持稳妥、有节、审慎的参与原则

国际合作是国际行为主体之间为实现各方实际或预期的目标而相互合作、共同行动的一种方式、状态和过程。对话与合作，是我国参与援外国际合作同一个过程的两个层面，两者是一种递进关系；从这个意义上说，协商、对话同样也是一种参与国际合作的方式。鉴于国际合作业已成为国际发展援助的大趋势，我国对此应持开放的姿态；但在策略上则应坚持稳妥、有节、审慎的参与原则。

目前，援外（援非）国际合作的态势是：西方急，我不急。因此在是否实质性参与，以及在多大程度上参与的主动权在我。在缺乏援外国际合作经验的现阶段，我国不必急于参与、开展实质性的国际合作，以免受制于人；但一定要有预案，做到有备无患。对西方的主动"邀请"，我国应做出"积极的回应"；但在操作上宜采取可进可退、若即若离的应对策略，其中关键在于拿捏好"距离"，以牢牢把握主动权。太近了，或许会落入西方设置的圈套，丧失我国援外（援非）固有的传统和优势；太远了，又会增加彼此间的摩擦，妨碍中国援外（援非）工作的正常发展，甚至会增加我国经济、企业平稳、高效走向世界（走进非洲）的阻力。

鉴于对话、谈判本身也是参与国际合作的过程，这就为我国参与国际合作采取虚实相兼的战术提供了施展的空间。我国应充分利用"方式、状态和过程"所提供的空间，使自身处于有利的境地。具体做法是：先务虚、后务实，先对话、后合作。在务虚、对话阶段，可持积极、开放的态度；但一旦进入实际合作层面则要谨慎行事。对于具体的合作项目，在前景尚不明朗，或利弊得失一时难以权衡的情况下；可以采取能拖就拖的渐进式策略，甚至可以人为适当设置一些障碍，将务虚、对话阶段拉得长一些，直至摸清对方的真实意图及合作前景。这种做法具有较大的灵活性，可使我国处于进退自如的有利的地位，回旋余地和伸缩空间也较大。

3. 趋利避害，有所为、有所不为

在当代国际关系实践中，合作与冲突是相伴而行的。就趋势而言，国际合作业已成为国际关系发展的主流趋势，越来越多的国家希望通过国际合作增强自身能力或权益。"有所为、有所不为"，说白了就是：对我有利就参与，不利则回避。趋利避害既是我国开展援外（援非）国际合作的基本原则，同时也是我国参与国际合作过程中处理矛盾、冲突的应对策略。

近年来，许多西方国家希望与我国就援外（援非）国际合作问题展开对话与合作，议题在内容上大致可归纳为政策协调、制度规范和项目合作三大类。应当说，这三大内容均属于援外国际合作的正常范畴。但对这三大类别的议题，我国应本着趋利避害的原则区别对待。

政策协调是国际行为主体之间为实现各方实际的或预期的需求或目的而进行合作的重要内容，它主要涉及具体政策和政策理念两个方面，后者的敏感度较高，西方在这方面的意图是非常明显，我国应审慎行之。我国参与政策协调的原则是：不与我国现行的援外政策理念相冲突；反之，则应予以回避。

制度规范旨在为国际合作的有效、有序开展提供程序性、制度性保障，同时也对参与合作的行为体的行为具有制约作用。鉴于制度规范关系到援外国际合作游戏规则的制定，因此，我国一方面应通过积极参与，伸张自己的主张；但基于在国际援助体系中西强我弱的实力对比，当我国的主张不被采纳时，则坚决退出，以免受制于人。

当然，拒绝或回避也要有适当或"充分"的理由，这要视合作的类别或性质酌情而定，比如，对涉及我国援外政策理念的政策协调类合作，"只谈不做"不失为一种策略选择；而对于纯粹涉及民生的合作项目，则可采取"既谈又做"的策略。对于我国不愿"做"的，则可以援助有效性方式多样化及其实现途径多样性为由加以拒绝。

4. 先易后难、循序渐进、稳妥有节

援外国际合作业务多以项目形式出现，项目的实施是需要一定周期的，这种周期短则一、二年，长则三、五年，甚至更长；并且还涉及资金、技术和实施等诸多要素或环节。因此，步骤也即次序，在我国开展援外国际合作过程中具有同样的重要性。这就如同下棋，步步都走到了，但次序不对，最后还是输棋。由于缺乏实践经验，我国开展援外国际合作（包括合作伙伴和合作项目的选择）宜采取先易后难、循序渐进、稳妥有节的步骤。

在合作对象的选择上，可以有"南—南—南"、"南—北—南"等多种组合形式，具体到国家、国家集团、国际组织，其组合形式或选择余地更多、更大。鉴于我国缺乏合作的经验，"南—南—南"合作的组合形式可以作为试点先行，待积累一定经验后再行"南—北—南"合作。"南—南—南"合作又可分为单纯的国家组合、国家与区域组织组合等多种形式。在国家组合上，我国可以选择与新兴国家合作，如印度、巴西等国；或与非洲实力较强的国家，如南非、埃及、尼日利亚等国合作。"南—南—南"合作先行的益处在于：其一，可以充分发挥我国的主导作用和比较优势①；其二，同为新兴国家或发展中国家，相互之间比较容易沟通，一旦出现问题也容易通过协商方式解决；其三，可以积累国际合作的经验，以便于我国更加稳妥地待开展"南—北—南"合作。

在合作领域或项目的选择上，我国应采取"先经济、后社会、非政治"的步骤或原则。在初始阶段，合作的重点可以放在民生、农业技术、环保、基础设施等纯经济性质的领域或项目上。原因在于：相对于带有社会或政治性质的项目，上述领域或项目一般不涉及敏感的政治因素，在操作层面相对来说比较简便易行；而社会或政治性质的项目则多少要涉及意识形态或上层建筑，目前可谓是西方大国对外援助，特别是对非援助的侧重点之一。基于政策理念，我国对外（对非）援助应尽可能规避政治意识形态因素，一方面以示与西方国家在做法上的区隔，彰显我援助传统、特色和优势；另一方面可以避免因涉及受援国内部事务而可能带来的不必要的麻烦。

5. 利用国际矛盾，拓展我国利益空间

西方大国家均系"经济合作与发展组织发展援助委员会"成员国，其援外政策、理念及其方式、方法大同小异，并在遏制我国援外战略方面有相当的默契。但西方也并非铁板一块，各大国的利益诉求亦不尽相同，以对非援助为例，老牌殖民国家英国、法国、葡萄牙与美国、日本的做法就存在明显的差异，这就难免造成西方大国在非洲彼此倾轧、互挖墙

---

① 发展中国家之间的援助属于南南合作范畴，有别于南北合作中的发展援助，是国际发展合作的重要组成部分。我国具有参与南南合作的独特资源和优势：其一，我国在合作中所奉行的平等互利、相互尊重、不干涉他国内政的政策理念赢得了发展中国家的普遍信赖；其二，我国是最大的发展中国家，又是联合国常任理事国，长期致力于争取和捍卫广大发展中国家权益，后者对中国有认同感；其三，我国改革开放以来经济快速发展，凝聚中国发展经验的"中国模式"受到了越来越多的发展中国家认同；其四，我国的一大批实用技术，大大领先于其他发展中国家，比较适合发展中国家的国情。

脚的利益冲突。此外，印度、巴西、俄罗斯、墨西哥、土耳其等新兴国家与西方大国之间也同样存在利益冲突。我国在参与援外国际合作的过程中，应充分利用国际间的竞争与摩擦，拓展自身的利益空间和回旋余地。

需要指出的是，利用大国矛盾只能作为一种权宜之计。虽然国际合作与冲突是相伴而行的，但我国不宜对此寄予过大的期望，而应立足于完善我国自身的援外（援非）国际合作战略。

# 第三编

# 非洲热点问题研究及对中国建设性参与非洲和平与安全事务的建议*

---

\* 王洪一，中国国际问题研究所。

# 第一章
# 非洲热点问题概述

## 一、非洲热点问题概述

自20世纪50年代中期非洲民族独立运动以来,非洲大陆的战争与冲突几乎从未间断,热点问题层出不穷。从20世纪60年代到80年代,非洲共发生各类政变和兵变280次①,武装冲突和战乱24次。有10多个国家发生过10起以上的军事政变,80年代非洲一度有20多个国家的政权为政变军人控制②。1990年以来,非洲大陆总体局势走向缓和与稳定,但仍然发生了23起武装冲突,10余起武装冲突至今没有解决。

1. 独立运动前后的战乱和冲突

在独立运动之初,由于非洲国家难以解决西方殖民者遗留下来的边界划分、政治权利分配、部族矛盾等问题,缺乏处理复杂政治、经济和社会问题的经验和能力,各政治和利益团体之间的整合与合作也遇到困难,因此爆发了一系列的内战和边境冲突。

---

① 贺文萍:《非洲军事政变:老问题引发新关注》,《西亚非洲》2005年03期。
② 王洪一:《解析非洲"政变年"》,《国际问题研究》2004年03期。

在这一时期，非洲热点问题的主要特征是军事冲突的有限制和低烈度。冲突各方的政治号召力和军事组织能力有限，既没有物质条件，也不具有充足的兵员，冲突一般限制在分属各政治势力的前殖民时期的军事人员之间，往往不会造成大规模的伤亡和人道主义灾难。其次，热点问题发展进程中，各方力量重视以政治手段实现目的，军事行动是为实现政治目标而采取的辅助手段。另外，非洲国家间仍保持团结互助、共同追求民族独立的友好关系，边境冲突基本上能最终以和平方式解决或搁置。

但是，非洲国家对前宗主国仍然保持依赖性，对于西方国家控制非洲的企图没有足够的警惕性，因此各方力量最初普遍求助西方国家进行调停，甚至邀请西方国家进行武装干涉。1960~1968年的刚果（金）内战和1967~1970年的尼日利亚内战初期，都突出体现了非洲国家获得独立后面临的艰巨困难和复杂局面，也开启了西方国家尤其是前宗主国武装干涉非洲战乱的先河。非洲热点问题从此成为国际政治中的焦点问题之一。

2. 冷战时期的战乱

上世纪60年代中期，由于东西方两大阵营在全球范围内进行激烈的争夺影响力的斗争，美欧和前苏联等国家广泛介入非洲冲突和战乱。两大阵营的介入，使得非洲和解、和平、联合、发展的进程受到干扰，非洲各国本来就不成熟的政治架构更显脆弱。同时，西方干涉加深了非洲各国政治势力、社会阶层、部族、地区力量之间的矛盾，深度影响了非洲的内政和安全形势发展走向，造成了至今仍无法消弭的后果。津巴布韦、尼日利亚、贝宁、加蓬、安哥拉、乍得、苏丹（第二次内战）等国家发生的内战，其激烈程度、影响范围、延续性和破坏性，都因为外部力量的介入而加深和加重。

西方国家对非洲冲突的广泛介入，还改变了非洲战乱的进行方式和作战模式。例如，政治暗杀和武装政变、雇佣军问题、海盗问题、武器走私和丛林战，是危害非洲国家和平与安全的重要因素。但在现代国家成立之前，非洲的历史传统和文化传承中一直强调部落和村落长老之间的和解与谈判，并不轻易动用武力，而且交战时遵守基本的人道主义原则，这也是为什么非洲大陆轻易被西方殖民者侵略占领的原因之一。冷战时期，两大阵营为支持各自的政治力量而采取极端手段，向非洲输入各种作战的综合暴力手段。例如，英、法、美、俄等国的军事顾问和雇佣军几乎参与了所有的非洲战乱，1970~1980年间，就参与了至少150起政变和兵变。1978~1989年，法国著名的雇佣军首领德纳尔甚至控制了科摩罗的政权，建立了一个"雇佣军"国家[①]。

另外，这一时期的某些战乱由于涉及民族独立问题，因此具有顽强的生命力，大规模的战乱和小规模的武装摩擦时断时续，迁延至今。例如，苏丹1955年爆发第一次内战后就陷入了长期战乱。目前苏丹分裂成南北两个国家，外部介入的程度有所下降。但南北双方间的矛盾依然没有解决，边境摩擦和各自的内部武装冲突依然存在。再如，1975年"阿拉伯撒哈拉民主共和国"宣布成立后，西撒哈拉战争旋即爆发。1979年毛里塔尼亚停止了武装干涉，联合国1990年积极参与西撒政治进程并派驻维和部队，西撒的武装冲突规模和次数急剧减少，但由于公民投票问题难以得到摩洛哥的认可，现在仍看不到和平曙光。

---

① http://news.xinhuanet.com/theory/2011-05/16/c_121420035_2.htm

### 3. 民主化以来的战乱

从上世纪 90 年代至本世纪头一个 10 年，西方国家减少了对非洲的控制和对非洲事务的介入。同时，非洲国家进入民主化和多党制时期，激烈的社会变革激化了各种部族、宗教和社会矛盾，恶化了非洲许多国家国内和国家间的关系，使得武装冲突和战争类型更加复杂。这一时期非洲共发生了 23 次战乱，其典型特征是内战、边境冲突、国家间战争、地区冲突等相互混杂交织，造成更广范围内的地区动荡。例如，苏丹的第二次内战中，埃塞俄比亚、乌干达、利比亚、埃及、乍得、中非等周边国家不同程度卷入其中。安哥拉第二次内战、卢旺达内战、利比里亚和塞拉利昂战乱、科特迪瓦内战、刚果（金）战乱和索马里内战，几乎牵涉了所有的邻国。索马里内战不仅牵涉到周边国家，还衍生出海盗问题，威胁国际航运安全，成为国际焦点问题之一。

这一时期非洲战乱的另外一个显著特征是，参战军事力量的政治和社会诉求更加多元化。在乌干达、苏丹和刚果（金）边境地区活跃的圣灵抵抗军，其政治诉求掺和了很多邪教理论。在索马里，各军事力量的诉求涵盖了宗教、领地、族群关系等领域，有些军事冲突甚至是为了优先获得国际援助机构的救济。在乍得和中非，很多村落和部落武装派别根本没有政治诉求，其战斗目的是为了保护草场和水源。

而且，发动内战和挑起武装冲突的政治和军事力量，越来越追逐大至国家政权、小至地方政治和经济利益分配的现实目标，历史上追求制度变革和实践政治理念的目标已经越来越淡化。现在非洲的武装派别基本上没有政治纲领和组织原则上的差异，追求民主和公正越来越成为口号和遮羞布。追逐现实利益普遍成为非洲战乱中军事力量的真正目的，有些军事力量为了利益不惜为其他国家发动"代理人战争"。例如，刚果（金）边境地区的战乱、西非的利比里亚内战和塞拉利昂内战，很多军事派别的目的在于控制钻石、矿产和木材等资源。刚果（金）、达尔富尔和乍得境内的反叛力量，很多是周边国家或者西方政治势力的代理人。

另外，由于缺乏真正的政治纲领和一致的奋斗目标，非洲战乱中的政治和军事力量越来越平面化，战争更加血腥，造成巨大的物质和人口损失。各武装派别不断的持续分化组合，使得战乱地区的社会组织结构脆弱而分散，既不利于战乱问题的解决，也使得冲突问题容易复发。以达尔富尔问题为例，由于各武装派别的不断分化组合，政府的谈判名单很难确定也经常更改，和平协议因为有些派别的消失和新派别的产生而实际上失效。由于缺乏政治指引和管理上的松散化，很多军事力量不再遵循一般性的社会规则，非洲战乱破坏性增加。塞拉利昂和利比里亚内战中，大量使用娃娃兵，对平民野蛮屠杀，被认为是历史上最血腥的战争。[①]

## 二、当前非洲的主要热点问题

### 1. 苏丹问题

1955 年，苏丹南方地区反对北方主导下的中央政府强制推行的伊斯兰化政策，组成了松散的阿尼亚尼亚反抗运动。反叛武装主要由南方的丁卡族和努尔族两大部落组成，分成阿尼亚尼亚、南部苏丹解放运动和苏丹非洲民族联盟三大派别。1972 年，在各方协调下，南北签署了《亚的斯亚贝巴协议》，内战结束。第一次内战共导致 50 多万苏丹人死于非命，南部经济毁于一旦，北方经济也同样面临崩溃。

---

① Crane, David M. CASE .《塞拉利昂特别法庭，弗里敦：联合国和塞拉利昂政府》2008 年。

尼迈里政府于 1983 年废除南方自治政府，把南部划分成三个中央直辖区，重新划分南北边界，把产石油的本提乌地区划归北方。同年，尼迈里再次在全国强制实行伊斯兰教法。南方博尔地区的 500 多名驻军兵变，约翰·加朗中校奉命率部前去镇压。但加朗到达南方后临阵倒戈并被推举为叛军首领，组成了苏丹人民解放军（SPLA）。1986 年以后，北苏丹政府开始与南方谈判，双方时打时谈，苏丹人民解放军内部多次发生分裂和叛乱。1993 年以来，东非组织伊加特和利比亚、美国等先后协调，南北双方于 2005 年签署《全面和平协议》。根据协议规定，苏丹于 2011 年 1 月 9 日举行南方全民公决，决定进行民族自治。7 月 9 日，南苏丹正式独立，14 日成为联合国正式成员国。

虽然南苏丹以和平方式赢得独立，但南北之间的实质性问题没有得到解决。由于这些问题涉及南北两国重大利益，国际社会一直努力推动苏丹南北双方尽快解决这些问题，但双方的谈判几乎没有取得任何实质性成果。双方因此不时发生武装摩擦和冲突，青尼罗河州和南科尔多凡州的冲突加剧。[①] 南北之间的实质性问题成为两国关系的巨大隐患，依旧威胁着该地区的和平与安全。

南北两国之间的实质性问题主要包括国家财政资产和债务划分、公民权、自然资源分配、债务、安全问题、国际协议等。苏丹石油储量预计为 60 亿桶，85% 的油田位于南苏丹境内，尤其是在南北分界线上。北苏丹政府 60% 的收益来自石油，南苏丹则高达 98%。[②] 以前苏丹石油收益分配比例为南北各 45% 和 50%，5% 用于达尔富尔和平建设。今后双

---

① 联合国文件，秘书长关于南苏丹的报告，2011 年 11 月 2 日。
② 国际危机组织非洲简报 N° 76，《协商苏丹南北未来局势》，2010 年 11 月 23 日。

方以何种比例和方式分配石油，将关系到两国关系的长期稳定。其次，边界问题关系到南北双方的持久和平。《全面和平协议》规定，南北双方组成的边界技术委员会参照 1956 年独立日南北边界的状况来定界，目前划界委员会已经完成了 80% 的工作，但兰克/贾巴兰、麦吉尼斯、卡卡镇、南达尔富尔边界地区、卡菲亚·肯基 5 个关键地区的划界问题触及双方关键性和根本性的利益，同时双方需要定义边界性质（涉及安全问题和未来两国关系问题）、边界管理机制（主要涉及游牧民问题）和边界周边社区未来的关系（主要涉及部落关系）等关键问题，双方都难以作出妥协。尤其是在阿布耶伊归属问题上，双方的矛盾很难调和。目前阿布耶伊的主要居住人口是同属阿拉伯人的密西里亚人，如果把他们的居住地划归南方，他们的国籍将变成南苏丹。由于密西里亚人在南北内战中为北方作战，他们在南方的前途命运将成为悬念，北苏丹政府将很难对北方阿拉伯民众作出解释。对于南方人来说，阿布耶伊是丁卡人传统的领地，如果认可密西里亚人有投票权，则阿布耶伊将划归北方，这是南苏丹所无法接受的。

目前，南北苏丹都面临着内部的稳定与安全问题。北苏丹虽然改善了与乍得和中非等国的关系，边境冲突的威胁大大减小，但在达尔富尔问题上依然存在国际压力。其次，苏丹领导层的斗争由来已久，执政党内存在严重的分歧，随时有可能因为对待反对党的态度问题，以及内政和外交问题引发政治混乱和动荡。对南苏丹而言，执政党首先面临着如何从军队职能向行政管理转变的问题，腐败问题严重影响着新国家的机构建设。同时，南苏丹还受到军队内部叛乱问题的困扰，目前整编民兵的工作进展缓慢，琼莱州和团结州的叛乱民兵有增多的趋势。另外，在建立稳定的经济结构和发展模式上，南苏丹也面临严峻考验。

## 2. 苏丹达尔富尔问题

2003年，苏丹达尔富尔地区黑人农民与阿拉伯游牧民因种族矛盾、资源争夺和权力斗争而爆发大规模冲突，并将矛头直指政府。主要由富尔人组成的反叛武装组织苏丹解放军（SLA）得到乍得政府军和中非的大力支持；另一支反叛武装组织正义与公平运动（JEM）由扎戈瓦人组成，得到乍得、利比亚和厄立特里亚的支持。达尔富尔地区各派武装不断分化组合，持续冲突，相互屠杀和驱逐平民，造成约45万人死亡，250万人逃亡[①]（联合国引用"国际公义联盟"的估计数字）。为反击乍得和中非对达尔富尔叛军的支持，苏丹政府也向两国的叛乱武装提供帮助，地区形势因而陷入动荡。2006年4月和2008年2月，乍得叛军两次进攻首都恩贾梅纳。2008年5月，达尔富尔叛军正义与公平运动进攻喀土穆郊区，引发国际社会的高度关注。为缓和地区局势，在国际社会的协调下，苏丹与乍得于2010年签署了《关系正常化协议》，组成边境联合巡逻部队。2011年11月，苏丹与达尔富尔叛军"解放与公正运动"签署和平协议，但另外两支主要叛军仍在拖延和平进程，与政府军的冲突和摩擦仍然频频发生，达区的暴力活动增加了240%。[②]

## 3. 刚果（金）问题

1994年发生的卢旺达大屠杀导致卢旺达图西族难民涌入刚果（金）东部地区，而后图西族武装反攻卢旺达，又致使卢旺达大约120万胡图族武装逃往刚果（金）东部。1996年，刚果（金）前总统蒙博托推行民粹主义政策，突然发布驱除图西族的命令，引起境内图西族的武装反抗。卢旺达和乌干达同情图西人，为打击躲藏在刚果（金）境内的反叛力量，

---

① 《Washington Post》,《Hundreds Killed in Attacks in Eastern Chad.》,2007-04-11.
② 联合国安理会文件,《2010年10月4日至10日安全理事会乌干达和苏丹访问团的报告》。

支持卡比拉领导下的刚果（金）叛军解放民主力量同盟，在东部边境地区发动推翻蒙博托的战争。①1997年5月17日，卡比拉在图西人的支持下，攻占金沙萨，自己出任总统，并将扎伊尔共和国易名为刚果民主共和国。卡比拉上台后，没有兑现授予图西人（自称班雅穆伦格人，以区别于班雅卢旺达人）刚果（金）国籍的承诺，还对卢旺达和乌干达控制东部地区矿产资源表达不满。

1998年8月，图西人为主的刚果（金）反政府武装"解放刚果运动"和"刚果民主联盟"在乌干达和卢旺达军队的支持下发动叛乱，刚果（金）政府则请求安哥拉、乍得、津巴布韦和纳米比亚等国出兵相助，双方爆发大规模武装冲突。在此后长达4年的战乱中，造成至少350万人死亡，100万人伤残，40万人沦为难民。②

在国际社会的积极斡旋下，刚果（金）冲突各方和卷入各国于1999年7月签署了卢萨卡停火协议。协议要求外国军队撤出刚果（金），冲突各方立即停火并举行政治对话，和平解决危机。但协议并未得到有关各方的执行，暴力冲突仍不断发生。

2001年1月16日，洛朗·卡比拉遇刺身亡，其子约瑟夫·卡比拉继任总统后重新启动国内和平进程。在国际社会的大力推动下，刚果（金）和平进程取得重大进展。2002年4月，刚果（金）全国政治对话会议在南非签署了关于国家过渡时期政治体制和机构的协议。2003年4月，刚果（金）政府和国内各派签署了《全面包容性协议》和《过渡期宪法》，卢旺达和乌干达从刚果（金）撤兵。2005年12月，刚果（金）举行全民公投，通过了《新宪法》。2006年7月，刚果（金）举行独立以来的首

---

① 联合国和平行动介绍——《刚果民主共和国》，http://www.un.org/chinese/peace/issue/congo.htm。
② 联合国2010年10月3日发表的《刚果金大屠杀调查报告》。

次民主大选,约瑟夫·卡比拉当选总统。

2008年8月底,得到卢旺达支持的恩孔达反政府武装在刚果(金)东部北基伍省境内向政府军展开攻势,导致安全形势持续恶化,近25万人无家可归。2009年1月,刚果(金)放弃对胡图族武装的支持,换取了卢旺达打击恩孔达的承诺。双方军队在北基伍省发动联合军事行动,恩孔达被抓获。恩孔达反政府武装解体后,东部局势更加混乱,各种反叛组织日趋分散。2009~2010年,刚果(金)和卢旺达政府军在联合国特派团的支持下,向盘踞在南基伍省、北基伍省、赤道省和东方省的圣灵抵抗军、解放卢旺达民主力量、埃涅莱叛乱武装及其他反叛武装发动进攻,大大改善了刚果(金)东部地区的安全局势。[①]

目前,虽然刚果(金)东部地区的局势处于相对平静时期,但依然面临着严峻的考验,未来的安全局势走向仍然充满不确定性。首先,刚果(金)经历多年战乱,政府力量薄弱,东部地区基层政府组织荡然无存,无法有效组织和管理基层民众。联合国培训当地警察、加强政府管理能力的工作进展缓慢,短期难以达到效果。其次,东部地区毗邻多国,容易受到这些国家局势的波及,中非和苏丹安全局势如果出现变化,可能会对该地区造成重大影响。另外,刚果(金)虽然与乌干达和卢旺达改善了关系,但彼此之间仍然存在利益纠葛,信任程度仍然很低。刚果(金)如果不能彻底解决胡图族叛军的问题,卢旺达政府随时可能转而支持图西族叛乱武装。同时,刚果(金)东部地区部族众多,建立在部族基础上的各派武装相互攻击,导致各部族间的关系紧张。多年来的战乱使得该地区武器泛滥,如果不能妥善解决武器泛滥和武装人员安置问

---

① 联合国安理会文件,《2010年5月13日至16日安全理事会刚果民主共和国访问团的报告》。

题，该地区的安全形势就不能在根本上得到改善。此外，东部地区山多林密，政府军的清剿行动很难彻底清除各种反叛武装，如果刚果（金）和周边国家的政治环境发生变化，反叛武装将很快得以恢复。2011~2012年，刚果（金）将连续举行地方和总统大选，当前的竞选过程中频频发生暴力和冲突事件，无疑将对刚果（金）总体局势产生影响。

4. 索马里问题

1990年，索马里各地爆发反对总统西亚德·巴雷的反叛活动。1991年，以索马里联合大会党领导人艾迪德为主的各地军阀联合推翻巴雷政权。另一武装派别索马里民族运动控制北部的索马里兰地区，并宣布独立。此后，索马里中央政府不复存在，首都摩加迪沙被各派军阀割据，各地陷入混战。

1992年12月，联合国在索马里实施名为"恢复希望行动"的维和使命，遭到艾迪德等军阀的反对。1993年，主要由美国军队组成的维和部队多次与摩加迪沙的军阀进行战斗，31名美国士兵死亡。1994年美国撤军，1995年联合国撤出维和部队。艾迪德自任总统，1996年死于战斗。1998~2006年，索马里的局势进一步陷入混乱，部族领袖艾哈迈德[①]控制东北部的邦特兰并宣布独立，拉汉文抵抗军、索马里西南国、贾穆杜格等也相继宣布独立。

1993年开始，在部落长老和商人支持下，索各地成立伊斯兰法庭，并建立军事力量，维护社会秩序。2004年，各地的伊斯兰法庭成立联盟，

---

① 阿卜杜拉·郁素福·艾哈迈德，邦特地区酋长。1979年，在埃塞俄比亚的支持下，成立反政府武装——索马里拯救民主阵线（SSDF），1998年控制邦特地区并自认总统。与埃塞俄比亚关系特殊，主张在联邦制的基础上维护索马里统一。2004年当选过渡联邦政府总统。

推选阿哈迈德①当选主席。由于伊斯兰法庭联盟强烈反对西方，支持建立大索马里，因此引起了美国和埃塞俄比亚等邻国的警惕。同年，在美国的背后推动下，索马里各派别成立了索马里过渡联邦政府（邦特兰总统艾哈迈德当选总统），以对抗伊斯兰法庭联盟，并得到了联合国和非盟的支持。

2006年，得到美国支持的各派军阀成立"恢复和平和反恐联盟"，与伊斯兰法庭联盟武力争夺首都摩加迪沙控制权，旋即失败。伊斯兰法庭联盟随后出兵控制了包括首都在内的三大城市和中南部地区，并进攻过渡联邦政府所在地拜多阿，试图统一全国。

在美国的推动下，一方面联合国授权非盟建立维和部队，一方面埃塞俄比亚秘密派兵进入索马里，与伊斯兰法庭联盟作战。2007年1月，在埃塞俄比亚优势兵力的压迫下，伊斯兰法庭联盟损失惨重，转而进行游击战。伊斯兰法庭联盟内部发生分裂，强硬派成立了伊斯兰青年党和伊斯兰党。阿哈迈德为主的温和派成立索马里再次解放联盟，并与过渡联邦政府和谈，2009年当选为临时总统。

2009年初，埃塞俄比亚从索马里撤军，伊斯兰青年党和伊斯兰党向过渡联邦政府发动攻击，取得短暂胜利。在非盟驻索马里特派团维和部队的支持下，过渡政府军逐步夺回失地。2009年9月，伊斯兰青年党和伊斯兰党因为战斗失利和对政府立场不同而爆发内讧，虽然伊斯兰青年党取得胜利，但实力受到削弱。2009年12月，伊斯兰青年党在首都发动自杀性袭击，受到全国舆论的挞伐。

---

① 沙里夫·谢赫·阿哈迈德，索马里重新解放联盟领导人。伊斯兰教师，温和的伊斯兰派。2003年，得到15个伊斯兰部落支持，2004年成为伊斯兰法庭联盟领导人。与青年党分裂后加入过渡联邦政府，于2009年当选临时总统。

虽然伊斯兰青年党在国际社会的压力下不断分裂和收缩,但仍然在中南部地区拥有强大的影响力和号召力。如果政府军战斗力得不到提升,将难以将其根除。其次,过渡政府中缺乏灵魂人物和统一的指导思想,各派别力量之间利益不同,矛盾重重,亟须提高凝聚力。同时,过渡政府的影响力仅限于几个城市中,难以扩大到部落地区,对于索马里的安全和稳定发挥的作用非常有限。另外,目前索马里的相对稳定局面,取决于美国和联合国的支持,取决于周边国家,尤其是埃塞俄比亚、布隆迪和乌干达等国的态度,还受到沙特等国的影响。因此,过渡政府难以成为索马里问题的主导力量,即使能够统一全国,也很难控制总体局势。

索马里长期内战还滋生出严重的海盗问题,"索马里水兵"、"邦特兰卫队"、"国家海岸支援护卫队"、"美尔卡"等海盗团伙给国际海运造成严重影响,贾穆杜格成为最大的海盗巢穴。内战以来,索马里海盗人数从战争初的100多人发展到近2000人,袭击国际商船的距离从100多海里延伸到1750海里的范围内。截至2006年,索马里海域共发生80多起海盗袭击国际商船的事件,2007年发生37起,2008年发生125起。2010年发生164起袭击事件,2011年10月间发生185起袭击事件。[①] 因此,尽管以联合国为主导的国际社会不断加大对海盗的打击力度,海盗力量反而不断壮大。日益严峻的海盗问题,也显示了索马里总体治安环境的恶化。

5. 科特迪瓦问题

2000年科特迪瓦大选前草拟的《血统法案》,将北方人瓦塔拉再次排除在总统大选名单之外,导致占人口优势的北方穆斯林的强烈不满。

---

① 联合国正式文件,《秘书长根据安全理事会第1950(2010)号决议提出的报告》,2011年10月25日。

由于大量像瓦塔拉一样的"外国人"与布基纳法索等西非国家有直接的利益关系，布基纳法索暗中鼓动北方军人发动政变。2002年9月，在盖伊将军的领导下，科特迪瓦北方士兵控制了北方并进攻首都阿比让。总统巴博成立阿比让青年义勇军并雇佣了白俄罗斯和利比里亚的雇佣军，与北方"新军"进行对抗。法国驻军以保护侨民为借口，隔断两军的接触，并寻求联合国的介入，科特迪瓦形成事实上的分裂。2004年，巴博的飞机轰炸法军基地，造成9名士兵死亡。法国随即轰炸并控制了阿比让机场。此后阿比让爆发反法暴力活动，法国与巴博矛盾激化。2005年5月，联合国维和部队在科特迪瓦建成"非军事区"，科特迪瓦军事暴力活动逐渐平息。

2007年，为实现南北统一，巴博和北方武装领导人索罗签署《瓦加杜古和平协议》，重启和平进程。2010年11月，科特迪瓦大选结束，巴博和北方支持的瓦塔拉都宣布获胜并宣誓就职，联合国、欧盟和非盟等国际组织及西方国家都承认瓦塔拉当选。2011年3月，瓦塔拉组建"科特迪瓦共和军"，分三路进攻首都，4月4日，联合国维和部队和法国驻军配合瓦塔拉，进攻巴博在阿比让的据点。4月11日，巴博被捕，科特迪瓦政治危机结束。巴博被捕后，科特迪瓦南方的一些将领继续组织反抗，陆续在阿比让、利比里亚边境地区和西南部地区与共和军发生冲突，并袭击平民，造成大规模难民潮，30万人流离失所，20万人逃亡利比里亚。①

当前，虽然大规模的军事对抗已经基本结束，但科特迪瓦局势仍然处于不稳定状态。首先，阿比让和西部地区仍存在一些前共和国卫队、民兵和雇佣军，一些前政府军官试图重新组织力量进行反抗。因此，清

---

① 联合国正式文件，《秘书长关于联合国科特迪瓦行动的第二十八次报告》，2011年6月24日。

剿叛乱分子、收缴民间武器、安置前战斗人员的工作任务艰巨。其次，科特迪瓦原政府军和警宪系统已经解体，共和军面临着向军警宪转型的问题，对过渡期司法公正性问题会产生影响，处置不当可能造成冲突和混乱。其三，瓦塔拉和北方人为主的共和军占领全国后，仍面临着民族和解的艰巨任务。西部地区持续地对抗，暴露了长期存在的部族、公民权和土地所有权问题。其四，现在成为反对党的科特迪瓦爱国阵线采取对抗政策，拒绝参加司法选举，[①]对于今后政府和议会的代表性将产生影响，也不利于现政权的政治稳定。

## 三、结 论

当前国际形势以和平与发展为主流，利于非洲国家的和平与安全建设。非洲经济的持续快速发展，有利于缓解各种社会矛盾和冲突。但由于受到历史遗留问题和现实新挑战的困扰，非洲多数国家积贫积弱，政府执政能力和掌控国家安全秩序的能力低下，政治、经济、宗教和族群等各种矛盾相互交织，因此内部战乱、国家间冲突和地区局势动荡等主要类型的热点问题仍然困扰着非洲大陆。同时，非洲各国间的关系错综复杂，相互之间的影响和关联较其他地区更加明显，周边国家的介入和干涉，使得非洲热点问题频发且不易解决。此外，非洲国家普遍缺乏抵御国际政治经济环境负面影响的能力，容易受到国际和地区宏观形势变化的影响，加上西方国家依旧热衷于干涉非洲国家的对内和对外施政方针，使得非洲国家无法按照自我意愿解决冲突，主要热点问题久拖不决。

将当前非洲热点问题与历史上的热点问题对比，可以看出，非洲当

---

① 《Cote DIvoire: La CEI aurait du etre modifiee en vue des legislative》,《Jeune Afrique》,05/11/2011.

前的热点问题多为民主化时期的遗留问题，或者与民主化时期的矛盾冲突有密切的关联性。同时，当前存在的热点问题也带有鲜明的新特点。冲突各方理想主义的消失和对现实性利益的追逐，使得单纯的政治方案往往难以触动问题的实质，因此需要综合了政治、军事、经济、司法和民事手段的全面和平方案，而且应该重视促进经济发展和体现社会公正对于防范和制止战乱的重要价值。战乱对周边地区的溢出效应明显，邻国和相关国家的介入成为一个显著特点，地区国家的谅解和配合成为解决冲突的重要因素。当前冲突破坏性加大，泾渭分明的前线和战场逐渐消失，武装人员渗入冲突地区的各个角落，对平民的肆意伤害增多，凸现了司法和民事能力建设对防范和制止战乱的重要性。

# 第二章
# 影响和发展趋势

## 一、非洲热点问题对所在国家和人民造成深重灾难

从独立运动以来，各种战争和冲突给非洲造成巨大灾难，严重影响了非洲的和平稳定，制约了非洲的发展和繁荣，是造成非洲大陆落后与贫困现状的主要因素。

1. 持续的战乱和动荡破坏了非洲国家已有的经济基础，摧毁已取得的社会经济发展成果

20多家非政府组织的联合研究结果显示，1990~2005年，23次战乱给非洲造成2840亿美元的经济损失，超过了国际社会对非洲大陆的援助总和。[①] 据估计，截至目前，非洲战乱造成的经济损失总额可能已高达6000亿美元。非洲战乱造成的年均经济损失达到180亿美元，占相关国家国内生产总值的15%，超过了教育和卫生开支的总和。

---

① 非盟文件《le renfrocement des capacite de mediation de l union africaine》，引用 Iansa, oxfam，saferworld 等机构2007年的调查统计数据。

据非洲开发银行分析，2008年非洲发生了78次武装冲突和摩擦，造成180亿美元的损失，其中最主要的损失包括：国民生产总值下降、基础设施的损失和资本外逃等。而且这一数据还没有包含周边国家因为贸易下降、保护难民和预防冲突蔓延而遭到的损失。① 受到战争和冲突的影响，非洲开发银行认为，在处于战争状态的地区，人均国民生产总值普遍缩水63%。

**部分非洲国家战争损失情况②**

| 国家 | 冲突时间 | 年度 | 经济增长率损失 | 实际经济增长率 | 国内生产总值损失比例 | 国内生产总值损失（10亿美元） |
|---|---|---|---|---|---|---|
| 布隆迪 | 1993~2005 | 13 | 5.5% | −1.1% | 37% | 5.7 |
| 卢旺达 | 1990~2005 | 12 | 4.5% | 2.8% | 32% | 8.4 |
| 刚果（金） | 1996~2005 | 10 | 5.4% | 0.10% | 29% | 18 |
| 厄立特里亚 | 1998~2000 | 3 | 4.8% | −3.8% | 11% | 0.28 |
| 南非 | 1990~1996 | 7 | 1.2% | 1.2% | 2.7% | 22 |
| 刚果（布） | 1997~1999 | 3 | 3.3% | 0.03% | 7.1% | 0.70 |

2. 冲突和战乱本身及其引发的人道主义灾难，造成大量人口死亡，社会发展的有生力量受到巨大损失

据非洲开发银行2008年报告称，1990~2005年，世界上50%的战争和冲突发生在非洲，23个非洲国家陷入冲突和战乱，造成的人口死亡总数占到了全球的一半以上。③ 其中，刚果（金）冲突直接和间接造成的

---

① ONE, http://www.one.org/c/fr/presentation_des_problemes/3490/
② 《les milliars manquants de l'Afrique—les flux d'armes internqtionqux et le coût des conflits》RAIAL.,2007.
③ 包括南非、阿尔及利亚、安哥拉、布隆迪、刚果（布）、科特迪瓦、吉布提、厄立特里亚、埃塞俄比亚、加纳、几内亚、几内亚比绍、利比里亚、马达加斯加、尼日尔、尼日利亚、乌干达、中非、刚果（金）、科摩罗、卢旺达、塞内加尔、塞拉利昂、索马里、苏丹和乍得。

死亡人口达到了 500 万，卢旺达大屠杀造成约 100 万人死亡，达尔富尔冲突造成 35 万人死亡。

战争和冲突还引发大规模难民潮，形成人道主义灾难。1993 年非洲撒哈拉以南地区难民总数曾经达到 745 万人，到 2010 年仍有 200 万难民，流离失所人口 650 万。① 由于非洲经济条件和基础设施薄弱，生存环境恶劣，因此受战争间接影响而死亡的人数远远高于其他地区。据估计，间接因素导致的人口死亡是战争直接死亡人数的 14 倍。在战乱地区，缺粮人口比例增加 15%，人均寿命减少 5 年，医疗覆盖不足率升高 2.5 倍。②

战争和冲突导致武器泛滥和司法体系的崩溃，引发的贫困问题和治安环境恶化，都导致恶性犯罪的增加。在战乱和战后地区，恶性犯罪导致的死亡率远远高于平常。非洲人口占全球的 14%，但枪击死亡率占全球的 20%。例如，1999~2001 年，科特迪瓦恶性犯罪导致的死亡率上升了 130%。

3. 冲突和战乱造成人才和资本流向西方国家，使非洲国家失去可持续发展的动力

排除生存环境恶化等因素，战争还会导致经济活力的下降、产业萎缩、物资流动性障碍、通货膨胀等问题，间接导致人才和资本向西方转移。据统计，乌干达北部地区动荡造成农业和牧业收缩 20% 以上，旅游收入损失 14%，生活成本上升 10%。该地区因此向西方流出资本上亿美元，专业技术人才大量流失。在安哥拉，由于战争期间的大量地雷没有清理，很多地区的农业生产几乎停滞。原本发达的农业区，资金和人口外流严重，

---

① 联合国难民事务高级专员公署资料，《2011 regional operations profile-Africa》。
② 《les milliars manquants de l'Afrique—les flux d'armes internqtionqux et le coût des conflits》RAIAL.,2007.

贫困人口持续向城市转移,而富裕人口则移居海外。

4. 战争既破坏了非洲的文化传承,又制约了现代教育的发展,影响了非洲人民整体素质,造成非洲各行业人才匮乏的局面

一方面战争导致儿童死亡,生存下来的儿童受教育的比例严重下降。据分析,在战乱区,儿童死亡率高达50%,识字率下降20%。[1]战争中,人口寿命急剧下降,负责传统教育的老年人在战乱区很难见到。战争还导致家庭人口的损失,造成家庭破裂,影响儿童接受传统教育的机会。同时,战争导致教育设施损坏,国家教育经费的大幅度下降,教师流入其他行业。据非政府组织拯救儿童(SAVE THE CHILDREN)统计,非洲贫困国家中每11个儿童中就有1个失学儿童,而战乱区每3个儿童就有一个失学。

5. 冲突和战乱不仅伤害国家之间、国内族群和地区内部的信任关系,还造成了非洲人彼此的威胁感和不安全感,使可持续发展的前景充满不确定性

在大湖地区、苏丹、塞拉利昂和利比里亚等战乱地区,原有的社会结构解体,社会环境动荡,人与人之间充满敌意。以乌干达北部为例,由于战争的残酷性,当地人民受到严重的战争创伤,普遍存在对外人的冷漠和强烈的怀疑情绪,较正常人更容易陷入紧张情绪,更容易采取对抗和暴力手段来解决问题,人与人之间的社会关系也因此异化。战争对儿童的影响更加突出,当地儿童玩的游戏不是过家家,而是劫掠、强奸

---

[1] 《les milliars manquants de l'Afrique—les flux d'armes internqtionqux et le coût des conflits》RAIAL.2007.

和伤害，其思维逻辑也带有更多的暴力色彩。①

## 二、非洲热点问题对周边国家和地区形势的影响

　　冷战后，非洲热点问题的一个突出特点就是战乱的跨国家性，导致周边国家政治局势发生动荡。卢旺达大屠杀导致布隆迪、乌干达、刚果（金）等多国边境地区冲突，引发大湖地区的危机。刚果（金）内战导致所有的周边国家参战，被称为第一次"非洲大战"。苏丹达尔富尔冲突引发乍得和中非的安全局势动荡，两国叛乱武装一度占据边境地区，造成了两国政治局势的紧张。索马里问题不仅导致埃塞俄比亚、厄立特里亚以及乌干达和布隆迪等国的干涉，索马里海盗问题更引起25国海军参与的护航行动。即使战乱和冲突没有扩散到周边国家，也会引起周边国家的武器泛滥，治安环境恶化，导致国家安全局势的紧张。科特迪瓦1999年陷入动荡，马里为应对紧张的安全局势，采购了1300万美元的武器装备，而布基纳法索的军费开支则增加了52.6%。

　　非洲热点问题还影响周边国家的经济和贸易环境，阻碍周边国家的投资和贸易，拖累周边国家的经济增长。以科特迪瓦战乱为例，2002年，科特迪瓦港口几乎瘫痪，周边国家尼日尔、马里和布基纳法索的进出口贸易不得不绕远道从其他港口进行，但需要承担更高的运输成本。一个集装箱从布基纳法索到阿比让的运输成本为29万非郎，而到多哥洛美的运输成本则高达70万非郎。因此，马里的活畜出口几乎完全停止，布基

---

① 《The immediate and lingering effects of armed conflict on adult mortality: a time-series crossnational analysis》, Journal of Peace Research, Vol. 42, No. 4, 471-492 (2005).

纳法索的活畜出口也下降了65%。① 在战争的最初3个月，布基纳法索和马里政府的海关和税收因此减少了3000万美元。而转入布基纳法索的私人资金（侨汇等）减少了70%以上。②

非洲热点问题导致相关国家之间的关系恶化，不利于非洲的团结。非洲热点问题的溢出效应，导致周边国家纷纷介入，各国支持不同的冲突方，国家之间的关系因此受到冲击。在苏丹南北冲突中，埃及、利比亚、埃塞俄比亚、厄立特里亚、埃及、肯尼亚、刚果（金）、乍得和中非等国家都曾介入，北苏丹政府甚至先后与埃及、埃塞俄比亚、乍得、刚果（金）、中非、肯尼亚发生摩擦和冲突。在当前的南苏丹问题上，埃及、乍得和利比亚支持北苏丹，而黑非洲国家则支持南苏丹。南北苏丹之间如果爆发冲突，很可能使得非洲联盟内部形成两个派别，造成非洲的分裂。在索马里问题上，阿拉伯国家和黑非洲国家之间存在分歧，而埃塞俄比亚和乌干达等国家间也存在不同的意见，影响了非盟和伊加特对该问题的影响力。在刚果（金）问题上，非洲各国之间的矛盾和分歧更加突出，安哥拉、津巴布韦、乍得和纳米比亚曾经出兵帮助卡比拉，对抗乌干达和卢旺达及其支持的叛乱势力。当前非洲国家在刚果（金）问题上仍然存在分歧，大湖地区国际会议协调机制因此难以发挥重要作用。

各国之间的矛盾因为热点问题而激化和延伸，非洲地区经济一体化进程也受到影响。从非盟到中部非洲国家经济共同体、西非国家经济共同体、南部非洲发展共同体以及东非共同体等各次地区组织的一体化进程，都不同程度受到苏丹冲突、科特迪瓦危机、刚果（金）战乱和索马里冲突的影响。西撒哈拉问题造成相关国家的长期不信任关系，因此经

---

① 世界银行文件，《Regional impact of Côte d'Ivoire's 1999–2000 sociopolitical crisis: an assessment》。
② 《Ivorian war sends regional shockwaves》Africa Recovery, 2003年7月, Harsch E. (2003).

济发展程度相对较高的北非地区，一体化进程反而是整个非洲大陆进展最缓慢的地区。目前，非洲各地区组织不仅在货币、经济贸易和司法体系一体化上难以取得实质性进展，一些对非洲未来发展至关重要的跨地区项目也难以得到落实。由于相互之间缺乏信任关系，长期以来酝酿的一些非洲国家间基础建设项目迟迟难以推动。例如，刚果（金）、安哥拉、纳米比亚和南非之间的非洲南北走廊项目因为刚果（金）对周边国家存在警惕而一再搁浅。连接马里、布基纳法索和加纳的铁路项目，连接喀麦隆、乍得和苏丹的铁路和公路项目等都只能停留在设计图纸上。

## 三、非洲热点问题的发展趋势

冷战结束后，非洲热点问题曾经一度覆盖西部非洲、中部非洲、东部非洲和东南部非洲，形成的影响持续至今。但随着国际形势日益趋于和平，国家间的对抗行为逐渐减少，国际社会和外部力量趋向于在非洲促进和解、维护和平。非洲热点问题失去外部支撑后逐渐降温，非洲大陆的总体局势也趋于缓和。同时，非洲民主化进程在最初的高潮后逐渐平静，非洲逐渐进入平静民主的阶段。[①]民主化浪潮引发的各种冲突和矛盾逐步缓和，非洲热点问题失去了一个重要的原动力。

1990年以来，非洲经济保持了快速稳定发展，平均经济增长率达到5%以上，超过了外部援助的总和。[②]外部投资尤其是发展中大国对非洲投资增加，非洲接受的外国直接投资已占发展中国家接受全部直接投资

---

① 喀麦隆总统比亚、乍得总统代比等非洲领导人在2000年后多次强调"平静的民主"，反对民主化过程中出现的暴力和冲突。
② 贺文萍：《中国人看非洲》，中非合作论坛网站，2010年4月1日。

的5%。① 非洲国家的财政状况日益好转，政府有更多的经济和财政手段消除社会和政治矛盾，改善人民的生活条件。经济快速发展，不同程度地改善了社会各阶层的经济状况，给普通民众带来逐渐增加的经济收益，有利于缓和为生存和争夺社会资源而衍生的冲突和矛盾。

此外，非洲国家日益强调对极端手段夺取政权的集体遏制，使武装政变和武力夺权的案例逐渐减少，减少了政变导致的热点问题。2006年7月，在班珠尔召开的非洲联盟首脑会议上，通过了修改非盟宪章的决议，明确界定了对政变以及在败选后拒绝交出权力的政府的惩罚措施。近年来，除尼日尔因为前总统违宪而发生的军事政变受到非洲国家肯定外，非洲发生的军事政变大大减少，军事政变成功的事例几乎绝迹。

虽然非洲热点问题有逐渐减少的发展趋势，但非洲大陆依然面临严峻的安全与和平威胁。首先，非传统安全的威胁增大，非洲恐怖主义组织和极端宗教组织的力量和活动都有扩大的趋势。活跃在北非的基地组织马格里布分支威胁着阿尔及利亚、利比亚、摩洛哥、马里、尼日尔等国的安全，利比亚内战中大量武器流失问题加剧了这一问题可能带来的威胁。在尼日利亚，尼日尔三角洲的暴力活动和博科圣地组织有发展壮大的趋势，可能给尼日利亚和周边国家的安全局势带来严重危害。在非洲之角，索马里伊斯兰青年党成为基地组织分支，采用自杀式攻击手段在索马里和周边国家发动恐怖袭击，而且试图与索马里海盗建立合作关系。极端宗教组织圣灵抵抗军活跃在苏丹、乌干达、中非和刚果（金）等国，危害周边国家的安全，并造成苏丹、乌干达、刚果（金）等相关国家的关系紧张。

---

① 姚桂梅：《跨国公司在非洲投资的作用和影响》，《西亚非洲》1998年第6期。

其次，要求社会公正和改善经济条件的基层民众诉求所引发的暴力活动增加，影响非洲国家的安全局势。由于受到全球金融危机的影响，黑非洲各国出现了物价上涨和底层民众生活条件下降的不利局面。撒哈拉以南非洲国家的社会底层和失业人群受到西亚北非阿拉伯国家局势动荡中群体暴力反抗政府的鼓舞，陆续发起一系列游行示威和暴力冲突，要求实现社会公正和改善民众的生存条件。类似活动虽然没有引发阿拉伯国家那样大规模的社会动荡，但也造成人员伤亡，并且加深了社会阶层的对立，使得相关国家的政府威信下降，威胁政府的执政基础。在布基纳法索，部分军人参与民众动乱，安全局势一度岌岌可危。在肯尼亚、乌干达和尼日利亚，总统大选后都爆发动乱。在毛里塔尼亚、苏丹和乍得，因为物价上涨引发骚乱，突现了促进社会公正和经济发展与维护稳定和安全的关联性。

另外，国际社会和西方国家对非洲冲突和危机的处置措施过于武断，轻视非洲国家的集体意愿，使得一些本可以缓和的矛盾演变为持续战乱的热点问题。在索马里问题上，美国等西方国家从自身战略利益出发，过于强调和敌视伊斯兰法庭联盟的基地组织色彩，忽视了伊斯兰法庭联盟中存在的温和属性。在伊斯兰法庭联盟即将统一全国并愿意与过渡联邦政府和谈的情况下，忽视了索马里人民普遍支持伊斯兰宗教法庭联盟的态度，采取武力手段进行干涉，结果不仅不能彻底平息乱局，反而催生了伊斯兰青年党的崛起，导致其彻底倒向基地组织。在当前非洲的热点问题中，西方的偏执政策引发的后果普遍存在，今后南北苏丹矛盾、达尔富尔冲突以及利比亚危机的发展进程，还将继续受到这一负面因素的影响。

## 第三章
# 非洲热点问题对中国的影响

随着中非合作不断深入，中国在非利益的扩展，非洲热点问题不仅威胁到中国的现实利益，也对中非长期合作形成潜在挑战。

一、非洲国家处理非洲热点问题的原则发生变化，与中国的和平共处五项原则存在冲突。《联合国宪章》第二条第七款和《非盟宪章》第四条第G款都规定了"不干涉内政原则"是国家交往的基本准则之一。[①] 随着全球化和地区一体化的深入，非洲国家之间的利益交汇和合作关系更加紧密。由于高度的利益相关度，内部事务越来越引起其他国家的关注，单独或者集体干涉的要求不断增多。因此，非盟宪章第四条第H款规定"根据非盟首脑会议的决定，非盟有权干涉战争罪行、种族灭绝罪行和反人类罪行"。第（J）款规定"非盟成员国为了恢复国内和平与安全，有权请求联盟进行干涉的权利"。在此指导下，非盟多次行使制裁和武力干涉的权力。

---

① 参看《联合国宪章》和《非盟宪章》。

"不干涉内政"原则一直是中国外交中最为重要的原则之一。上个世纪80年代初期,中国进一步明确定位中国外交为独立自主的和平外交政策,其中"不干涉内政"原则得到特别强调。① 一直以来,中国在这个原则基础上开展对外关系并一贯坚持这一原则,为中国在国际上,尤其是在非洲赢得道义制高点发挥了重要作用。这一政策的执行,使得中国能够集中精力加强经济建设,为中国尽可能少地卷入国际纠纷提供了法理支持。

进入新世纪,尽管西方国家和一些发展中国家不断质疑"不干涉内政"原则,但中国在对非交往中一贯坚持这一原则,并在《中国对非政策文件》中将其作为中非关系四项政策的第一条。② 在非洲相关国家处于冲突和战乱时,中国仍然坚持这一原则而保持与该国政府的政治和经济合作,在联合国推动授权国际干涉的决议时采取慎重态度。为此,中国虽然赢得了多数国家的肯定和赞赏,但在最近的一些复杂案例中,也招致了非洲国家的非议。

二、中国保持与非洲冲突国家政府的正常关系,招致西方主导的国际舆论的攻击,引起西方国家政府的关注。中国保持与非洲冲突国家政府的正常关系,符合国际关系的基本原则。在联合国没有作出禁止贸易的决议的前提下,这种交流与合作,在理论上是无法进行批评的。从实际效果上来看,西方国家也没有证据能证明这种合作会恶化地区形势。但由于中非关系的快速发展,中非经济合作越来越占据非洲对外经济合

---

① 1982年《中华人民共和国宪法》规定:中国坚持独立自主的对外政策,坚持互相尊重主权和领土完整、互不侵犯、互不干涉内政、平等互利、和平共处的五项原则,发展同各国的外交关系和经济、文化的交流。
② 《中国对非政策文件》2006年1月。

作的主导地位,中国在非洲的政治影响力也越来越得到加强。因此西方国家从政府到民间,从经济界到舆论界,普遍对中非关系产生恐惧和忌妒心理。在此背景下,中国这一独特的做法,成为西方指责的重点。

同时,西方国家为实现自己在非洲的战略目标,为维护在非洲的影响力,希望扩大国际社会对非洲国家的干涉范围,因此积极推广针对危机的"全球管理"概念。为了在社会基层扩大亲西方的力量,培育西方价值观,在深层次影响和改变非洲,西方还在联合国等国际组织中推广"多领域干预"的概念,扩大非洲公民社会对政府权力的分享,支持他们参与热点问题的处理。中国坚持不干涉内政的原则是西方推行上述战略的巨大阻力,因此西方公民社会、学界和舆论界在全球范围内批评中国在非洲热点问题上的做法,在国际上掀起对"不干涉内政原则"的批评和指责,并推动西方政府就这一问题对中国施加影响。受此影响,中国国内部分学者和媒体人士也对"不干涉内政原则"产生质疑,学术界和舆论界的不同意见增多。

三、非洲热点问题导致非洲内部的分歧,使得中国面临着越来越困难的立场选择问题。非洲冲突的影响越来越具有地区性,冲突解决方案的相关方也越来越有扩大化的趋势,因此南北苏丹的冲突问题不仅涉及地区国家,还引起中部非洲和西部非洲国家的关注。同样,几乎所有的非洲国家都开始关注索马里问题和刚果(金)问题,并希望参与到处理和解决这一问题的进程中。在越来越多的国家参与讨论的情况下,非洲国家的内部分歧也更加广泛而尖锐。这一方面导致了非盟和地区组织处理危机的方案相互矛盾,也使得外部合作者面临着立场选择的问题。如在联合国授权海牙国际法庭审判苏丹总统巴希尔问题上,非洲国家分裂成尖锐的两派,在非盟讨论苏丹和乍得边境冲突问题上,对峙情绪更加激烈。

中国在处理达尔富尔问题和刚果（金）等问题时，一贯支持相关国家政府发挥更多作用，呼吁国际社会尊重这些主权国家的合法政府，强调以和平方式解决问题，反对轻易动用武力手段。这些做法和措施符合中国一贯坚持的外交原则，也符合国际道义和基本原则，赢得了多数非洲国家的理解和支持，但也导致持不同立场和观点的非洲国家的指责。

四、非洲热点问题给中非经贸合作造成不利影响。首先，非洲热点问题威胁非洲的对外出口，影响我国进口工业原材料的稳定渠道。我国当前从非洲大量进口石油、电解铜、铁矿石和木材等，多数进口来源地都处于冲突多发地区。如我国2009年从利比亚进口原油占总进口量的2.5%，但由于利比亚发生战乱，目前已经停止了原油出口。2010年我国进口原油共2393亿吨，其中从安哥拉进口3939.1万吨，从苏丹进口1259.9万吨，这两个非洲国家占到了我国原油进口的21.7%，[1]两国局势的发展态势，严重影响我国的能源安全。目前我国进口的非洲电解铜主要来自赞比亚和刚果（金）[2]，虽然总体上占我国进口量的比例不到10%，但近年来增长速度不断加快。[3]钴进口则几乎全部来自刚果（金）和赞比亚，刚果（金）是中国钴矿砂的第一大进口来源国[4]，从非洲进口的木材主要来自安哥拉和刚果（金）。[5] 由于我国从非洲进口口岸过于集中在不稳定地区，这些国家的政治安全局势变化将对我国矿产和木材的进口产生关键性的影响。

---

[1] 《中国十大原油来源国》，《中国石化新闻网》2011年5月24日。
[2] 徐长宁：《解密电解铜的融资性贸易对国内外铜市场的影响》，《中国金属通报》。
[3] 《非洲国家将扩大对中国铜出口量》，《文化财经》，2010年6月29日。
[4] 《中国钴和钼进出口分项数据一览》，中国海关总署公布的2011年数据，《中国铝业网》。
[5] 《2011年前三季度我国木材进出口情况评析》，《中国木材行业门户》，2012年1月。

其次，战乱导致非洲相关国家的经济增长下滑，国内市场收缩，拖累非洲市场的进口总量，也必然影响中国对非洲的出口贸易，影响中国对非出口的增长预期。2010年我国连续第二年成为非洲最大的贸易合作伙伴国，中非贸易额达到1269亿美元，我国对非洲出口额达到598亿美元。① 我国主要的出口目的国包括南非、安哥拉、尼日利亚、埃及、利比里亚、阿尔及利亚、摩洛哥、贝宁、利比亚、苏丹和加纳等，② 其中四个国家位于局势依旧比较动荡的北部非洲，三个国家仍受到战乱的威胁。

五、非洲战乱严重威胁中国在非投资和人员安全，影响中国对非洲的投资信心。随着中国与非洲国家经济合作关系的日益密切，中国在非洲投资不断增多，2010年中国在非洲的企业已经达到1600多家，③ 中国在非洲的累计投资总额达160亿美元，非洲成为中国的第四大投资目的地。④ 同时，中国在非洲的承包工程也不断增加，2010年累计合同总额达到2052亿美元，完成营业额1180亿美元。⑤

2003~2007年中国对非洲直接投资重点国家流入规模统计表（万美元）⑥

| 国家 | 2003年 | 2004年 | 2005年 | 2006年 | 2007年 |
| --- | --- | --- | --- | --- | --- |
| 阿尔及利亚 | 247 | 1121 | 8487 | 9893 | 14592 |
| 安哥拉 | 19 | 18 | 47 | 2239 | 4119 |
| 刚果（金） | 6 | 1191 | 507 | 3673 | 5757 |
| 埃及 | 210 | 572 | 1331 | 885 | 2498 |
| 埃塞俄比亚 | 98 | 43 | 493 | 2395 | 1328 |
| 毛里求斯 | 1027 | 44 | 204 | 1659 | 1558 |

---

① 《中国与非洲经贸关系报告2010》，商务部。
② 商务部文件，《2010年我国与西亚非洲国家贸易统计国别情况》，2011年6月。
③ 吕国增：《中非合作圆桌会议第二次会议的致辞》，2011年11月10日。
④ 《中国企业投资非洲——对商务部前副部长魏建国的专访》，《中国经济时报》，2011年10月29日。
⑤ 《"中非合作论坛"10周年专题发布会》介绍资料，2010年10月9日。
⑥ 姚桂梅：《中国在非洲直接投资的总体评估》，《西亚非洲》2009年第7期。

续表

| 国家 | 2003年 | 2004年 | 2005年 | 2006年 | 2007年 |
|---|---|---|---|---|---|
| 尼日利亚 | 2440 | 452 | 5330 | 6779 | 39035 |
| 南非 | 886 | 1781 | 4747 | 4074 | 45441 |
| 苏丹 |  | 14670 | 9113 | 5078 | 6540 |
| 赞比亚 | 553 | 223 | 1009 | 8744 | 11934 |
| 非洲合计 | 7481 | 31743 | 39168 | 51968 | 157431 |

中国在非洲投资和承包项目面临的最大问题是政治局势动荡和治安环境欠佳的问题。首先，战乱造成政权更迭，外国企业的投资项目存在合同废除、偿付违约、偿付延迟、财产征用等各种风险，按照国际上的保险惯例，企业因为战争所蒙受的经济损失，即使先投保战乱险，也只能得到直接经济损失（财产破坏）的部分补偿，而企业在生产经营活动中因为遭受打击所发生的间接经济损失则无法得到补偿。[①] 最近中非间签署的大型矿产投资项目集中在刚果（金）、塞拉利昂、利比里亚等战乱区或者战后区，面临的安全风险不容忽视。

在一些战乱国家，我国企业不得不中止全部项目，全部撤离外派人员，不仅项目收入难以收回，还损失大量机械设备、物资和现金。利比亚冲突爆发后，我国在利投资和承包项目全部中止，我国付出巨大的外交和经济成本，从利比亚撤出35000多人。在利比亚的188亿美元[②]的承包项目，多数存在收回佣金的问题，而中石油在米苏拉塔的数千亿美元的项目完全搁置。2008年2月乍得叛军进攻首都，我国在乍得企业和人员全部撤离，中石油、中地、广建等中资企业损失数千万美元的设备。

其次，在一些冲突中，我国企业受到袭击，并造成人员伤亡。如中

---

① SERGE.N.NGANGUA，门明，《中国企业对非洲投资的政治风险及应对》。
② 《中国企业在利比亚损失近188亿美元》，《瞭望》，2011年第三期。

国企业在尼日利亚、刚果（金）、苏丹、索马里、埃塞俄比亚等国家都曾经遭受过武装袭击，并造成人员伤亡。尤其是2004年两名辽河油田筑路公司工人在苏丹班布地区被绑架并被杀害的事件，2008年中石油公司9名工作人员在苏丹被绑架的事件，在国内外引起强烈反响。2012年1月28日，中国在苏丹一个公路项目工地遭到苏丹反政府武装袭击，29人被劫持，一人不幸中弹身亡。国内外舆论对此高度关注，对中国在非洲的人员安全问题发出质疑。

另外，受到周边热点问题的影响，一些基本稳定的非洲国家，武器泛滥，暴力事件突出，给中国投资和人员安全造成威胁，影响中国投资信心。中国在非洲的主要投资目的国南非、安哥拉、苏丹、尼日利亚、肯尼亚、乌干达等国，都面临不同程度的治安问题，时常发生企业遭抢劫和人员遭袭击的事件，影响了中国企业对非洲的投资热情。据咨询机构安永调查发表的《资本信心晴雨表》调查显示，中国企业最青睐的投资目的地前十名中，没有一个非洲国家。受到西亚北非局势动荡的影响，仅有10%的中国企业表示将向中东和非洲投资，这一比例低于全球其他地区16%的对非投资信心。①

---

① 《中国企业对非洲投资兴致不高》，《中国经济导报》，2011年11月5日。

第四章
# 国际社会解决非洲热点问题的新思路和机制

从冷战以来，西方国家在解决非洲冲突方面推出了各种新思路。西方学界、媒体和政府，积极在非洲推广"建设和平"、"全球治理"和"人道主义干预"等概念，对于国际社会和非洲国家产生了很大影响。由于大部分西方的新思路，在一定程度上符合了非洲国家通过集体干预来实现非洲团结意愿，得到了非洲国家审慎的支持和采用。

## 一、预防冲突及建设和平的概念

预防冲突及建设和平是两个紧密相连的概念，都是冷战结束后出现的新理论。随着民主化浪潮蔓延到全球范围，西方学者将自由民主模式纳入到冲突管理的概念中。即冲突管理的根本途径在于经济上实现市场经济，政治上实现民主制度。为实行这一冲突管理的概念，西方国家推出了预防冲突和建设和平的理论，并巧妙的把自由民主模式植入其中。西方理论界大力推介这一概念，甚至把建设和平的理论提高到"积极的和平"的高度（维护和平相对成了消极的和平）。在此推动下，联合国等国际组织冲突管理的议程设置从解决冲突延伸到预防冲突，从维持和平延伸到建设和平。2005年12月20日，联合国大会和安全理事会分别通过第60/180号和第1645(2005)号决议，特别授权成立建设和平委员会，主要负责就冲突后建设和平及复原工作提供咨询意见和提出综合战略。关注冲突后复原所必需的重建和体制建设工作，制定综合战略，为可持续发展奠定基础。提供建议和信息，改善联合国内外各相关行为体之间的协调，协助筹措资金，使国际社会长期关注冲突后复原问题。

目前，西方国家极力在非洲维和及建和行动中加速修改宪法、举行大选、建立多党制度、健全公民社会等内容。非洲的维和行动几乎全部带有这些任务。联合国的建设和平委员会已经向布隆迪、中非、利比里亚、塞拉利昂、西非和几内亚比绍派出了相应的特派团。受预防冲突及建设和平理论的影响，非盟在安全与和平理事会机构下成立了预防冲突的部门，并为预防冲突建立了相关机制。

非洲国家一方面承认预防冲突和建设和平行动的重要性，但同时不满西方国家借维和与建和行动插手其国内的政治事务，一些维和与建和行动受到质疑和阻挠。科特迪瓦、乍得、中非和刚果（金）都曾经发出撤除特派团的威胁。

## 二、人道主义干预

冷战结束后，尤其是20世纪90年代末，美国提出新干涉主义理论，其核心是进行人道主义干预，吹捧人权高于主权，其实质是"借人道主义干预推行西方民主和价值观,从根本上维护自己的战略利益和安全"。[①]美国提出人道主义干预理论后,很快得到了其他西方国家和国际学界、舆论和政府的支持。由于人道主义干预缺乏国际法律的理论依据,与国际法基本原则相悖,而且缺乏一套国际社会认可的实行机制,在当今国际政治中成为最具有争议的问题之一。

西方国家在人道主义干预的实践中严重削弱被干预国家的主权,弱化联合国的作用,而且多数人道主义干预的执行效果并不理想。阿富汗和伊拉克的案例,既破坏了干预国家的主权,又没有保护人权,不但没有达到人道主义救助的目的,反而引发了更大规模的人道主义灾难。因此,人道主义干预理论引起了多数发展中国家的警惕和担忧。

近年来,西方国家不断在联合国和其他国际组织中推介人道主义干预的理论,得到了许多高级官员的认同。但发展中国家的代表多数反对将人道主义干预合法化,因此西方国家和联合国几任秘书长大力推动,该理论仍并未被写入联合国宪章。

对非洲国家而言,由于背负着卢旺达大屠杀和各种战争造成的人道主义灾难的沉重道德包袱,人道主义干预理论在民间、学界和舆论界有广泛市场。在西方的极力鼓动下,非洲国家将人道主义干预的概念写入了《非洲联盟宪章》。但非洲国家对于人道主义干预仍然保持着审慎的态度,在《非洲联盟宪章》中专门界定了进行人道主义干预的授权和执行机制,防范西方国家借人道主义干预的借口介入热点问题,对非洲国家的内部事务进行干涉。非洲国家对人道主义干预中夹杂的西方政治诉求也抱警惕态度。乍得政府对于联合国特派团和人道主义救援组织热衷

---

[①] 范升龙:《冷战后联合国与人道主义干预》,第19页。

扶持非政府组织和公民社会提出批评，联合国特派团的撤离，与其过分涉入乍得内部的选举、司法和军事组织有着直接关系。苏丹虽然先后接受了非盟维和部队和联合国—非盟混合维和部队，但不同意在维和特派团中派出司法监督、人道主义协调、人权保护等民事官员，防止西方国家通过联合国特派团的民事部门来推动公民社会和非政府组织的发展，介入苏丹的选举和司法监督。

## 三、保护责任

西方国家借机推广人道主义干预和全球治理的理念，但遭到了很多发展中国家的抵制。西方国家为了寻找新的突破口，提出了保护责任的概念。1994年卢旺达大屠杀发生后，引起了国际社会的强烈震惊。在西方舆论的推动下，时任联合国秘书长安南要求对这一问题进行研究。1999年9月17日，联合国安全理事会通过了保护平民问题的第一项决议——第1265（1999）号决议，强烈谴责在武装冲突中蓄意袭击平民的行为，并促请武装冲突中所有各方尊重和恪守国际人道主义法、人权法和难民法。[①]2000年，加拿大政府组织了"干涉和国家主权国际委员会"，提出了"保护原则"的报告，认为一个国家政府如果不能保护本国居民，国际社会应该采取经济、政治和社会措施解决人道主义危机，具体措施包括外交介入、制裁、军事干预和司法审判等，承担该职能的机构应该包括国际机构、公民社会、相关国家和地区组织等。[②]

根据这一理论，西方学者认为，在当前很多冲突中，武装冲突的袭

---

① 联合国安全理事会第4046次会议通过的第1265（1999）号决议，决议号 S/RES/1265（1999），1999年9月17日。

② Responsibility to Protect, International Commission on Intervention and State Sovereignty, 2000。

击目标由军人转为平民，本国的安全部队有时广泛参与对平民的屠杀。因此，安全的概念也应从国家安全、领土安全转为平民安全，从保障国家间和平转换到保护平民免遭侵犯。国际社会有关安全问题的讨论重点，应从领土安全和国防，转变为保护人民。国际干预，特别是军事干预的目标，应该保护处于危境中的平民而不是从军事上打败或消灭某一军事力量。

近年来，西方国家不断推动在联合国和其他国际场合讨论这一概念，在国际上引起了很大共鸣，两任联合国秘书长都给予支持。2004年12月2日，联合国秘书长科菲·安南公布了《一个更安全的世界：我们的共同责任》的报告，第一次采纳了国际社会提供保护的集体责任的概念。《2005年世界首脑会议成果文件》再次对保护责任进行肯定，并进一步限定了该责任的范围[①]。目前，联合国和非盟等集体安全组织越来越将保护平民作为政治介入、冲突管理和维和任务的优先事项。但"保护责任"在很大程度上是人道主义干预的一个转换概念，受到多数发展中国家的质疑，没能构成一项国际法准则。

## 四、全球治理

为了实现全球战略部署，按照自己的设计来改造国际政治经济环境，美国为首的西方国家一直试图突破国家主权和不干涉内政等国际基本原则。冷战后提出的全球治理概念，涵盖了政治、经济和外交各个领域，在一些方面也具有正面意义，如有利于通过集体机制来制约单边主义和霸权主义，有利于更多行为主体参与到全球事务中，有利于推动全球化

---

① "保护人民免遭种族灭绝、战争罪、族裔清洗和危害人类罪之害的责任，通过适当、必要的手段，预防这种罪行的发生"。

的发展。但全球治理的理论过于强调公民社会的作用,削弱国家主权的主导性,不利于防范随意干涉和以强凌弱。

全球治理理论在解决冲突和热点问题上,着重强调司法、人权和公民安全,在执行上强调公民社会、非政府组织和公众参与的作用,将民主和良政既作为手段,也作为目标。西方学者甚至提出了"全球治理就是超越国界的关系,就是治理而没有主权"①的说法。

在这种理论的引导下,西方国家希望对主权国家政府在冲突管理中的位序和作用进行调整。主权国家政府在传统的冲突管理体制中是唯一行为体,并且扮演领导者角色。在西方设计的新的冲突管理体制中,主权国家政府与国际组织、非政府组织、公民团体等众多行为体均为利益攸关者,强调多行为体之间的合作管理。

在西方国家的鼓励下,国际性非政府组织纷纷参与危机和冲突的管理,国际红十字委员会、无国界医生组织、圣爱智德团体、大赦国际、人权观察等人权组织、和平世界、国际危机组织、拯救儿童等机构的影响力不断增加。在西方推动下,非洲各国的非政府组织和公民团体近年来也呈现了爆炸式增长。非洲问题特别顾问办公室②于2004年修订的第3版《非洲非政府组织名录》收录了3776个非政府组织。其中,涉及冲突管理的非政府组织多达483个,如加纳的冲突解决中心、南非的非洲争端建设性解决中心等。

## 五、族群对话

西方学者界一般认为,全球化、经济发展重心和方式的转移、

---

① 詹姆斯·N. 罗西瑙:《没有政府的治理》,2001年,第5页。
② 联合国秘书长根据2002年11月4日大会A/57/7号决议成立的咨询建议和协调机构。

民主转型和气候变化等各种因素[①],导致非洲形成分裂社会(divided society)。由不同的宗教、意识形态、语言文化或族群等团体组成的社会,各团体之间的差异造成了政治认同的分歧。政治分歧又因为争夺政治和经济资源而产生对抗和冲突。如刚果(金)基伍地区、科特迪瓦、索马里、苏丹达尔富尔及南苏丹、埃塞俄比亚、欧加登地区、尼日利亚高原州、乌干达北部的冲突直接与族群问题密切相关。因此,进行族群和社区冲突管理,成为消除冲突根源的根本手段。西方政府倡导和支持非洲的族群对话活动,也因为看重这一活动对于推动民主、自由和公正的重要价值,另外也有从基层争夺民意支持,与中国等发展中大国争夺对非洲的影响力的意图。

族群对话这一手段目前被国际社会和多数非洲国家所接受,联合国在利比里亚、中非和乍得、苏丹、刚果(金)等特派团都部署了促进族群对话的任务。非盟在索马里、苏丹、卢旺达等维和行动中也非常重视族群对话,非盟尤其重视在索马里的族群对话,正在计划深入推广这一举措。另外,族群对话还得到各种非政府组织的支持和配合,一些以医疗、水资源利用、保护环境等为主要职责的西方的非政府组织也把族群对话活动纳入到自己的工作方案中。

族群对话从策略和效果上看,确实有利于不同利益团体之间的沟通和交流。但国际组织和非政府组织的深度介入,对基层民意施加影响,分离了政府的部分功能,也夺取了政府的一定权力。因此族群和公民社团对话活动引起了非洲各国政府的重视,开始试图主导这种对话。

---

① Benjamin Reilly, Democracy and Diversity: Political Engineering in the Asia-Pacific, Oxford University, 2006.

## 六、结 论

非洲和平与安全问题,不仅严重威胁非洲的可持续发展,还影响全球经济发展和人类进步事业,以联合国和西方国家为主导的国际社会充分认识到非洲冲突和战乱的严重危害,为实现非洲和平与稳定作出了各种积极努力。联合国为主的国际机构长期以来推动各类非洲政治议题谈判,推出一系列解决方案,并部署了众多维和行动。到目前,联合国安理会70%以上的维和议题涉及非洲,共向非洲派出20个特派团,当前仍在非洲保持9个特派团,其中西撒哈拉选举特派团已经连续驻扎20年。联合国通过的2012年维和预算为70亿美元,在非洲的特派团开支总和超过55亿,其中达尔富尔混合团的经费更是高达17亿美元,成为有史以来最昂贵的维和行动[①]。国际社会付出的艰巨努力取得了显著的积极成果,埃厄冲突和利比里亚内战等问题得到了基本解决,其他冲突问题也受到一定程度的控制。

但目前国际社会无论采取政治介入、制裁,还是军事干预的手段,都是按照西方国家从冷战结束以来形成的理论作为指导来解决非洲的热点问题,其机制变化也与这些理论相契合。当前的危机和冲突管理理论是建立在西方的文化背景和历史传承基础之上的,所以其名称无论如何变化,精神实质仍然是强者管理弱者、推广西方的民主自由和良政的理念、弱化政府权威、争夺对非洲的影响力。由于这一实质目的并不关注非洲是否真正实现和平与发展,而且与非洲国家争取独立自由和维护国家主权的根本利益存在矛盾,所以包括联合国在内的国际社会在解决非洲热点问题上所作的努力往往事半功倍,甚至与所在国发生矛盾,激化了冲突和战乱。而

---

① 联合国文件,《维持和平概况介绍》,2011年10月31日。

且,在西方新理论的支撑下,联合国和北约、欧洲军事力量在处理非洲热点问题上,较以往的维和行动更频繁地使用武力,直接介入冲突,中立性和公正性受到质疑,联合国不使用武力的原则实际上已经受到破坏。

另外,现有各种应对非洲热点问题的解决方案,往往过于依赖外部干预,忽视非洲的自主性,重视维和的短期效应,忽视应对深层次问题的举措,使得非洲长期陷入安全与发展困境。

数十年来的经验积累,让非洲国家日益认识到西方理论与非洲现实的差异性,也认识到西方主导的国际维和事务与非洲国家的维和目的不同,因此非洲国家在探索自主解决热点问题的同时,也尽力避免陷入西方的逻辑陷阱和植入性侵害。正是出于这种需要,非洲国家重视中国在联合国安理会中的重要作用,倚重中国等发展中大国发挥制衡的作用,也欢迎中国在内的发展中国家参与在非洲部署的维和行动。而且,非洲国家认识到联合国安理会常任理事国席位的重要性,希望增加发展中国家的席位,从根本上改变维和事务由西方主导的局面。

当前,作为解决国际热点问题的主要执行者,联合国安理会及维和部门都在探索改革的路径,国际社会也在探索新的思路和机制。在整个国际主流社会要求加强民事和支助部门工作的情况下,公民社会和非政府组织等更多行为体参与和平与安全事务的趋势将会得到加强,但如果西方国家在这一发展进程中刻意埋伏其政治木马程序,可能会引起所在国家的反击。同时,加强基层民众的组织和协调,从社会多个层面来促进和解、消除冲突、预防战争,会日益显示其价值和特殊贡献,必将得到各行为体的支持。另外,地区组织的壮大和发展是全球化背景下的一种政治发展的逻辑趋势和经济推动的必然结果,各地区组织的自主维和行动也将会成为一个重要发展方向。

# 第五章
# 非洲自主维和的探索和实践

自从 2001 年非盟成立以来，解决各种冲突和战乱等热点问题，维护非洲地区的和平、稳定与安全一直是非盟面对的主要任务和挑战。为此，非盟相继成立了专门的安全机构，组织实施多次维和行动，并在结合历史与现实经验的基础上塑造具有非洲特色的集体防务与安全体系。集体安全体系的建设，日益成为非洲团结的重要助推力量。2010 年非盟峰会特意把当年确定为"非洲和平与安全年"，并在两次非盟峰会上集中讨论了应对危机和维护非洲稳定发展的战略措施。

## 一、非洲自主维和得到各方支持

出于现实的困境和长远的需要，国际社会越来越倾向鼓励非洲国家培养自主维和能力，制定自主维和战略，采取自主维和行动。这符合非洲国家长期以来团结自强和自己主导非洲事务的意愿，得到了非洲国家的积极响应。

首先，联合国维和部门难以完全满足非洲的维和需求，希望非洲提升自主维和的能力。西方因为热衷于执行自己在科索沃和中东地区的"人道主义干预",减少了对联合国特派团人员派遣数量(美国派遣人员由1993年的28000人下降到2011年的41人,英国由1995年的9000多人下降到2011年的281人,法国由1995年的8000人下降到2011年的1319人)[1]。所以尽管联合国维和部门以主要精力关注非洲和平与安全事务,但由于维和力量和实际能力下降,所以不能全部满足非洲的维和需求,一些筹备中的非洲维和行动遭遇挫折。例如,索马里问题不仅影响东部非洲的形势,而且滋生出非洲之角的海盗问题,影响了国际海运安全,成为国际广泛关注的热点问题。非盟和该地区国家长期以来呼吁联合国派驻维和部队,但联合国维和部门认为该特派团预估的费用成本可能超出可以承受的范围,而且因为上次联合国维和失败,导致美国士兵伤亡,所以很难动员欧洲各国派兵。[2]因此,英美法等安理会常任理事国一直采取拖延措施,导致该问题长期以来难以解决。2006年中非、乍得和苏丹爆发边境地区人道主义危机后,联合国紧急部署能力不足,不得不求助于欧盟,由法国为主的欧洲军事力量先期承担为期1年的维和任务。

因此,《卜拉希米报告》中特别指出,联合国应该加强与非盟的合作,联合国也在"2010年和平行动改革议程"中提出了改善与非盟合作的方针。

其次,国际援助机构不堪重负,希望减轻压力。从1990年以来,联合国维和部门开始探索新的维和理念,维和行动的任务范围也有所扩大,以监督选举、人道主义援助,帮助难民重返家园等工作为特色的"二代维和"成为主要维和任务。由此,各种国际援助组织广泛参与维和行动,

---

[1] 联合国文件,《军事人员和警察派出国》,2011年8月。
[2] 《中国的联合国维和贡献与日俱增》,国际危机组织,2009年。

支持人道主义行动和加强政府能力、帮助难民回归和战区重建等民事活动。非洲维和特派团的民事需求较大，国际社会配套投入的资金之大，甚至超过了维和行动本身费用。当前，国际援助机构、世界粮食组织、难民署和一些非政府组织在非洲冲突和战乱地区的开支不断增加，但其预算仍难以完全覆盖拟定的工作范围。例如，国际援助机构在中非、乍得和科特迪瓦的人道主义救援预算缺口达到20亿美元，不得不多次呼吁各合作伙伴给予补充支持。2000年，联合国500多名维和士兵在塞拉利昂被集体劫持和绑架，凸现了联合国在非洲维和力量之薄弱。[1]

国际援助机构越来越认识到，必须提高当地的维和能力，加强非洲的民事管理能力，才能减轻国际社会的压力。"国际危机组织"甚至提出，国际援助机构应该改变工作重心，帮助非洲提高自主维和的能力。

其三，西方国家希望非洲国家分担维和责任。为维护在非洲的传统影响力，在过去和当前的非洲维和行动中，西方国家承担了较大的财务分摊和派兵责任，特别是在联合国特派团初步组成的过程中发挥主导作用。国际金融危机爆发以来，欧美等西方发达国家面临的国内困难加大，有减少财政支出的倾向，因此需要压缩在非洲事务中的开支。同时，欧盟和北约面临兵力不足的困难，希望非洲国家分担派兵责任。例如，欧盟在2009年完成在乍得和中非维和行动的初步部署后即陆续撤出了主要维和力量，在科特迪瓦的维和行动中，法国兵力也有压缩的趋势。

其四，非洲国家希望通过自主维和促进非洲团结，提高自身能力，摆脱受制于人的局面。首先，非洲国家一直致力于实现非洲团结，而战争和冲突导致非洲国家之间关系紧张，因此非盟的主要任务之一就是维

---

[1] 联合国文件，2000年《秘书长关于联合国工作的报告》中承认，塞拉利昂的事件证明联合国维和部队需要加强装备和力量。

护和平。非盟的重要目标中，就包括建立自己的维和及反恐力量等内容。其次，非洲联盟和地区组织需要通过提高维和能力，来实践对各国人民的承诺，提高国际公信力和影响力。另外，非洲国家日益认识到，外部力量对非洲的认识与非洲人存在偏差，实行维和行动的目的和非洲整体利益存在差异，维和行动的效果与非洲国家追求的目标存在差距。最近利比亚和科特迪瓦的两个冲突案例引发了非洲国家的深入思考，非洲各国普遍希望通过自主维和摆脱受制于人的局面。

## 二、非洲自主维和的探索

非洲自主维和的理论既吸纳了联合国维和部门和其他地区军事组织的经验，又充分考虑到了非洲国家的特点，在理论建设方面取得了较大成就，但仍需进一步完善。非盟主导下的维和实践仅体现在索马里、苏丹和卢旺达三处，尚需要大力加强常规维和力量的建设。

首先，非洲自主维和理论还需不断完善。非盟追求的目标之一就是建立联合防御系统，2000年洛美会议对非洲的和平与发展问题给予了高度关注。在此次首脑会议上，与会各国普遍认为，非洲要在21世纪实现发展和全面复兴，必须首先消除战乱和冲突；非洲国家应对非洲严酷的现状进行深刻自我检讨和承担应有的责任。会议着重讨论了塞拉利昂问题、埃厄边界冲突、科摩罗昂儒昂岛独立等热点，并提出一系列解决方案；强调加强非统预防、处理和解决冲突机制的作用；建议组建非洲维和部队，成立非洲和平和预防冲突学院，以培训调解和处理冲突的专门人才。萨利姆还倡导非洲国家实行有助于和平、稳定与安全的新政治文化，从根本上杜绝军事政变等违宪行为。从非统组织时期开始，非洲各国领导人和理论界就重视并探讨建立非洲自主维和机制的可能性，积累了丰富的经验。在上世纪80年代初期，非洲国家倡导"非洲方案"和"非洲国家首先尝试"的原则，得到越来越广泛的认可。2002年非盟成立后，非洲国家将维和责任委托给非盟，在充分遵守"不干涉内政"的非盟宪章的前提下，倡导"国家保护责任"的指导原则。2003年成立了和平与安全理事会，在吸纳联合国维和经验的基础上，全面研究"冲突预防"、"早期预警"、"外交防范"、"建和与维和"、"干预和人道主义行动"为内容的非洲综合和平与安全建设。2009年非盟德班会议和《的黎波里宣言》强调非盟与其他机构开展合作，重视非洲次地区的作用，强调地区冲突预防和管理机制，并鼓励知识界充实维和理念。非洲自主维和理论日益丰富，维和思路也更加切合非洲实际，但非盟过于强调政治手段的灵活变通，自主维和理论还未能形成体系，尚需要进一步完善。

其次，非盟的维和实践处于起步阶段。早在非统时期的1990年，西非国家经济共同体成员国向利比里亚派出自己的维和部队。1997年，内战中的塞拉利昂发生军事政变，革命联合阵线在首都大肆屠杀，制造了人间惨剧，西共体也向塞拉利昂派出维和部队。从非盟成立以来，非盟积极调解布隆迪、刚果（金）、利比里亚、索马里、科特迪瓦和苏丹等国的战乱和冲突，为协调安排维和行动积累了丰富的经验，使其维和行动能够避免仓促行动和准备不足的问题，也能较少引起国际争议。

在机构建设逐步成熟后，非盟积极谋求自主维和行动的广泛实践，不仅敦促成员国积极参与联合国部署的维和行动，锻炼各国的维和能力，还积极尝试自主维和行动。苏丹达尔富尔问题国际化后，非盟不仅在政治上积极促使苏丹政府和反政府武装达成停火谈判，还克服了财政、技术、后勤和作战等各种困难，于2004年向达区派出了7000人的维和部队，为防范该地区的大规模武装冲突作出了重要贡献。2007年，非盟在联合国授权下,向索马里派出 1500 名维和部队,到目前已经接近 1 万人的规模①,充分显示了非盟的维和决心。此外,非盟还在卢旺达设立了小型的维和观察和参谋机构。虽然非盟在自主维和实践上取得了一系列成果,但由于军事部署和干预能力有限,目前仍处于探索阶段。例如,非盟在苏丹的维和行动遇到各方面困难,在 2007 年转交给了联合国—非盟混合部队,在索马里的维和行动过于重视军事威慑作用,其政治和民事责任则基本上由联合国承担。

另外,非洲亟须加强常规维和力量。非盟和平与安全理事会要求,非洲需要团结一致地持续预防、管理和解决冲突,尤其应重视非洲安全力量,即快速反应部队的建设工作。非盟宪章第八章要求,非盟安全力量主要依靠各次地区组织。因此,非盟依据 2003 年《马普托报告》精神,决定成立 5 个次地区总部并培训 5 个维和常备旅,总兵力达到 15000 人。按照非盟的设计,维和常备旅在紧急情况下必须做到 30 天内派出军事顾问、观察员及先期维和准备部队,在 90 天内派出全部维和部队。在发生种族屠杀的情况下,在 14 天内派出全部重装备维和部队。② 由于面临各次地区积极性不一致、财政和技术困难、民事和后勤力量薄弱等问题,非盟安全力量的建设工作进展缓慢。当前,拟定的军事人员已经全部到位,但各次地区总部普遍缺乏政治、司法、后勤、人权等民事人员,2 个次地区维和总部还没有成立,1 个在建,两个培训中心也在建设过程中。

---

① 《An Anthology of Peace and Security Research》,亚的斯亚贝巴大学和平与安全研究所,2011 年。
② 非盟文件,《AU Vision and PSO Concept》,2011 年 10 月 19 日。

## 第六章
## 中国为维护非洲和平与安全作出重要贡献

中国作为世界上最大的发展中国家,一直与非洲国家保持着真诚友好、平等相待、团结合作、共同发展、面向未来的关系。2006年中非合作论坛北京峰会上,中非领导人一致同意,中非建立"政治上平等互信、经济上合作共赢、文化上交流互鉴"的新型战略伙伴关系。中国作为联合国安理会5个常任理事国之一,高度关注和支持非洲的和平与安全事务。

### 一、坚持原则,维护联合国维和行动的中立性和公正性,维护非洲国家的根本利益

中国坚定支持联合国安理会,支持联合国维和行动,在坚持"哈马舍尔德"维和三原则基础上,进行合理改革与创新,并强调加强与当事国沟通和协调。中国还呼吁联合国继续重视加强与区域组织在维和领域的合作,尤其要关注非洲国家的需求。中国的坚定立场,是西方对非洲

安全及和平事务进行随意和过度干涉的一种制衡，有利于国际社会充分尊重非洲国家的集体意愿，防范西方国家借维和行动践踏非洲国家主权，对非洲国家内部事务进行过度干涉，防止国际社会对非洲国家进行不符合现实条件的"管理"和"改造"。特别是中国坚持反对滥用武力的原则，为非洲热点问题的和平解决保留更多的余地和希望，也为维护联合国维和行动的中立性和公正性作出了重要贡献。

中国认为，联合国维和行动是联合国维护国际和平与安全的重要、有效手段。但当前联合国维和行动规模不断扩大，授权日趋广泛，面临挑战也在增多。因此在技术层面上，联合国维护行动应该突出战略设计，改进后勤工作机制，优化资源配置，提高维和行动的效率和效力及其部署、规划和管理的水平。中国的这一立场，是对当前联合国维和行动的实际情况和面临困难的一种积极回应，为加强联合国的维和能力和维护联合国的声誉提出了合理思路。

中国还积极应对国际主流社会关于联合国维和行动的理论思考，呼吁各方重视维和行动与缔造和平、建设和平的衔接及统筹。中国认为，建设和平是涉及联合国全系统的任务。建设和平委员会作为联合国系统内首个协调冲突后重建的机构，地位独特，作用突出。中国不仅一贯支持联合国在冲突后重建工作中发挥领导作用，支持建设和平委员会及建设和平基金的工作，还面对当前的形势和要求，呼吁建设和平委员会进一步完善内部机制建设，加强与联合国其他机构协调，强化与当事国的伙伴关系，更好地发挥建设和平基金的作用。

中国虽然对人道主义干预理论持审慎态度，但一直深度关切平民生命、财产安全在武装冲突中遭受影响和威胁的问题，要求联合国敦促各方认真遵守国际人道法和安理会有关决议，在武装冲突中充分保护平民。

中国认为，根据《联合国宪章》和国际人道法，保护平民的责任首先在于当事国政府。国际社会和外部组织的帮助应坚持公正、中立和客观原则，获得当事国同意，并充分尊重当事国主权与领土完整，避免介入当地政治纷争或影响和平进程。保护平民问题应该放在和平解决冲突的政治进程中加以处理。在冲突后和平重建中也应重视保护平民。中国的这一立场，既能在坚持联合国原则的基础上对保护平民的问题高度关注，又避免了国际社会因为西方国家的理想主义而陷入与当事国政府的对抗，对捍卫联合国的公正性具有重要意义，因此得到了多数非洲国家的支持和尊重。

此外，中国支持国际社会通过联合国协调，打击恐怖主义、小武器走私、贩毒、跨国经济犯罪等非传统安全领域深化合作，促进司法、执法部门的交流与合作，呼吁国际社会在安全与和平事务合作中，以《联合国宪章》、国际法和其他公认的国际关系准则为基础，充分发挥联合国及其安理会的领导与协调作用。

## 二、中非经贸合作和对非援助，对非洲经济发展的特殊贡献，有利于非洲热点问题的缓和及解决

中国从自己的历史经验出发，重视经济发展对于消除冲突和战乱的经验。因此，中国在中非经贸合作中遵循互惠互利的原则，并注意让利施惠，对非洲经济发展发挥了特殊的作用，有利于热点问题的缓和。

首先，中非经贸合作的直接效应表现在大规模的解决就业问题，消除社会不安静因素方面。目前中国企业在非洲雇佣员工超过35万人，[①]

---

[①]《中国在非企业1600多家 雇佣当地员工35万人》，《新华网》，2011年11月10日。

雇佣人员和合作伙伴都能从在非洲的中国企业获益，并惠及家庭，无疑对于缓和失业和经济贫困带来的社会紧张因素有重要意义。其次，中国产品有较大的价格优势，降低了非洲的消费价格，为最贫困人口解决生存问题提供了很大程度的便利。另外，中国新技术和新工艺在非洲的推广，有利于提升非洲各项产业的发展，并拓展新的生产行业，为非洲的长远可持续发展打下基础。非洲经济的长远发展，对直接吸纳大量人口就业，对于和平与稳定将发挥不可估量的作用。

中国对非援助侧重于非洲获得自我发展的能力，非洲的自我发展能力提升，对于防范冲突和抵制暴力活动具有重要价值。中国为非洲的基础设施建设和改造提供了大量资金，大大改善了非洲的投资和贸易条件，既促进了非洲经济发展，还促进了非洲不同群体之间的交流与合作，消除了族群和社区之间因为隔阂而产生的不信任和敌意。而中非间人员交流和培训，则直接改善了非洲的人才结构，有利于非洲出现更多的建设者，而非破坏者。中国在医疗领域的援助，帮助非洲人民改善生存状况，有利于消除社会不满，增进社会和谐。中国在农业领域的援助，则直接改善了非洲人民的生活条件，有利于增加人民对社会的满意度和对未来的信心，消除社会不满情绪的滋生。

尤其重要的是，中国直接参与非洲战乱地区的战后重建工作，为彻底消除战乱隐患作出了卓越的贡献。在安哥拉、刚果（金）和苏丹等国家，中国的经济行为和援助行为，直接改善了整个国家的经济结构，促进了战乱地区的整体发展，为消除社会不稳定因素和促进社会和谐发展作出了显著贡献，有利于战乱区摆脱贫困和战乱恶性循环的怪圈。

另外，中非经贸合作对于消除战乱和冲突的间接效应也非常明显。比较近10年中国与非洲的经济增长曲线，可以发现中非经济增长的趋同性达到了 92%，①中非发展轨迹的高度一致性从侧面证明了中非经贸合作对于非洲经济增长的促进作用。随着非洲 10 年来的经济快速增长，非洲各国政府的财政状况大大改善，政府在改善人民生活、消除贫困方面取得了长足进步，从根本上弱化了争夺生存资源而发生冲突的可能性。其次，政府在财政改善的情况下改善军队待遇和加强治安，既有利于消除军事人员为改善经济条件而挑起动乱的可能性，也有利于改善安全和治安环境。同时，经济快速增长，改善了人民的生活条件，提升了人口素质，促进了社会和谐，对于防范和消除社会冲突具有积极意义。

## 三、在多边和双边框架下参与非洲热点问题的调停和谈判

由于中国在国际舞台上积极维护发展中国家的集体利益，为捍卫非洲国家的尊严和权利作出了重要贡献，赢得了非洲国家的广泛尊重。同时，中非合作在各个领域获得了全方位的快速发展，为非洲国家维护和平与安全、促进发展与繁荣作出了巨大努力，因此中国成为非洲各国信任和倚重的合作伙伴。受到非洲国家的信任和邀请，中国在联合国框架下积极参与非洲热点问题的调停和谈判，参加了联合国历届非洲问题的讨论，并提出了符合非洲国家利益的建议，为维护非洲国家利益、促进非洲和平与稳定作出了重要贡献。

中国还在其他各种多边和双边框架下，为非洲安全和冲突问题的解决作出了积极努力。例如，为了更好的发挥中国的独特作用，2007 年 5 月 10 日，中国政府任命刘贵今大使为中国政府非洲事务特别代表。刘特

---

① 裴广江：《非洲舆论：中国真正推动非洲经济发展》，人民网。

代此后参与了苏丹达尔富尔问题、南苏丹问题、刚果（金）问题等一系列国际调停和谈判，并奔走欧美国家和阿拉伯国家，为上述问题的解决作出了重要贡献。

## 四、积极参与联合国维和行动

中国一直坚持原则，积极推动联合国作出符合非洲利益和尊重非洲意愿的维和决议，并按照自己的实际能力，逐步扩大分摊联合国维持和平费用的比例，并且积极参与非洲维和、反海盗、防止武器扩散和参与战后重建等行动，支持非洲国家实现和平和保障安全。

2011~2012年，中国的联合国维和经费分摊比例已经上升到维和总体费用的3.93%，居世界第七位。[①] 在联合国安全理事会5个常任理事国中，中国是为联合国维和行动出兵人数最多的国家。按照联合国2011年6月31日统计，中国在非洲的维和士兵总数为1896人，军事专家53人，维和警察92人。[②] 此外，还有部分文职人员在联合国维和行动的非洲行动区中任职。迄今为止，中国先后共参与了15项联合国在非洲地区实施的维和行动，目前在非洲8个维和任务区中执行任务，是刚果（金）稳定团、南苏丹特派团、利比里亚特派团和达尔富尔缓和行动团中的重要构成力量。2007年8月，赵京民少将被任命为西撒团的部队指挥官，成为首位担任维和部队高级职务的中国人。

此外，中国还积极执行联合国安全理事会的决议，派出海军舰队赴亚丁湾索马里海域参加护航和反海盗的多国军事行动。截至2010年12月，海军已派出7批18艘次舰艇、16架直升机、490名特战队员执行护航任务。

---

① 联合国文件，《维持和平的经费筹措》。
② 联合国文件，《Monthly Summary of Contributions》，2011年6月30日。

中国维和部队和维和警察秉持联合国对工作人员的专业性、中立性和敬业精神的要求，严明纪律、勤恳工作、尊重所在国法律和风俗、爱护所在国人民，在各国维和人员中表现卓著，赢得了国际社会的广泛赞誉。中国历届维和部队及维和警察获得了包括联合国秘书长、维和事务部门和驻在国的各种嘉奖，受到了东道国舆论的赞誉。中国通过参加和支持非洲地区的维和行动，不仅在非洲国家民众心目中树立了爱好和平的积极形象，也赢得了西方国家舆论和媒体的广泛赞誉。在非洲的维和行动，既赢得了非洲国家的支持，也在一定程度上消除了西方对于中国的不信任。中国派出海军舰队参与国际护航和反海盗行动，彻底粉碎了西方舆论界关于中国不愿分担维和风险而拒绝派出作战部队的说辞。中国积极参与联合国在非洲的维和行动，对于消除"中国威胁论"、树立中国负责任大国的国家形象产生了重要意义。

## 五、积极支持非盟和非洲次区域组织的机制建设和开展的维和行动

中国尊重非盟自主维和的积极意愿，为非盟和地区组织提升维和能力提供了一系列帮助，作出了积极贡献。首先，中国在联合国和国际场合一贯主张应当充分发挥地区组织在解决非洲地区冲突和国内冲突方面的优势，配合非洲国家为非盟开展的维和行动寻求联合国的合法支持，还呼吁国际社会向其提供资金和物资支持。

其次，中国身体力行，积极向非洲自主维和行动提供力所能及的帮助。2005年和2006年，中国向非盟分别提供40万美元的特别捐赠，帮助其在达尔富尔执行维和行动。2008年，中国向非盟索马里维和行动捐赠30万美元。2009年8月，中国向非洲联盟驻索马里特派团的两个主要出兵

国乌干达和布隆迪分别提供 500 万人民币的后勤物资援助,并向非洲联盟在索马里的维和行动提供 40 万美元的现汇支持。2001 年,中国政府还向非统和平基金捐赠 20 万美元,用于其在刚果(金)的维和行动。此外,中国还向大湖地区国际会议组织、非盟防恐中心等提供了力所能及的财政和物资支持。

## 六、总体评估

中国近年来加大了参与非洲和平与安全事务的工作力度,取得了显著且意义重大的成就。首先,和平与安全事务关系到非洲和整个国际社会及全人类的重大利益。因此,参与非洲和平与安全事务,可以获得无可比拟的国家形象曝光度。中国向利比里亚派出维和部队、调解苏丹问题、向索马里海域派出海军舰艇参与护航和反海盗行动等,为中国在全世界范围内赢得了广泛关注和积极评价,对于提升中国的国家形象具有重要意义。其次,广泛参与非洲和平与安全事务,彰显大国形象,大大提升了中国人民的民族自豪感和对党和国家、政府及军队的信心。其三,参与维和行动及加强与非盟的合作,大大丰富了中非合作的内涵,增加了中非关系的密切度和双方的相互依赖度,对于西方争夺在非洲的国际影响力产生了一定意义的防阻效应。其四,中国在非洲和平与安全事务中的发言权增加,加大了与西方国家的谈判资本。其五,中国在参与非洲和安事务过程中,巧妙运用联合国宪章的原则,制衡西方国家的军事冲动和推广其价值观的雄心,继续维护联合国的权威性,维护有利于中国保持社会稳定和经济发展的国际环境,对于国家平稳快速发展作出了重要贡献。

但中国进一步参与非洲和平与安全事务,也面临着理论和实践上的困难。首先，中国所坚持的不干涉内政原则日益受到西方新型政治理论的挑战，现在仍然没有更好的被广泛接受的理论和手段予以回应。其次，西方价值观主导了联合国和平与安全建设的理论发展，影响着今后的改革方向。中国等发展中国家虽然利益趋同，但价值观、文化背景和思维模式差异太大，难以形成合力，尚不具备与西方国家争夺控制权的实力。因此中国在多数情况下只能采取跟随战略，具体问题具体处理，无法形成完整和系统的应对策略以影响今后的发展走向。其三，联合国维和行动的决策权和执行权仍然控制在美国为首的西方手中，中国的参与只能发挥一定的制衡作用。但如果发生维和失败或者国际评价下降的情况，中国也将集体承担后果。其四，中国对非盟和安全事务关注和投入力度不够，在技术层面上面临着经验和人才不足，部门和领域协调不够充分，军事力量和后勤能力有待提高等具体困难。

# 第七章
# 中国建设性参与非洲和平与安全事务的思考

中国应更加积极地采取具体方案和措施，促进非洲大陆的和平与稳定，并维护我国在非洲的长远利益。

## 一、加强理论研究，探寻对中国最为有利的原则、政策的制定或修改方案

在联合国和其他行为体中，现在广泛适用的原则和理论都面临着进一步完善和修改的问题。和平与安全原则的补充、修改和增加，都会对未来的国际政治局势走向，以及国际社会的改造和管理方式产生决定性的影响。中国应该加大理论研究的投入力度，探寻维护和扩大本国利益的最佳、最合理的方式。

## 二、协调各个合作层面的工作

目前，中国在非洲和平与安全问题上实现了在联合国、非洲地区组

织和非洲国家三个层面的合作与参与，需在此基础上针对非洲和平与安全建设的发展走向加强在各个层面的协调力度，并推动改善各个层面的参与方式和手段，避免相互冲突和矛盾，提升效果和影响。

## 三、积极参与联合国在非洲的维和行动

由于中国在联合国中占据着最有利的地位，维护联合国的权威性，在一定程度上等同于保护中国的权威性。联合国的维和行动，在国际和平与安全事务中，具有无可替代的权威性和正面性。而联合国在非洲的维和行动，是中国参与非洲安全与和平事务的主要平台，也是提升中国国家形象的重要舞台。需要解决的具体问题包括：

1. 增加为维和行动缴纳的摊款，增派文职人员。增加缴纳维和摊款不仅可以在维和行动的技术和操作层面上加大发言权，而且可以派出更多的文职人员。文职人员是维和行动的灵魂，维和理论的探索者和实践者，实际掌握联合国维和部门的运作。目前中国在联合国的文职人员比例过低，不利于持久地增加在联合国维和部门的影响力。

2. 在驻在国认可、维和部门推动和技术及后勤条件允许的情况下，向非洲派出作战部队。由于维和部队并不宣誓效忠联合国，各国的作战部队具有较大的独立性，并受到派出国的控制。当今联合国维和行动中作战部队的存在和作用越来越重要，对维和决议的执行力度和方式有较大的发言权，能够在一定程度上主导维和行动的走向。作战部队的存在，具有重要的战略意义，也最能彰显国家力量。在各种情况允许的前提下，基于中国与非洲的友好关系，局势可控性相对较大，战斗风险和激烈程度相对较小，中国应考虑适时向非洲派出作战部队。

3. 重视保持派出部队及维和警察的持续性和连续性。派出人员的相

对稳定，有利于提升人员素质，积累经验，增加执行力和适应性。有经验的维和部队，往往成为特派团更加倚重的力量。西方国家派出的维和部队，一般保持人员的相对稳定，尤其重视派出经验丰富的军官和指挥人员。同时，西方国家和联合国不支持或者反感派出部队的整体性部署。西方军队可以忽视整体性部署的问题，主要是因为其人员连续性和持续性地参与各项联合国维和行动，拥有丰富的经验和适应能力，即使小建制的维和力量与其他部队混杂，仍具备较强的战斗力。

4. 提升派出人员的专业素养、外语能力、交流能力和适应能力。由于与非洲国家在语言、文化、生活习惯方面存在巨大差异，中国派出人员的沟通和交流能力需要提高。同时，中国军队的专业素养虽然较高，但仍然需要适应非洲的复杂环境，增强与其他国家部队沟通协调的能力。在提升有关基地的培训能力的前提下，可以考虑某些派出军官和岗位的职业化，即培养专职维和军官和干部。

## 四、积极支持非洲的自主维和行动

非盟等地区组织的自主维和努力近期还面临诸多挑战，最重要的原因是非洲总体政治和经济实力不足。全球国际形势如果不发生大的动荡，在非洲各国和人民的强烈意愿支撑下，非盟等地区组织的实力和影响力必然稳定上升。为了维护中非友好合作关系，保护中国在非洲的利益，中国应立足长远，积极支持非洲自主维和行动。具体包括：

1. 成立正式的工作小组或者类似长效机制，与非盟和各地区组织就维和与安全事务进行沟通和协调。鼓励国内各相关部门和研究机构加强与非洲的交流和沟通，共同研究和探讨新的维和理念。

2. 向非盟现有的维和行动提供更多具体支持，如军事、警务、民事官员培训，提供武器、建设和运输物资。在安全条件允许的前提下，帮助其进行基地和道路建设。

3．向非洲地区维和总部的建设提供技术和后勤支持，为其维和军官提供培训，积极开展民事合作。可考虑在多边框架下，向参与非洲维和行动的国际组织和非政府组织提供资助，或开展交流与合作。

|第四编|

# 非政府组织在非洲发展状况及西方有关政策、做法和影响*

---

\* 刘伟才,上海师范大学非洲研究中心。

非政府组织是指非官方的、不以营利为目的的、服务于社会公益事业的合法公民志愿组织，它具有非政府性、非营利性、自治性、志愿性、组织性、公益性或互益性等特点。非政府组织的产生一般是因为政府和市场部分功能的失灵或缺失，它可以作为政府和市场的重要补充，并具有监督、制约政府和市场以及防范政府和市场行为不当的功能，还有利于调节和管理社会、推动社会进步。因此，非政府组织能对国家或地区的政治经济社会文化事务发挥影响，也能对国家或地区之间的政治经济社会文化关系发挥影响。

西方国家凭借其非政府组织在规模、数量、资金、管理经验等方面的优势，日益注重利用非政府组织实施政治、经济和文化渗透；而另一方面，非西方国家特别是发展中国家的非政府组织也进入高速发展的轨道，非政府组织数量不断增加，活动范围不断扩张，造成的影响也不断扩大。但是，它们往往依赖外部世界特别是西方世界的援助，从而也受其制约，并且他们的管理和活动能力等也仍有待提高。

非洲非政府组织在20世纪80年代以后得到快速发展。美国等西方势力在非洲大力推行西方价值观并开展各种适合自身国家利益的活动，由其扶持的各种非政府组织应运而生。另一方面，非洲国家内部矛盾泛起，国家内部和国家之间的矛盾和冲突增多，处于弱势的非洲国家政府无力应对这种形势，于是一些具有社会服务功能以及地区冲突调解功能的非政府组织不断涌现。20世纪90年代以后，非洲非政府组织日渐壮大，在各国和各地区内的扶贫、救灾、环保、卫生、教育、民主、人权、经济发展和维护和平等众多领域的作用越来越突出。

中非关系近年来发展势头迅猛，双方交往领域不断扩大、深入，引起广泛关注。非洲非政府组织是众多关注者中的一支特殊力量，它们凭借自己作为非政府组织的地位和灵活特性，在一些力量的支持下通过舆论、研究、参与等方式开始越来越多地对中非关系施加影响，已成为中国发展对非关系不可忽视的行为体。然而，由于种种原因，我们目前在处理与非洲非政府组织关系的过程中仍存在一些问题，未来这方面的挑战也可能会比较严峻。因此，有必要对非洲非政府组织本身、非洲非政府组织存在并发展的非洲国家因素和西方因素以及非洲非政府组织影响中非关系的路径和我们的应对进行调查研究。

# 第一章
# 非洲非政府组织基本情况

本文所指的非洲非政府组织包括非洲本土的非政府组织以及关注和从事非洲事务、在非洲活动的非洲之外的非政府组织。

经过20多年的发展，非政府组织在非洲已经形成一定的规模和影响力，并与外国非政府组织建立了密切联系和合作关系。它们扮演着压力团体、意识塑造者、信息沟通者等方面的角色，通过施加压力、提出议程、促成相关机制形成、协助相关行动实施、监督等方式施加影响，在维护非洲政治稳定、推动经济和社会发展进程中发挥了一些积极作用。当前，非政府组织在非洲仍保持发展势头，除组织数量稳定增长外，调整和整合的步伐在加大，影响力也不断上升。

## 一、非洲非政府组织的分类

非政府组织的分类比较复杂。按活动区域分，非政府组织大致可分为以一国为主、跨国、区域、全球性四类；按活动领域分，可分为致力于单一问题的专门性组织和从事多领域活动的综合性组织，还可分为政治型、经济型、科技专业型、社会工作型等；从活动目标来分，可分为发展取向和非发展取向两类；世界银行将非政府组织分为运作型和倡议型两类。

此外，一些机构从活动领域对非洲非政府组织进行了比较细致和有针对性的划分，如联合国将非洲非政府组织分作七类：农业、冲突解决、教育、环境、卫生、艾滋病防治、小额信贷；而根据"非洲非政府组织网"（http://www.ngosafrica.org），非政府组织被详细地分作21类：农业、天主教传教组织、儿童福利、教育、环境与气候、财政与经济、妇女、卫生、艾滋病、人权、人道主义、老年人、政策与政府管理、减贫、成瘾和心理康复、宗教、研究中心、社会倡议、残疾人和特殊需求人群、青年成长、特殊类别。

在联合国编制的非洲非政府组织网络指南（Directory of African NGO Networks）中，非洲非政府组织根据项目类别被划分成36类：倡议、农业、粮食安全与畜牧、适用技术、能力建设、动植物保护、手工业、民主、沙漠化控制、发展教育、经济发展与增收、教育、培训与扫盲、选举、紧急救援、能源、环境与环境教育、林业、性别问题、良政、贷款、卫生、住房、人权保护与教育、信息传播、地雷排除、伙伴关系、研究与出版、资源调动、农村发展、小企业发展、热带雨林保护、城市化、职业和技术培训、供水与卫生、妇女发展以及青年与儿童。

通过对非政府组织的分类可以看出，非洲非政府组织发展繁荣，种类多，涉及领域广，其影响也必然不容忽视。

## 二、非洲非政府组织的主要活动领域

非洲非政府组织的主要活动领域包括：

1. 农业与扶贫

农业、农村、农民是非洲最需要帮助支持的领域。非政府组织要想在非洲开展各种活动，首先要赢得民众的信任，而农业和扶贫是最大的突破口。非洲绝大多数人口从事农业活动，因而许多非洲非政府组织都投入大量精力和财力在非洲的农业领域，如提供小额贷款和化肥、传授农业技术、提供粮食援助等。只有解决好非洲民众生活的基本问题，其他活动如传教、艾滋病防治、教育等活动才能顺利展开。

2. 教育援助

主要是在学前教育、初等教育、中等教育、成人教育和职业技能培训等方面提供物质和人员方面的援助。非洲教育总体比较落后，造成的一个重要影响是人力资源供应非常不充分，要想解决非洲经济和社会发展的种种问题，必须重视教育。而且，一些非政府组织在非洲开展活动，本身也有从当地获取人力资源的需求，因而也会有意识地开展教育援助和培训方面的活动。

3. 艾滋病防治

艾滋病是影响非洲经济发展、社会稳定的一个比较严重的问题。在非洲的艾滋病预防和帮助艾滋病感染者等方面，非政府组织一直扮演着关键性的角色。由于传播的流动性、隐蔽性和广泛性，仅靠能力不强的非洲国家政府难以控制艾滋病的传播，而非政府组织凭借其与普通民众联系紧密的特点，在控制艾滋病传播方面已显示出越来越大的优势。非政府组织深入到广大基层社区，开展防治艾滋病宣传教育、提倡人们采取预防手段、无偿发放避孕套、帮助艾滋病患者、发放抗艾滋病毒药品、帮助和收养艾滋病孤儿等活动。这些活动虽然具有草根性质，较简单，但所取得的效果非常大。

### 4. 人权

主要在妇女儿童权利和劳工权利等方面开展活动。为妇女争取同工同酬、经济自主权、政治平等权、家庭地位平等、学习权等，为儿童争取生存权、受保护权、受教育权等，为劳工争取更好的工作条件、工资待遇等。人权问题长期以来是西方介入他国内政的重要工具，而且政治、经济、社会等方面的问题大都可以与人权挂钩，因此它就成为当前非政府组织特别是西方背景的非政府组织最为关注的问题之一。在非洲，这方面的问题又恰恰比较引人注目，因此很多非洲非政府组织都开展保护人权、监督批评违反人权事件、拯救人权受损害者等活动。

### 5. 民主

主要致力于推动提升政府的民主程度和民众的民主参与度，特别是对公平、公开和透明的选举十分重视。民主也是当前非政府组织特别是西方背景的非政府组织最为关注的问题之一。为了在非洲推行西方模式的民主，西方各种势力一起上场，展开调查、研究、发布报告和言论、监督等各种活动，其中非政府组织尤为活跃。

### 6. 环境

主要关注非洲的沙漠化防治、雨林保护、河流开发利用等问题。非洲环境多样，并且由于经济尚不发达，很多地区仍保持较好的原生态。但随着不当利用和开发脚步的加快，非洲的环境正在受到冲击。在一些非洲国家政府因为经济困难或者为了解决财政收入、就业等经济问题而不太关注或者无力关注环境问题的情况下，一些非政府组织开始进入并发挥作用。

### 7. 冲突预防与难民救助

非政府组织在解决非洲冲突中的作用与影响日益凸显，它们主要从事冲突预警、人道主义救济、促进冲突解决以及冲突后的和平建设等活动，在非洲冲突的解决与冲突后的重建中起到了积极作用。由于历史遗留消极影响、经济不发达、族群共同体构建仍在推进，非洲一些地区容易发生群体暴力事件、武装冲突乃至战争，由此引发一系列问题，特别是难民问题，不光构成人道主义危机，还会影响周边其他国家。可以说，冲突预防与难民救助是非洲非政府组织需要长期不懈关注并采取行动的一个领域。

8.政策倡议

根据突发情况临时提出求援或问题解决等方面的倡议，有一定的国际影响力。爆发性的冲突、冲突持续引发的爆发性事件、自然灾害、疾病突然肆虐等情况在非洲仍比较容易发生。由于非洲国家政府本身政治、经济和行政能力的低下，往往无法做出快速有效的反应，尤其是在需要短时间调用大量资源的情况下更是如此。鉴于此，一些反应迅速、信息传播和资源获取网络完善的非政府组织就可以发挥作用。

9.其他方面。主要包括社区基础设施建设、社区文化发展、社区经济互助、社区儿童看护、社区妇女保障、社区艾滋病预防等。

## 三、非洲非政府组织的主要活动方式

非政府组织主要通过如下几种形式展开活动：

1.从事特定问题的研究与教育，传播知识和信息

非政府组织一般都有技术和专业知识方面的专长，也搜集较多的专门信息，特别是一些西方背景的国际性非政府组织。这些非政府组织会针对某一或某些问题进行深入研究，智库型、专家型的非政府组织在专题研究、专门知识与信息方面的优势更为明显。这些研究和资料搜集工

作既可以单独进行,也可以与其他机构合作;所得成果既可以供政府、联合国等大型组织以及其他非政府组织参考,也可以为普通民众服务,并能在舆论上发挥作用。除了研究和资料搜集外,一些非政府组织还举办研讨会、座谈会、培训班等,这对知识和信息的交流和传播非常重要,既表达了非政府组织本身的立场,也影响了相关人群。

"国际危机集团"(International Crisis Group, http://www.crisisgroup.org/)以阻止和解决世界各国各地区的重大危机为主要目的,为此目的开展各种调查、资料搜集以及分析研究工作,定期出版危机进展简报和研究报告,使相关国际组织、相关国家政府和人民更好、更及时地了解相关危机,并以此为参考做出决策和采取行动。

国际危机集团将非洲分作五个地区,对各个地区相关国家的危机进行研究和跟踪,并根据冲突烈度演变调整关注度,是目前掌握非洲冲突方面信息最完全、动态更新最及时的非政府组织,对其他国际组织、相关非洲国家政府、研究者以及关心相关进展的人群具有重大的参考价值。

国际危机集团列出的发生冲突的非洲国家包括:北非的埃及、阿尔及利亚、利比亚、突尼斯以及西撒哈拉,中部非洲的布隆迪、中非共和国、乍得、刚果(金),非洲之角和东非的埃塞俄比亚和厄立特里亚、肯尼亚、索马里、南苏丹、苏丹、乌干达,南部非洲的安哥拉、马达加斯加、津巴布韦,西非的喀麦隆、科特迪瓦、几内亚、几内亚比绍、利比里亚、尼日利亚、塞拉利昂。

2. 从事运作性发展项目,向目标群体提供特定的产品与服务

大多发展型非政府组织都直接从事运作性的发展项目,如从事农村和城市社区的基础设施建设、提供环保产品和技术指导、向农村提供优良作物品种、举办各类职业技术培训班、从事扫盲教育和普法教育、提

供卫生保健服务等。

在非洲许多国家，非政府组织是基本医疗服务的重要提供者。这些非政府组织，既有国际性的非政府组织在非洲的分支机构，也包括非洲当地的许多非政府组织。"梅迪克斯·蒙迪国际"(Medicus Mundi International)长期致力于非洲的卫生事业，它长期支持那些在撒哈拉以南非洲农村地区提供基本医疗服务的非政府组织医院，而这些医院在当地医疗服务系统中扮演关键性的角色。

3. 倡议与游说

非政府组织的倡议及游说活动既有面向一国政府、政府间国际组织以及整个国际社会的，也有面向基层民众的。非洲内部的非政府组织主要关注国内的社会事务，以在国内倡议为主，比如在农业、环境、疾病、反腐败、劳动待遇等方面游说政府、企业以及借助舆论施加影响等；而一些关注非洲问题的国际非政府组织除在非洲范围内展开倡议和游说活动外，还在世界层面展开活动，特别是在处理非洲的冲突、大规模人权事件、饥荒、为非洲寻求援助等事务方面，他们希望引起国际的关注，并获得国际性的资源。

4. 对政府与政府间国际组织决策行为的参与、监督和协调

影响一国政府和政府间国际组织的决策和行为是非政府组织的重要活动目标，越来越多的政府与政府间国际组织也欢迎或容许国际非政府组织参与活动。在相关国家政府作出发展决策、签署和实施国际条约的过程中，非政府组织会根据情况施加影响和压力，并进行监督。对于一些利益冲突和纷争，非政府组织也能发挥沟通和协调作用，促使问题得到解决。

透明国际（Transparency International）是一个专门从事经济、财务

监督，审查、反对经济腐败的国际性非政府组织。由于丰富的自然资源、特殊的历史条件、现有政府发展的不完善以及族群冲突等因素，非洲一些国家的腐败形势非常严峻，而对这些国家来说，发展又尤为迫切，因此促进非洲经济、财务等事务的透明化非常重要。透明国际在非洲设立分支机构，搜集相关材料，开展研究，定期发布报告，调动舆论，推动非洲国家政府的透明化改革，对一些国家的腐败势力施加压力。与此同时，非洲国家自身设立了一些相关机构，另外一些国际组织也在这方面开展一些活动，透明国际则成为这些机构和相关活动的整合工具和沟通桥梁。

5. 抗议

非政府组织在面对一国政府或政府间国际组织的不符合普遍道德、不利于世界和平稳定、不利于普通民众福祉等方面的政策和行为时希望采取行动，但其所拥有的能力和资源又无法与国家或者政府间国际组织匹敌，因此他们会采取抗议的方式开展斗争，如抵制、游行示威、请愿、占领某些地点等制造影响，推动相关国家的政府和国际组织采取它们所期望的行动或作出改变。当前，在大型国际活动或国际会议场合抗议成为一些非政府组织经常开展的活动，特别是针对环境保护、气候变化、发达国家自私自利的行为、对发展中国家提供援助等问题进行的活动非常频繁。

6. 紧急状况下的人道主义救援

非政府组织在自然灾害、空难、海难、疾病、饥荒、战乱等造成紧急人道主义危机时实行救援受到多方的关注和好评。一些非政府组织专门从事紧急人道主义救援，还有一些非政府组织则将紧急人道主义救援作为其职能的一部分。它们的活动包括紧急筹款购买急需物资、救死扶伤、提供急需药品、派送食品和饮用水、发放衣物、搭建临时居住帐篷等,虽然这都是些比较简单的活动,但解决的问题往往非常直接,产生的影响也非常大。著名的国际性非政府组织乐施会(Oxfam)由 15 个机构联合而成,致力于消除贫困和不公正,在农业、气候变化、卫生、教育、贸易等多个领域进行活动,并随时根据突发情况开展紧急人道主义救援工作。

到目前为止,非洲由于经济发展水平总体仍非常低下、历史遗留问题消极影响仍未消除、政治民主化仍不完善,疾病、饥荒、战乱等发生的频率仍然相对较高,因此从事人道主义救援的非政府组织可以说非常活跃。比如,2011 年 6、7 月开始,东非索马里、埃塞俄比亚、肯尼亚地区发生干旱,造成严重的饥荒和持续的粮食危机,乐施会(Oxfam)立即提供食物和水等方面的物资援助,并利用自己的全球网络开展宣传和筹款,起到了非常好的作用;国际医疗队(International Medical Corps)也赶赴灾区,在难民营地分发食物和水,教授卫生防疫知识,并提供相应服务。

## 四、非洲非政府组织的积极作用

大部分非洲国家独立才约半个世纪,政治、经济、社会发展方面的问题依然很多很复杂,在非洲国家政府普遍能力不足的情况下,非政府组织应运发展,发挥了一些积极性作用。

非洲非政府组织参与解决非洲地区和国家内部的冲突,从小的利益争端到大的暴力冲突,非洲非政府组织都能发挥一定作用。由于具有中立和非官方地位、少政治约束和限制、行动自由、反应和决策过程简单等优势,如果操作得当,非洲非政府组织在冲突解决中常常能发挥国家和其他国际组织难以发挥的作用。特别是一些宗教性、传统族群性的非政府组织，由于在特定人群中享有很高威望，受到爱戴尊重，尽管他们物质实力不强，但仍能在呼吁暂停冲突、冲突调解、帮助冲突各方牵线搭桥方面发挥非常重要的作用。特别是一些由受尊敬的宗教人士和族群长者担任领导或成员的非洲非政府组织，它们不仅可以发挥通常意义上的非政府组织在冲突调解中的作用，相比一般行为体，它们更具有道德感召力，一些宗教非政府组织所信奉的宗教教义及所持的非政治立场尤其使得它们对冲突各方能保持相对公正的态度，容易为冲突各方所接受。

南非的"非洲建设性解决争端中心"（African Centre for the Constructive Resolution of Disputes）立足非洲大陆经济最发达的南非，以对非洲大陆的争端提供解决途径为主要宗旨，通过协调、谈判、培训、研究和冲突分析达到管理、分析、预防和干预冲突的目的。特别值得一提的是，该中心主张应尽量让非洲人自己解决冲突。

非洲非政府组织在推动非洲民主化进程和人权事业方面做出了比较大的贡献。通过举行研讨会、开展宣传教育、发布研究文献、监督选举、直接参与人权保护活动，非洲非政府组织在促进非洲国家人民民主和人权意识、提高民主参与度、减少选举舞弊、降低人权违反事件发生率、保护妇女和儿童等方面起到了很大作用。

莫·伊布拉西姆基金（Mo Ibrahim Foundation）由英国苏丹混血的富商莫·伊布拉西姆于2006年建立，该组织定期发布评估非洲国家政府能力的"伊布拉西姆非洲良政指数"（Ibrahim Index of African Governance），并设立"伊布拉西姆非洲领导力成就奖"（Ibrahim Prize for Achievement in African Leadership）、"伊布拉西姆论坛"（Ibrahim Discussion Forum）和"伊布拉西姆奖学金"（Ibrahim Scholarship Programmes），力求促进非洲的民主、良政和领导人能力建设。

非洲非政府组织的一些活动有利于促进非洲整体的经济社会发展。在改变不利的国际经济秩序方面，非洲非政府组织利用各种机会在国际场合发声，呼吁发达国家和联合国等大型国际组织要更加关心非洲的发展问题，在贸易自由化、市场准入、发展援助等方面给予非洲更多的让步。与此同时，非洲非政府组织还就非洲发展问题与其他发展中国家非政府组织发展关系，共同在国际舞台上提出问题和开展游说。

非洲非政府组织在非洲农业发展方面做了很多工作。农业发展是非洲真正发展的一个关键，也是解决环境、人权以及饥荒等人道主义问题的一个关键。非洲非政府组织通过与发达国家的非政府组织和联合国等大型政府间国际组织合作，从后者处获得资金、技术和管理方面的支持，在解决非洲的粮食安全问题、为非洲农民提供小额贷款、种子、化肥和技术培训方面起到了至关重要的作用。在一些非洲国家不重视农业或不开展实际行动发展农业的情况下，非洲非政府组织的活动填补了空缺，帮助非洲广大的农村地区和农业人口解决了一些实际问题。

南部非洲农业与自然资源合作中心（Southern Africa Centre for Cooperation on Agricultural and Natural Resources）在农业和自然资源开发利用上开展合作，从事农业及水土保持和利用方面的研究、农业人员的培训、农业技术和设备以及农药和兽药的提供和分发等工作，并依托南部非洲发展共同体与大型政府间国际组织合作，从后者处获取资源，对南部非洲的农业发展很有助益，特别是在农业研究方面取得了不少成果。

非洲非政府组织在非洲的灾难救济中发挥了很大作用。非洲东部和南部地区常常发生严重的干旱和洪涝灾害，并引发粮食危机甚至大规模的饥荒。非洲非政府组织一方面承担提出倡议、从国际社会获取救援资源的任务，另一方面还要为政府在救灾物资分发和救灾项目执行上提供咨询和监督。一些实力强、国际网络完善的非政府组织更是直接主导灾难救济整体进程，弥补了政府的相应不足。

一些基督教背景的宗教性非政府组织在灾难救济方面的表现比较突出。当一些非洲国家出现政局动荡或经济危机之时，政府无力维持学校的正常运转，部分医院药品短缺，陷于半瘫痪或完全瘫痪状态。基督教非政府组织帮助政府或医院等重整或筹建教育机构，提供社会服务，开办医院、诊所，或在当地和国际上筹集资金来帮助穷人等。

非洲非政府组织在保护非洲生态环境方面做了很多工作。目前在非洲专门从事环境保护的非政府组织的数目已超过一百，它们执行由联合国、国际非政府组织或其他资助者所资助的环境保护项目和提供环保服务，在基层开展环保意识教育并向政府和国际社会提供有关非洲环境状况和问题的报告，促进广大民众对环境保护活动的参与、进行环境责任监督以及向政府和国际社会相关方提出环境保护政策倡议等。

肯尼亚的"非洲环保中心"（African Conservation Center）的主要目的是动员更多的人保护东非地区的野生动植物和当地人的文化和生活方式。它们长期研究热带稀树草原地带的生态系统，并与当地土地所有者和政府合作力求建立更多的保护区，同时还组织和培训当地人提升他们维护生态环境可持续发展的能力。

非洲非政府组织积极参与非洲流行病防治工作。非洲在遏制疟疾、肺病蔓延等方面的工作有约3/4是由非政府组织承担的。而在艾滋病防治工作中，非政府组织是政府部门的重要合作伙伴。在疾病相关教育、疾病预防、疾病治疗等方面，非政府组织都占有重要地位，同时还通过倡议和呼吁影响政府政策和争取国际社会的关注和援助。特别是在艾滋病防治方面，非洲非政府组织在咨询、检测、治疗、教育、救助和保护患者等事务上起到了很大作用。

赞比亚疟疾基金（Zambia Malaria Foundation）的工作目标是支持和协助国家控制疟疾，并协调国家疟疾控制中心与社区组织、志愿者、志愿团体、公共卫生发展组织和其他非政府组织的关系，它们通过寻求适当治疗、控制带菌者规模、在农村提供技术指导和药物喷洒服务来发挥作用，并把疟疾防治工作与艾滋病防治、安全孕产和儿童疾病防治结合起来，在赞比亚的大部分城市和农村地区都有影响。

非洲非政府组织在发展非洲国家教育事业方面也做了很多工作。从事教育工作的非政府组织的活动主要集中在那些教育服务严重不足的边远和贫困地区，他们提供资金、建立或协同相关机构建立学校、提供教育所需的资料和器材、安排志愿教师，为非洲国家教育事业的发展和教育公平的推进做了不小的贡献。除了正式的教育外，很多非政府组织还通过自身的活动和培养自身活动所需的人员使非洲部分人群具备了某些知识和技能，这也可以看做是非政府组织对非洲教育事业的一种贡献。

## 五、非洲非政府组织发展的问题与挑战

非洲非政府组织发展势头强劲，也做了很多有益的工作。特别是，近些年来，各相关非政府组织注重联合行动，内外沟通，发挥的作用和产生的影响正在不断增长。但是，其存在的问题和面临的挑战也非常巨大。

非洲非政府组织当前面临的最大问题是过于依赖国际社会特别是西方的援助。这一方面会使其活动受到物资供应的影响，存在不可持续的危险，另一方面还会影响其独立性和客观性。不接受国际社会的援助难以生存和有效开展活动，接受了又会受制于援助者，这可以说是非洲非政府组织的一大困扰。而由于非洲国家自身发展水平的低下，这一困扰

恐怕将在相当长一段时间内继续存在。而且，非洲非政府组织和西方援助者在目标上也有分歧。在帮助非洲各国社会减轻贫困、发展经济、抗击艾滋病等目标上，非洲非政府组织与西方援助者一般都能达成统一。而在经济社会发展事务与民主化和人权活动之间的轻重缓急问题上，非洲非政府组织一般不愿进行太多、太激烈的政治活动，而宁愿较多地从事经济和社会发展方面的活动，但西方援助者则往往对非洲非政府组织在民主化与人权领域开展活动寄予厚望甚至凭借自己作为援助者的身份强制要求，意图使其成为推行西方价值观的先锋。这种目标差异会导致非洲非政府组织与国际资助者之间的关系紧张。

非洲非政府组织由于受制于人、资源不足以及活动经验缺乏等原因，一些活动不但不能解决问题，反而会加剧矛盾，使问题复杂化。比如，一些非政府组织在进行冲突引发的人道主义危机救援时，会存在救援一群人意味着增强一方实力的情形，这不但会进一步推动冲突持续，还会使矛盾激化，特别是未得到救援的一方会质疑相关非政府组织的诚信和公正度。而一些受某种国际或地区势力操纵的非政府组织由于在救援中出现偏袒，更会使冲突复杂化，同时损害非政府组织整体的形象，影响其他非政府组织的进一步活动。比如，在一些发生族群冲突的非洲国家和地区，对一些非政府组织来说，他们可能有一定的评判标准，分辨一方正义而另一方非正义，或者决定哪一方更应该接受帮助。但是对冲突中的族群来说，他们可能都有自己的正当理由或者自认为正当的诉求，在这种情况下如果非政府组织只针对一方开展工作，另一方就会觉得难以接受并进而采取妨碍非政府组织的行动。

2012年年初，在苏丹发生了29名中国工人被反政府武装劫持的事件，"苏丹人民解放运动—北方局"（Sudan people's Liberation Movement -

North，简称 SPLMN）及其活动和诉求引起关注。作为一支目前处于弱势地位的反政府力量，SPLMN 注意利用非政府组织的舆论影响，它借人权组织之口指责苏丹喀土穆政府对他们的武装打击引起了食物短缺、平民伤亡等人道主义危机，试图以此使苏丹政府的打击有所忌惮。而一旦相关非政府组织本着人道主义的考虑对冲突地区的人民提供援助，客观上就会使政府的打击效果降低。在这样的情况下，非政府组织的言论和活动往往使反政府武装处于有利地位，使他们能获得更多的回旋空间，而对政府方面则不利，当然也得不到政府的好感。

非洲非政府组织仍然面临人才供应不足的问题。非洲非政府组织缺乏有创造性、有活力和组织活动能力强的非洲本地领导人，同时还面临人力资源供给不足的问题。非洲国家由于普遍发展水平低，人力资源一直是一个很大的瓶颈，在合格人才稀缺的情况下，非政府组织要想获得人才就必须提高工资待遇，而这将是一笔不小的成本。在需要外来人才的情况下，非洲非政府组织面临的成本压力会更加重。对物质资源本来就缺乏的非洲非政府组织来说，如何招纳和留住人才是个极大的挑战。

非洲国家政府对非政府组织的监管仍不到位，也存在很多漏洞。虽然非洲国家都制定了管理非政府组织的相关法规，但由于人手、财力不足，很多法规流于形式。一些在非洲活动的非政府组织甚至根本不到相应的政府部门办理登记手续，还有一些外国势力利用非洲国家管理能力薄弱的空当，利用非政府组织谋取私利，或通过非政府组织干涉相关国家内政。这些既使非洲非政府组织形象和公信度受损，还易引来非洲国家政府的激烈对待。

此外，必须强调指出的是，当前非洲非政府组织总体上的力量仍然比较弱小，所能调动的资源非常有限，因此在一些实际问题特别是冲突问题上能发挥的作用并不大，有时在面对严重问题时甚至完全束手无策，这也会影响非政府组织整体的威望和形象。

**2010年部分非洲国家非政府组织的生存状况指数**

| 国家 | 法制环境 | 组织能力 | 财政状况 | 倡议能力 | 服务提供 | 设施条件 | 公众形象 | 总体可持续能力 |
|---|---|---|---|---|---|---|---|---|
| 安哥拉 | 6 | 5.7 | 5.9 | 5.5 | 5.3 | 5.7 | 5.4 | 5.6 |
| 布隆迪 | 5.8 | 5.9 | 6 | 4.5 | 4.5 | 5.6 | 4.3 | 5.2 |
| 刚果（金） | 5.4 | 5.1 | 5.8 | 4.5 | 4.5 | 5.6 | 5 | 5.1 |
| 埃塞俄比亚 | 6.2 | 5.1 | 5.9 | 6 | 4.9 | 5.3 | 5.1 | 5.5 |
| 加蓬 | 6 | 5.5 | 6.1 | 5.1 | 5.1 | 5.1 | 5 | 5.4 |
| 加纳 | 3.9 | 3.9 | 5.6 | 3.9 | 3.8 | 4.7 | 4.3 | 4.3 |
| 几内亚 | 5.5 | 5.8 | 6.3 | 5.5 | 5.1 | 5.7 | 4.9 | 5.5 |
| 肯尼亚 | 4.1 | 3.9 | 4.8 | 3.5 | 3.4 | 3.7 | 4.3 | 4 |
| 利比里亚 | 4.9 | 5.1 | 5.8 | 4.2 | 4.4 | 4.8 | 4.7 | 4.8 |
| 马里 | 4.2 | 4.2 | 5.6 | 3.9 | 3.7 | 4.7 | 4.5 | 4.4 |
| 莫桑比克 | 4.8 | 5.4 | 5 | 4.5 | 4 | 5.1 | 4.8 | 4.8 |
| 尼日利亚 | 5 | 4.7 | 5.6 | 3.8 | 4.2 | 5 | 4 | 4.6 |
| 卢旺达 | 4.3 | 4.6 | 5.3 | 3.9 | 4 | 5 | 4.5 | 4.5 |
| 塞内加尔 | 4.3 | 3.9 | 5 | 3.9 | 3.9 | 4.7 | 3.9 | 4.2 |
| 塞拉利昂 | 5 | 4.9 | 5.7 | 4.5 | 4.1 | 5.1 | 4.5 | 4.8 |
| 南非 | 3.3 | 3.7 | 4 | 3.4 | 3.2 | 3.8 | 3.6 | 3.6 |
| 坦桑尼亚 | 4.5 | 4.4 | 4.9 | 3.9 | 3.4 | 4.3 | 4.2 | 4.2 |
| 乌干达 | 5.1 | 4 | 5.1 | 3.9 | 3.5 | 4.7 | 4.4 | 4.4 |
| 津巴布韦 | 6 | 4.5 | 5.9 | 4.5 | 3.4 | 5 | 4.5 | 4.8 |

注：指数范围1-7，指数1为最优

资料来源：USAID网站，http://www.usaid.gov/。

第二章
# 非洲非政府组织与非洲国家政府

任何新的组织形态的出现在某种程度上都是对原有社会结构和利益格局的一种调整。当这种新兴的组织形态获得越来越多的社会认同和支持时，就很可能对原有组织形态存在的物质和符号性资源构成程度不等的侵蚀。一种情况是，这种新兴的组织形态本来就是以原有组织形态的反对力量而出现的，其行动目标就是侵夺后者的权威性基础和各种物质性资源；另一种情况是，该新兴组织刚出现时可能并没有任何迹象表明它将会对原有组织形态构成重大威胁，甚至在很多时候还是以协作者身份出现的，或者直接由后者创设，但随着发展，它本身可能发展出相对独立的利益诉求。

相对而言，由于总体上经济发展水平的低下和政治发展的不完善，非洲国家政府相比其他地区国家的政府而言较为弱势，这为非政府组织的发展提供了条件，特别是在西方国家大力支持的情况下。因此，非洲非政府组织对非洲国家政府的影响度是比较高的。但是，非洲国家政府总体上仍然能够控制非政府组织的活动，制约其影响，只不过这种控制程度仍需要在政治经济发展的基础上调适提高，以尽可能地利用非政府组织的积极因素，降低其消极影响。

## 一、非政府组织与非洲国家政府的关系模式

非政府组织与国家政府的关系主要表现为合作互补、对立冲突、依赖与制约以及各行其道四种模式。这四种模式基本上适用于非洲非政府组织与非洲国家政府之间的关系，但仍要具体问题具体分析。

1. 合作互补

在政府不能够或不愿意提供公共产品的领域，非政府组织作为替补者的身份出现，而政府又乐于见到非政府组织发挥作用，因双方各有所长又有所短，就会出现合作与互补关系，相互支持相互借重。政府会把自己行为效率不高的活动领域交给非政府组织去做，而非政府组织也愿意配合且获得国家的授权。当前，由于非洲国家政府政治和经济发展水平仍比较低，各种物质、行政以及人力资源都存在短缺现象，在一些因为能力不够而无法顾及或者无法有效应对的领域，非洲国家政府乐意由非政府组织介入发挥作用，而后者也希望利用这样的机会在发挥作用的同时，履行自己的使命，从而构成一种双赢的合作互补关系。

2. 对立冲突

当国家的权力过于强大甚至垄断各种社会资源时，非政府组织就难以有生存和发展的空间。而由于一些非政府组织在批评政府、损害政府权威的情况下会遭到政府的强力打压，将在人才、社会资源、资金、外来援助方面受到限制，但政府本身也会付出成本特别是在国际形象方面受损。当前，在非洲一些国家，民主发展不完善、腐败盛行、权利自由

得不到保障的现象仍比较普遍，一些关注民主、良政、人权等问题的非政府组织会经常对此加以批评，特别是一些有西方背景并且具有很强的"改造非洲"意愿的非政府组织的批评尤其激烈。一些非洲国家政府会持容忍态度，但一些国内矛盾尖锐、容不得批评的非洲国家会对这些非政府组织采取禁言、抓捕、迫害、驱逐、禁止入境等强硬措施。这在短时间内能缓解对政府的冲击，但很容易激化政府和非政府组织之间的矛盾，引来更大的批评。

3. 依赖与制约

国家在其领土和管辖范围内拥有最高权力，它既可以支持授权非政府组织，也可以限制非政府组织的活动，非政府组织只有得到国家的准许与支持，才能合法、顺利地开展活动。但非政府组织也会想方设法表明自己的自治性和独立性，尤其是志愿精神和平等、民主的价值取向，从而扩大自己的影响，对国家构成一定的制约。无论非洲国家能力如何欠缺，无论相关非政府组织的实力和背景如何强大，从法律上来说，非政府组织仍应在非洲国家政府设定的框架内活动；从实际上来说，如果某些非政府组织在某些非洲国家处于特殊时期时展开不受这些非洲国家政府欢迎的活动，一旦后者选择强硬打击，那么相关非政府组织也难以抵挡。因此，非洲非政府组织仍需依赖非洲国家政府给予其合法地位和活动空间，非洲国家从政治表面形象的角度考虑，同时顾及获取国际援助和投资所需的国际形象，也会对非政府组织做出容忍让步，在一定程度上接受其制约。

4. 各行其道

非政府组织由于其合法性，大多数国家会尊重其独立性和自治性。在法律和规约的范围内，有些非政府组织确定与自己能力相称的目标和活动领域，他们既不接受政府资助，不抵制也不迎合政府的工作。同时政府也无意给予资助或寻求将其纳入自己机构的辅助者范围之内。非洲非政府组织只要不干预相关非洲国家政府的政治事务，不动辄对政府的政治经济和社会发展政策进行批评，而是只关注在本领域开展实际的促进经济、改善民生等方面的工作，并且也不需要政府投入，在这种情况下，政府和非政府组织就可以相安无事，这特别有利于相应非政府组织的活动开展。但是，这样的非政府组织必须严格要求自己，并且自己拥有足够的资源或资源动员能力。

## 二、非洲非政府组织与非洲国家政府关系的发展历程

20世纪60~70年代，非洲非政府组织数量有限，活动领域比较狭窄，可以支配的资源也非常有限，仍然是社会政治经济生活中不起眼的边缘性行为体。这一时期非洲国家政府对非政府组织有压倒性的优势，后者的生存发展有赖于前者的包容庇护，而一些高度集权的军政权、独裁者更是压制非政府组织。这一时期的非洲非政府组织往往对政府采取低姿态，避免得罪政府。

20世纪80年代后，随着非洲国家政府由于政治经济形势不佳而导致日益严重的公共服务供给不足，非洲非政府组织逐渐开始扩张并拓展活动领域，以至于非洲非政府组织逐渐被当做是高效率、较少官僚化、面向基层、能为可持续发展作贡献的伙伴，而政府则被指为效率低下、贪腐盛行、集权和对人民不负责任。鉴于这种形势，一些大型国际组织如世界银行、联合国儿童基金会、联合国开发计划署等开始更愿意与非政府组织开展合作，通过非政府组织向非洲投入资金和在非洲开展项目。

一方面，非洲国家政府乐意非政府组织缓解他们的左支右绌；但另一方面，政府威信下降和非政府组织形象积极又使前者对后者心存疑忌，并进而希望对其加以控制。但是，非洲非政府组织仍得到大发展，特别是在西方支持下开展民主与人权斗争，对非洲国家政府开始构成多方面的挑战。

在这种情况下，一些非洲国家的政府开始对非政府组织实施比较严格的限制和打压，但这引来一些非政府组织的反弹，它们起而开展斗争为自己争取生存空间。在与政府协调斗争的过程中，一些国家的非政府组织达成了某些特定形式的联合，如"非政府组织协会"、"非政府组织联合会"、"非政府组织论坛"等，以此协调非政府组织内部立场并加强与政府谈判时的影响和力量，在与政府斗争的过程中取得了一些胜利，使政府放宽了对它们的限制。也有一些非政府组织在与政府的斗争中失败，一些非政府组织被取缔，非政府组织形成的一些联合体被解散。但是，与政府发生比较激烈冲突的往往是一些挑战政府政策、以比较激进方式关注民主和人权事务的非政府组织，它们在与政府的斗争中遇到了比较复杂的情况。而一些致力于经济发展、社会进步以及人道主义领域事务方面的非政府组织则照常活动，仍旧为一些非洲国家政府所依赖。

进入 20 世纪 90 年代后，非政府组织与非洲国家政府之间的关系在相互妥协中逐步走向成熟。一方面，一些非洲国家在经历了民主化浪潮和冷战结束前后的一段经济政治混乱后逐渐走向稳定；另一方面，非洲国家政府也逐渐意识到非政府组织的强大能量以及不能随便对其进行取缔，转而更倾向于采取对话的方式沟通。从双方共同的角度来说，经过磨合和斗争期，非政府组织和非洲国家政府之间的关系良性发展的模式也更加成熟和多样化。

一些非政府组织设法与非洲国家政府内部的某些人士建立联盟，这样一方面可以使非政府组织更加了解政府动向，另一方面也可以较大程度地避免政府打压；一些非政府组织开始有意识地避开政府、避免介入政治斗争，转而采取建立群众基础并发挥长远影响的方针，这不仅有利于非政府组织更好地生存，也有利于它们更好地为对应人群提供服务从而争取更多的拥护者；还有一些非政府组织则明确地与政府建立合作关系，在社会经济发展方面的活动和项目中与政府共同承担责任，也共同分享利益。在这种模式下，政府或吸收非政府组织参与决策过程和实施，或将社会服务、发展项目和工程分包给非政府组织，或与非政府组织共同举办社会活动等。

20世纪90年代中期以后，许多非洲国家和非政府组织的关系逐步走向制度化，双方关系中的合作成分逐渐增多。这是因为：首先，非政府组织参与民主和人权斗争的积极性有所下降，对救助和经济发展的关注度不断提高，这不但使政府减少了对非政府组织的疑忌和压制，还使政府在一些情况下对非政府组织表示赞许和支持。

其次，非洲非政府组织的实力和影响不断壮大也使非洲国家政府不得不正视其存在并努力处理与其之间的关系。目前，大部分非洲国家的非政府组织都成立了类似于非政府组织协会、非政府组织论坛等的联合体，它们联合起来共同斗争，使得非洲国家政府不得不考虑其诉求。比如，博茨瓦纳的非政府组织组成"博茨瓦纳非政府组织委员会"（Botswana Council of NGOs），明确提出要做博茨瓦纳各非政府组织的保护伞，南非的全国非政府组织联盟（National NGO Coalition of South Africa）则将自己的使命定为"通过联合和加强非政府组织来促进对国家发展政策的影响"。还有一些致力于在相同领域活动的非政府组织组成跨国联合网络，如"非洲林业行动网络"（African Forest Action Network）、"非洲环境非政府组织网络"（African NGOs Environment Network）、东非野生动物学会（East African Wildlife Society）等。

再次，近些年来随着网络科技的发达，信息沟通和传播的速度加快、广度加大，非洲发生的很多事外界很快就能了解并根据情况迅速确定立场和采取措施。在这种情况下，非洲国家政府也不得不考虑如果对非政府组织不公正会不会带来外界的批评甚至制裁。

但是，冲突和斗争依然存在，尤其是在一些形势不稳定的国家，一些西方背景深厚的非政府组织在与政府打交道的过程中仍然会发生摩擦。

## 三、非政府组织对非洲国家政府的影响度

从经济社会发展的角度来说，由于非政府组织的介入程度较深，非洲国家政府所受到的影响也比较深，但这更多地是因为非洲国家政府的主动接受。非洲国家政府愿意与相关非政府组织合作开展有利于本国经济发展、社会进步、人民生活水平提高的事务，吸收非政府组织的智慧，利用它们的资源和获取资源的途径，并相应地为其提供政策等便利。在开展相关经济社会发展的活动中，非政府组织会不同程度地得到非洲国家民众的信任，提高非政府组织本身及其背后的支持国家或组织的声望，为它们进一步的活动提供良好基础。

从政治的角度来说，由于非政府组织喜以西方的民主、人权标准来衡量和要求非洲国家政府，因此仍然受到非洲国家政府的排斥，对非洲国家政府的影响度并不高。这表现为三种形式：首先，一些非洲国家政府会采取比较强硬的姿态面对非政府组织在民主和人权方面的批评，甚至采取手段反击，利用手中的行政、法律以及舆论武器，降低甚至完全抵消非政府组织的影响；其次，一些非洲国家政府实际上比较固化，它

— 第四编 非政府组织在非洲发展状况及西方有关政策、做法和影响 —

们并不在乎非政府组织怎么说，或者说非政府组织的言行并不足以使其发生反应，更难促其改变；再次，由于大部分非洲国家的经济社会发展水平仍然很落后，广大民众实际上并不理解非政府组织政治活动的意义，甚至接触这些组织和活动的机会都很少，因而也不会受到相关影响。

在一些具体事务上，特定非政府组织在特定情况下可能会对非洲国家政府产生重大影响，但这种影响也要区分非洲国家是主动还是被迫接受。例如，一些非政府组织比较关注劳工权益问题，对一些大型跨国企业或者劳工待遇记录不佳的企业会重点盯查，在掌握了这些企业有比较严重的违反劳工法规行为的证据后，会通过多种方式进行发布，对相关企业和企业背后的国家都会构成压力，迫使他们采取措施改善劳动待遇，甚至迫使他们进行赔偿或补偿。在这种情况下，相关非洲国家政府就会主动借助非政府组织造成的声势，为自己的劳工争取权益；而另一方面，如果一些严重违反人权、严重违反劳工权益的行为是由非洲国家政府或者与政府密切联系的人或机构做出，那么在非政府组织发起的抗议、谴责甚至制裁的压力下，他们采取的反应将是被迫的。

总体上来说，不能从当前非政府组织蓬勃发展这一形势夸大非政府组织对非洲国家政府的影响。在一些对各方面管制严格甚至动辄采取打压措施的非洲国家，非政府组织对政府的影响度实际上也并不高。但是，无论如何，非政府组织的活动引发外界关注和干预的能力以及对非洲内部的影响和潜移默化功能仍不可小视。在人权、劳工权益、环境保护、特殊商品（如军火）贸易等方面，特定非政府组织在特定情况下的能量有时是惊人的，能在很短时间内造成爆炸性影响，不但会造成相关方的物质损失，还会使形象受损。因此，在一些具体事务上要特别注意相关非政府组织的影响。

## 四、非洲国家政府对非政府组织的控制度

大部分非洲国家政府在总体上都能控制住非政府组织的活动。非政府组织一般不会不分来由地与非洲国家政府作对，其活动一般也不会对非洲国家政府造成动摇性打击。非洲国家政府通过立法、行政以及特殊情况下的直接打压，仍然能够控制非政府组织。但是，非洲国家政府对非政府组织的控制是不完全的。

首先，就非洲国家政府本身而言，由于政治经济发展水平低、管理能力一般都比较欠缺，没有相应的机构、机制和人员，所能动用的资源也不够，因而无法对非政府组织实施有效管理，有时甚至陷入严重的力不从心困境，并导致在管理环节出现许多漏洞。这一方面使得一部分非政府组织得不到控制和引导，不但不能发挥其应有作用，还出现营私舞弊、贪污腐败、丧失社会公信度的情况；而另一方面，非洲国家政府也难以有效应对非政府组织造成的消极影响和冲击，特别是在形势紧张时往往让非政府组织乘虚而入，成为外部干涉和谋利的跳板或载体。

其次，一些非政府组织有比较深厚的西方背景，或者直接由西方控制支配。对于这样的非政府组织，非洲国家政府要么不愿或不敢得罪，要么即便对其打击取缔也无法消除其影响，因为它们的主要机构、资源和人员在西方国家或者西方掌握的地区，相关非洲国家政府采取的措施无法对其构成实质性影响，有时反而会引起相关非政府组织或者相关西方国家政府的强烈反弹。有的本土的非政府组织由于长期接受西方援助，实际上已经将西方当做自己的庇护者，一旦遭受打压，它们就会向西方求助，对抗所属国家政府。

再次，一些非政府组织具有跨国乃至全球性网络，某一非洲国家政

府对其采取的行动并不足以对不在这一非洲国家的组织机构和资源造成较大影响。另一方面，由于拥有分布于多个国家或地区的网络，一些非政府组织完全可以在一国之外进行影响该国的活动而不受该国行动的影响。比如像透明国际、大赦国际这样的全球性非政府组织，它们都关注非洲事务，前者定期发布所谓的清廉指数，后者长期就非洲的人权问题发表言论并开展实际活动，即便这些影响到了某一或某些非洲国家政府的形象甚至实际利益，非洲国家政府除了口头上的谴责外也无法采取更加实际有效的措施来打击它们。

## 五、非洲国家如何利用非政府组织

从本质上来说，当前非洲国家对非政府组织的利用并不充分，大部分情况下的利用实际上是一种客观需要，即非洲国家政府由于自身在某些领域的相应能力欠缺，恰好需要某些非政府组织在这些领域开展活动。这有时并不是出于主动，而是一种考虑自身能力欠缺和资源不足的实际情况后的无奈选择。也有出于主动的情况，即非洲国家政府承认自己在某些领域的能力不足，但并不认为政府一定要具备这些能力，而是认为完全可以由非政府组织来承担责任。

非洲国家注重发挥非政府组织在灵活性以及制造话题等方面的优势，利用它们来开展活动。比如监督批评外国公司特别是大型跨国公司，非洲国家政府为了本国经济和就业，有时选择不对外国公司采取激烈态度。但是，一些外国公司在劳动权益和环境保护方面又确实有可指摘之处。在这种情况下就可以由非政府组织先出面，履行监督、调查、资料收集等责任，并据此发表相关言论，制造舆论，然后政府就可以顺势介入。

非洲国家重视通过非政府组织获取外界资源。由于相当一部分非洲国家政府官员腐败严重，援助款项和物资有时被贪污或挪作他用，国际社会逐渐开始不愿向政府提供支持，而是更宁愿把资源输送给非政府组织，通过非政府组织来执行或掌控项目。在这种情况下，非政府组织成为外部资源的主要吸纳者，非洲国家政府也开始日益注重利用非政府组织作为交往实体、工具和代理人来与国际社会打交道，获取各种资源。

非洲国家在可能的情况下会将非政府组织吸纳入某种可由政府掌控的机制，使其为政府服务。比如，可以将一些非政府组织纳入某种已存在的组织，或直接加以控制，或建成联系机制；可以将某些类型的非政府组织组合起来，由政府提供平台和资源供它们活动；可以在一些特殊的对外关系场合，协同非政府组织开展活动，让非政府组织为政府分担一部分事务或制造声势。

# 第三章
# 非洲非政府组织与西方

非洲非政府组织的早期发展与西方密切相关。殖民地时期西方在非洲或以非洲为活动对象建立了一些传教机构、宗教性的教育部门、慈善机构以及捐赠团体等,这些可以看做是非洲最早的一批非政府组织。非洲国家独立之初,多数国家都在原殖民宗主国安排下建立了西式的议会制和多党制政府。在这种政治制度下,民间机构有了初步发展,一些国家的教育组织、工会团体、宗教集团还一度比较兴旺。从20世纪80~90年代开始,随着世界政治经济形势的变迁,非洲的非政府组织逐步发展起来。在这一过程中,西方的价值观、组织模式、特别是西方的物质支持发挥了重要作用。可以说,非洲非政府组织兴起和发展的整个过程都是与西方密切相关的。

## 一、非洲非政府组织中的西方因素

非洲非政府组织的兴起和发展中贯穿着西方的因素,这些因素无论是从历史还是从现实的角度来看都具有重要意义。

非洲非政府组织中的西方因素主要通过如下几种形式或途径来表现：

第一，一些非洲非政府组织秉承西方的价值观并将推广或应用这种价值观作为自己的活动目的。非洲国家现在虽然都已从殖民统治下独立，但此前几百年的殖民渗透和统治的历史遗留远没有消除。西方的语言、文化、思想、制度等对大部分非洲国家的影响都非常深刻，西方的价值观在非洲有比较广泛的市场和比较深厚的根基。从 20 世纪 80 年代起，非洲开始实行由西方和西方主导下的国际组织提供资金和指导的结构调整，民主化浪潮也逐步掀起，一些非洲非政府组织很快成为西方推行其政治经济模式的具有合法性的隐蔽工具。作为西方势力在非洲的延伸机构，非洲的非政府组织在很大程度上不是非洲本土发展进程的管理者，而是西方价值观的代言人和西方开展活动的代理人。

第二，相当一部分非洲非政府组织得到甚至依赖西方的物质支持。非洲的非政府组织既无法从财政紧张的本国政府获得物质支持，也很难从贫穷的国内社会募集资金，它们对外部资源有很强的依赖性。一些组织如果没有来自西方国家的援助，根本就无法开展活动，甚至连存在都成问题。由于物质资源有限，一些非洲非政府组织甚至为了争夺资源而不惜代价地迎合西方的要求。从非洲国家和西方国家的经济现实对比情况来看，非洲非政府组织依赖西方的局面在相当长一段时期内都难以改观。既然得到西方的物质支持，那么非洲非政府组织就一定要对此有所回报。一方面，它们要按照西方相关方的要求开展活动，并秉承西方的准则；另一方面，它们还要向相关方提供信息，使后者更好地掌握非洲相关领域的情况和动向。

第三，一些非洲非政府组织直接由西方国家、机构或个人创立，或者西方非政府组织的某种形式的分支。一些在非洲的西方非政府组织分支机构由来自西方或由西方主导招募的人士负责运作,当地非洲人往往只负责执行和辅助工作。"非洲发展合作与研究协会"(ACORD)是为非洲发展与社会公义而工作的欧洲与加拿大非政府组织的国际协会。索罗斯基金会、洛克菲勒基金会、记者无国界等西方非政府组织在非洲都设有分支机构。日本国际合作署(Japan International Cooperation Agency)辖下在非洲的非政府组织都由日本派出的工作人员担任负责人,核心的职位也一般为日本人担任,而非洲人如果要担任较高级职位,就必须接受日本安排的培训。

## 二、非洲非政府组织与西方的关系

由于历史上与非洲的联系以及在非洲的巨大利益,深谙非政府组织作用的西方非常关注非洲的非政府组织发展,它们一直试图控制后者。而由于非洲非政府组织资源短缺,也确实需要西方的"关怀和帮助",从而也免不了在不同程度受制于西方,甚至干脆成为西方的代言人和代理行动者。但是,一些非洲非政府组织意识到依赖西方和受西方控制的不利之处,为了更好地维护非洲本土利益和更好地表达非洲人的声音,保持自身的独立性,它们也努力伸张自己的主见,力图降低甚至摆脱西方的控制性影响。

非洲非政府组织与西方的关系主要通过五个层面来表现:

首先是非洲非政府组织与西方国家层面。当前,西方国家都非常注重通过非政府组织来推行自己的对外政策。西方国家的非政府组织在规模、数量、资金、管理和活动经验、媒体资源运用方面都占据优势,西方国家非常注重利用其表面上的非政府性和灵活性,对非洲进行政治、经济和文化渗透,以各种手段向非洲输出西方的民主、人权等价值观以及西方的市场经济模式等。一些非政府组织还直接为西方国家干涉非洲国家内政服务,甚至从事煽动颠覆活动。美国不但自身的非政府组织非常发达活跃,而且还非常善于利用其他国家关注非洲事务的非政府组织和非洲本土的非政府组织。美国的非政府组织深入问题区域内部,提供资金和资源支持其他尤其是非洲本土的非政府组织,并大力开展非洲非政府组织人员培训工作。美国甚至依靠非政府组织利用非洲当地非政府组织的能力和网络动员人员和资源开展活动,推行"变革外交",颠覆他国政府。

其次是非洲非政府组织与西方主导的政府间国际组织层面。西方对向世界银行、国际货币基金组织这样的大型政府间国际组织有很高的支配度,而世界银行和国际货币基金组织在非洲的活动恰恰非常广泛,从非洲各种基础设施工程的援助建设到介入非洲国家的财政金融,影响非常大。欧盟由欧洲国家组成,包含了法、德这样的世界性大国和一些对非洲经济和社会发展事务非常关注的北欧国家。这些国际组织除与非洲国家发展关系外,还与非洲非政府组织发生关系,向其提供物质援助、人员培训、知识和经验输送,并在特殊情况下为其伸张诉求,可以说是一些从事民主、人权、冲突解决事务的非洲非政府组织的强大后盾——当然,这也意味着对非洲非政府组织的强有力控制。

第三是非洲本土非政府组织与西方非政府组织层面。西方非政府组织凭借自身所掌握的物质资源和知识、管理经验等无形资源,向非洲非政府组织提供物质支持、人员培训、咨询,在此过程中不但从物质上影响甚至控制非洲的非政府组织,还宣扬了西方的价值观和理念。由于非政府组织表面上的独立性,非洲非政府组织与西方非政府组织的交往显得更加平等,因而也更加频繁和深入,双方之间的关系可以说非常密切。

一些非洲非政府组织实际上沦为相应西方非政府组织的代理人甚至实际上的分支机构，另一些则虽然不愿意受西方控制，但由于物质上的依赖，仍不得不受其制约。

第四是非洲非政府组织与西方跨国公司层面。非洲拥有丰富的能源和矿产资源，也是重要的热带农产品供应者，很多西方跨国公司都在非洲拥有巨大利益。它们需要获得相关非洲国家的许可来进行资源开发和输出，需要适应当地的商业架构，需要利用当地的劳动力，需要有比较稳定的政治社会环境。但是，作为追求利润的跨国公司，它们中的一些总会在遵守法规、劳动待遇、环境保护等方面产生一些问题，因此它们也会受到非洲非政府组织的关注和批评。对此，西方的跨国公司一方面利用自己的强大实力影响非洲国家政府和西方国家，抵制非洲非政府组织，另一方面它们也愿意拿出自己在非洲获得的巨额利益的一小部分来支持非洲非政府组织，从而减少来自后者的压力。

第五是非洲非政府组织与西方某些个人层面。在西方，有一些在经济、政治或者文化领域非常有影响的个人，他们凭借手中掌握的金钱、关系网、号召力等资源为非洲非政府组织提供帮助，有时甚至利用其影响力直接出面为非洲非政府组织摇旗呐喊。国际金融家乔治·索罗斯成立的"开放社会基金会"（Open Society Foundations）表面上致力于不民主国家的民主化，以此为目的在教育、卫生、人权等领域开展活动，但实际上其最根本目的是向"不民主"的国家输出西方的价值观。基金会的多个倡议和具体项目都涉及非洲，包含媒体、移民、妇女、青年、法律、人权等多方面的事务。此外，还有一些文艺界人士特别是如好莱坞明星等，他们中的一些人非常关注非洲人权、冲突解决、人道主义救援方面的事务并支持相关非政府组织，或为相关非政府组织进行募捐和倡议。借助像索罗斯和好莱坞明星这样个人的影响力，非洲非政府组织在一定条件下或可获得所需的资源，或可达成自己开展活动的目的。

应该指出的是，上述非洲非政府组织与西方关系的五个层面并非截然分开，而是密切交织。西方国家在制定非洲非政府组织战略时也注意考虑各个层面相结合发挥最佳效果。它们发展与非洲非政府组织的关系往往以政府间国际组织和非政府组织为渠道和桥梁，在一些政府不便出面或者不必要出面的场合，西方国家更是依赖非政府组织；政府间国际组织发展与非洲非政府组织的关系，除依靠自己的机构和渠道外，也注意将一部分项目和事务交给非政府组织；而个人更是需要特定非政府组织为依托，以便与非洲非政府组织联系沟通，并向它们输送资源。

## 三、西方影响和利用非洲非政府组织的模式

西方自身拥有比较完善的非政府组织，也有比较充分的管理和运作非政府组织的资源和经验。随着国际政治经济形势的变迁，西方早已意识到非政府组织在推行对外政策方面的特殊作用，因而他们非常愿意并且善于利用非政府组织。而另一方面，非洲非政府组织由于发展不成熟和资源匮乏，往往也比较容易被利用。

西方影响和利用非洲非政府组织的模式主要有如下几种：

首先是通过提供物质支持来影响和利用。西方向非洲非政府组织提供的物质支持可表现为多种形式，除直接给予金钱和物资外，还有一些迂回的支持方式。比如，美国有一部旨在促进美国与撒哈拉以南非洲国家的经贸关系的《非洲增长与机遇法》，在法规实施过程中，美国很重视发挥非政府组织的作用，并向他们提供开展相关活动的便利；欧洲为维持与非洲国家的传统关系，设置了一些针对非洲的贸易优惠机制，其

中一些具体的项目会交由非洲非政府组织实施。接受了西方物质支持或者享受了西方物质便利和优惠的非洲非政府组织必然会受到西方的影响和控制，而如果非洲非政府组织不顺从甚至反抗，那么西方也可以非常容易地通过抽回、暂停或中断物质支持、停止给予优惠和便利的手段来进行打压。

其次是通过提供人力资源来影响和利用。西方可以向非洲非政府组织派遣管理或者咨询性人员，这一方面是因为西方是资助者，有权或者有优先权安插人员，另一方面也是因为一些非洲非政府组织也确实需要西方向他们提供人力资源，以补充他们人手和经验的不足。西方也可以培训非洲非政府组织的管理和工作人员，使非洲非政府组织的人力资源成为它们影响乃至其控制下的人力资源。

再次是通过提供发挥作用的平台来影响和利用。非洲非政府组织要想开展活动和发挥影响，必须有一定的平台，如论坛、媒体、出版机构等。这些平台资源在西方都很丰富，而在非洲却供应不足或者影响力不够。通过为非洲非政府组织提供集会机会和场所、安排媒体报道它们的活动并发表它们的相关言论和文章、出版它们的资料和研究成果，西方可以将非洲非政府组织的影响按照自己的需要进行放大或缩小。

最后是通过"代理人"来影响和利用非洲的非政府组织。西方可以通过影响联合国、世界银行、国际货币基金组织、世界卫生组织这样的大型政府间国际组织的资源安排、配置和议程设置来对非洲的非政府组织施加影响，可以通过西方自有的非政府组织向非洲非政府组织输送资源和传递价值观，可以推动一些企业向非洲非政府组织提供物质支持，也可以利用一些有影响的国际性人士与非洲非政府组织沟通或通过该人士执行相关使命。

总的来说，非洲非政府组织与西方的关系是密切的，也是复杂的。我们必须明了一些非洲非政府组织有着深厚的西方背景，从而也明了其地位和作用，明了其言论和活动的真正目的，从而引起重视。但是，不应认为非洲非政府组织与西方的关系是铁板一块，应明了我们仍然有很大的空间发展我们与非洲非政府组织的关系。西方对非洲非政府组织的作用非常重视，也善于以多种多样的方式利用非洲非政府组织，这也是我们应该研究并借鉴学习的。

# 第四章
# 非洲非政府组织与中非关系

中非关系的日益发展引来了非洲非政府组织的关注，中国在非洲的存在和扮演的角色、中非关系成为很多非政府组织重点跟踪观察研究的对象，一些非政府组织更是已经开始以不同的方式介入中非关系。特别是在一些西方势力的推动甚至挑拨下，非洲的非政府组织开始比较有针对性地关注中国在非洲的贸易和投资动向、中国人和中国企业在非洲的活动及其影响等。非洲非政府组织已经成为影响中非关系的一个重要因素。

## 一、非政府组织介入中非关系的方式

中国在非洲的存在已成为包括非洲在内的国际社会所广泛关注的一个重要问题。为了获得它们所需要的信息和对相关进程施加影响，在非洲或非洲事务方面日益活跃的非政府组织开始积极地介入中非关系。

制造舆论是非洲非政府组织介入中非关系的一种常见方式。一些非政府组织人士在著名的世界性的西方媒体以及非洲当地重要媒体上就中非关系方面的诸多问题接受采访、发表言论，这些连同西方媒体对中国对非外交的批评指责一起，对中国在非洲乃至在世界的形象构建产生重要影响。一些著名的非洲非政府组织还建立了自己的新闻网站，以此为平台发表观点，影响舆情，一些非政府组织更是专门针对中非关系进行跟踪报道和评论，是一股不可忽视的力量。在网络和相关技术日益发达的情况下，舆论特别是有人在背后操纵的舆论的影响非常大，不仅有混淆视听、推波助澜的作用，而且又容易产生爆发性效果。这是我们必须重视并设法应对的。

开展研究并发布相关文献是非洲非政府组织介入中非关系的一种比较有深度且有很大影响力的方式。一些非政府组织利用专门机构、专业人员对中非关系的相关数据、信息进行搜集整理和分析，或组织研讨会等交流活动，以此为基础出炉报告、文章、专著等，公开发布，其中特别注重利用现代网络技术进行传播推广，对中非关系具有重要影响，并且容易引起非洲本土的精英人士乃至高层领导人的兴趣和共鸣，从而影响它们对中国的态度和政策。

"法哈姆"（Fahamu）是国际上比较知名的关注非洲人权和社会公正事务的非政府组织，得到西方众多基金组织的支持，拥有比较充足的物质和人力资源，从事活动组织、研究、编辑出版等事务。该组织非常关注中国在非洲的活动，强调从非洲人的视角来看中非关系和中国在非洲存在以及发挥非政府组织在中非关系中的作用。法哈姆专门开展了一个关注"中国和其他新兴力量在非洲"（China and Other Emerging Powers in Africa）的研究计划，发布了一些论文和专著，其中一些质疑甚至攻击中国的论断传播较广，影响很大。

通过在国际场合活动对中国施加压力是非政府组织介入中非关系的

一种容易引人注目的方式。目前，各种重要的国际场合都有形形色色的力量出场来表达自己的诉求，非政府组织是这些活动的主要组织者和领导者。通过在联合国活动、非盟活动、中国高层领导人或代表团访问非洲国家、大型国际会议等场合发起针对中国所谓的"在非洲搞新殖民主义"、"攫取资源"、"支持独裁政权"等抗议和示威活动可使中国政府难堪，有时也迫使中国政府就某些问题做出回应。

非洲非政府组织也通过与中非双方直接交往来介入中非关系。实际上，由于非政府组织日益增长的重要性和行动有效性，国与国之间在处理关系特别是在处理一些专门性领域的关系时，也乐意吸收非政府组织参与。通过直接介入中非关系构建过程，它们不但了解了情况，也更直接有效地发挥了自己的作用，并逐渐地形成一种长效机制，即中非关系的考量和相关政策实施都少不了要非政府组织参与。如在中非合作论坛事务上，就有人提出要设立一个平行的包括商业、劳工和消费者团体的非政府组织论坛，一方面为来自非洲和中国的非政府组织提供交流机会，另一方面也能对中非合作论坛施加影响和压力。

当前，一些非洲非政府组织已经明确提出了要更加关注中非关系的主张，并提出了一些具体的关注和影响进程的办法。如组织关注中非关系的非政府组织的联合体、加强与西方非政府组织合作从而利用西方向中国和非洲施加压力、加强对中国在非企业和商人处理劳工和环境事务的跟踪监督、在特定场合组织对中国活动的抗议和抵制等。这些非政府组织的一个总的指导原则是，在它们自身能力无法有效影响中非关系的情况下，可以通过国际社会、调动国际资源来施压，而这往往正中一些对中国不满甚至仇视的西方势力的下怀。因此，这种非洲非政府组织与国际力量联合影响中非关系的局面是容易形成的，必须加以注意。

## 二、非政府组织对中非关系的可能影响

非政府组织对中非关系可能或造成如下几种影响：

首先，非洲非政府组织的一些言论和活动可能损害中国国际形象以及中非友好关系，削弱中国在非洲活动的能力。近年来，西方动辄将"新殖民主义"、"攫取非洲资源"、"在非洲圈地"、"破坏非洲民主化进程"、"纵容违反人权事件"等帽子扣在中国头上。在这股诬华浪潮中，非洲非政府组织发挥着特别重要的作用。因为它们号称不代表特殊国家或组织，只从非洲利益出发，从而往往占据舆论制高点。但实际上，这些组织一般都跟西方势力有着千丝万缕的联系，大部分的活动资源更是直接来自西方。正因为如此，它们与西方势力一唱一和，不仅破坏了中国在非洲乃至整个国际社会的声誉和形象，而且冲击着长期以来形成的中非友好合作的大局面。比如，在苏丹达尔富尔问题上，专门关注非洲人权事务的非洲行动组织（Africa Action）一直批评中国，指责中国在安理会制造对苏丹实施制裁的障碍，帮助苏丹政府以不公正的方式对待达尔富尔居民的正当诉求等。而实际上，非洲行动组织跟美国有着密切联系，与美国的非政府组织交往频繁，其主要目的之一就是改变美国的对非政策，"让美国在非洲发挥更大作用"。

其次，非洲非政府组织的一些言论可能影响非洲国家政府和民众对中非关系的认知，滋生或助长其不客观、不公正的看法并衍生出相关政策，从而削弱中非合作，损害中非关系。近年来，中非在能源资源、经贸投资等方面的合作蒸蒸日上，双方都从中获利。除此之外，中国还提供各种援助帮助非洲国家解决实际困难。这种互利共赢的合作模式为中非关系的长远发展建立了良好的基础。但是，正是这种良好的关系发展模式

遭到了一些非政府组织的质疑，他们从自身利益和价值观理解的角度分析和研究中非关系，进行批评，提出一些不利于中国在非洲活动并且混淆非洲人视听的观点和说法，比如不分青红皂白地将中国与苏丹、津巴布韦等国的合作称为"支持独裁暴政"、将中非之间正常的农业合作称为"在非洲圈地"、将中国对非提供的援助描绘为"别有用心"或者援助的模式不利于非洲的发展。一些非政府组织甚至不惜制造混淆，将并非来自中国方面的行为安到中国头上，使本不该由中国承担的责任变成是中国的事。这种明显带有目的性和偏见性的言行很容易对不了解实际情况的人和组织造成影响，形成不正确的认知，使其先入为主地对中非关系持批判态度。从短期来看，这会使中非关系进程中的一些具体实践不顺利甚至遭遇挫折；从中长期来看，如果一任别有用心的不客观言论甚嚣尘上，将使中非友好关系的基础受到比较大的冲击。

第三，非洲非政府组织的一些言论和活动可能会对中非经贸关系的发展造成影响。近年来，中非经贸关系高速发展，引起了一些西方国家和非政府组织的关注。由于中国出口商品竞争力强，价格低廉，对一些向中国出口同类商品的国家构成压力，这些商品在大量进入非洲的情况下也会对非洲一些国家的相关产业造成冲击；中国对非投资也由于进入迅速、涉及面广等原因引来西方既得利益者的疑忌；此外，一些中国企业在诚信、遵守非洲当地法规方面做得不到位也引起一些国家和非政府组织的指责。问题确实存在，但并不影响中非经贸关系的良好主流。然而，非政府组织在这方面进行调研后发表的言论、书面报告等由于其权威性和传播性，容易使消极面扩大化，从而导致非洲国家政府采取不利于中国发展对非经贸的政策，甚至导致一些非洲国家的居民对中国的企业、工地以及中国的商人进行抗议和冲击，这些不但直接影响中国在非洲的经贸利益，还会对中非经贸关系的整体和长远发展不利。

第四，非洲非政府组织的一些言论和活动可能会对中国在非公民的利益和安全造成影响。随着中非合作日益扩展，中国公民和企业积极参与非洲经济活动，海外工程承包和劳务输出日益扩大，各类赴非人员不断增加。由此，中国企业和公民在非洲与当地人和社区的摩擦和纠纷也在增加。一些关注人权、劳工权利以及本地化发展的非政府组织喜欢拿这些做文章，不去深入客观地了解事实真相，发表一些指责、扭曲甚至煽动性的言论，容易激发当地人对中国机构和人员的不满。特别是在一些形势不稳定或者治安状况恶劣的国家，相关非政府组织的一言一行都会影响当地人对中国的态度，而且往往成为一些人对中国机构和人员采取不法行动的借口。

## 三、中国与非洲非政府组织关系的现状

总体上来说，目前我国与非洲非政府组织的关系仍处于发展的初级阶段，有待进一步扩展和深入。无论是从政府层面、驻非外交机构层面、在非企业层面还是从在非人员层面来说，我们与非洲非政府组织的交往都还非常不够。

目前我们与非洲非政府组织的交往有如下几个特点：

首先是回避与非洲非政府组织交往。由于不了解对方以及种族、文化、价值观等方面的差异，当前我国在非单位和个人仍秉持尽量减少与非政府组织接触的原则。特别是对一些宗教性质的非政府组织、与西方关系密切的非政府组织等，我们常抱回避态度，怕说错话做错事，或者怕说出来的话、做出来的事在另一种文化下表达会发生扭曲等。对宗教性质的非政府组织，由于中方人员大都不是教徒，因而很难与它们打交道。

而且有些教派性的非政府组织涉及教义问题，有时会引发与其他非政府组织的争端甚至冲突，对此中方一般都敬而远之。但是，宗教性质的非政府组织又恰恰是非洲最重要的一类非政府组织。对此，我们仍需进一步调查研究，以确定应对方法。还有一些非政府组织根据西方或者非洲本土的价值观行事，虽然他们主观上可能并无恶意动机，但这种价值观指导下的言行往往并不为中方所接受，或者中方的言行在经过某些西方或者非洲本土的价值观解释后会造成消极影响。特别在当前国际社会过度关注中非关系、中国在非存在问题并喜以此做文章的情况下，一些中方与非政府组织的正常交往和相关言行容易被某些别有用心的组织或个人断章取义甚至直接歪曲。由于中国的历史传统和政治文化特点，这些情况很容易造成中方单位和个人采取"多一事不如少一事"的态度。

其次是与非洲非政府组织的交往有时比较被动。由于不主动与非洲非政府组织交往，一旦它们的言行涉及或者直接针对我方相关主体时，我们由于前期不了解情况，常常无法立即与相应非政府组织形成有效沟通，但是我们又不得不做出反应，而这种情况下的反应往往是被动的，可能造成我方应接不暇或者应对不利甚至失误的局面。比如目前比较突出的中国在非企业与当地劳工的劳资关系问题，很容易受到非洲非政府组织的关注。一旦出现违反当地劳动法规或者影响比较大的劳资冲突问题，非洲非政府组织会马上做出反应，或制造舆论指责中方，或组织力量进行抗议，或游说非洲国家政府乃至西方势力采取批评和打压中国的态度和政策，影响非常大，并且很容易被西方媒体利用，大肆做文章，对中国国际形象造成不利冲击。对于这些情况，我们目前仍抱"问题发生了再解决"的态度，易被问题和非洲非政府组织的借题发挥推着走。

再次是缺乏与非洲非政府组织交往的有效主体。迄今为止，我国非政府组织的发展仍很薄弱，尤其是缺乏有实力、有经验的致力于对外交往或者外国活动的非政府组织。除了政府、驻非外交机构、在非企业和在非个人以及像孔子学院这样仍处于发展期的机构外，我们没有其他能灵活有力地与非洲非政府组织交往的对应主体。政府和驻非外交机构有资源方面的限制和身份方面的顾忌，非政府组织事务也并不是它们的主要关注点。而企业和个人则更加关注自身利益，不会在不涉及利害关系的情况下主动与非洲非政府组织发展关系。当一些非政府组织的言行对上述机构和个人构成消极影响时，它们更是避之唯恐不及甚至愤恨。这些机构和个人不可能把发展与非洲非政府组织的关系当做头等大事，因而都不能成为与非洲非政府组织交往的有效主体。

第四是与非洲非政府组织交往的手段仍比较单一。随着中非关系的扩展和深入，中非双边的交往在政治、经济、文化、人员交流等各个方面逐步铺开，与非洲非政府组织的交往也在逐步扩大。但直到目前为止，我们与非洲非政府组织交往的手段仍比较单一，仍局限于邀请非洲非政府组织来中国参观访问和出席研讨会、在非洲与相关非政府组织举行面对面会晤交流等，而在直接通过物质支持施加影响、借助非洲非政府组织为我国对外政策宣传和对外事务开展服务、与相关非洲非政府组织联合开展项目、创新方式吸纳非洲非政府组织、参与非洲非政府组织的运营和活动等方面仍然做得不够，也没有相关的成熟经验和机制。非洲非政府组织数量巨大、名目繁多、活动领域广泛、与非洲之外世界的关系以及互相之间的关系都非常复杂，这本身就要求我们区别对待，以灵活多样的方式来与它们交流。

## 四、中国处理与非洲非政府组织关系的对策建议

非政府组织已成为中非关系中的重要影响因子，实际上已是不能回避的、必须认真对待的第三方行为体。

要处理好与非洲非政府组织的关系，中国首先必须对非洲非政府组织给予重视，抛弃认为一些非政府组织力量薄弱、不会造成大影响的看法，抛弃我们只与政府和政府相关部门打交道、不与非政府组织接触的想法，不能忽视非洲非政府组织的倡议、游说、舆论制造、担当某些势力代理人的力量。特别是在当前中国在非存在日益扩大、各种机构和人员日益庞杂、西方国家对此日益关注并且日益重视利用非政府组织为其开路和助威的情况下，我们尤其要有清醒的认识。

其次要分清具体情况，一方面要弄清非政府组织活动背后的支持力量以明了它们的动机，并根据其背后的非洲国家政府因素、西方因素作区别对待；另一方面要分辨非政府组织诉求合理与否以及可行与否，并根据其调整我们的相关行为和政策。

具体而言，我们可以考虑从如下几方面开展工作：

第一，要对非洲非政府组织有比较充分的了解，不但了解非洲非政府组织的总体态势，还要深入了解各重要组织的具体情况如发展历程、特点、工作领域、工作目标及办事原则等。只有对非洲非政府组织充分深入地了解，我们才能采取有针对性的政策。

这要求我们加强对非洲非政府组织的研究。到目前为止，我国对非洲的研究总体上仍处于十分薄弱的阶段，对像非政府组织这样具体问题的研究更是非常不够。必须在很好研究非洲历史、文化、政治以及经济等的基础上研究非洲非政府组织，必须更多地通过实地调查去搜集非洲

非政府组织方面的资料和分析问题,还必须重点跟踪关注某些比较活跃、对中非关系介入较深的非政府组织。这也要求我们主动地与非洲非政府组织接触,在接触中去认识。随着中非关系的发展、中国在非存在的扩大并持续深入,我们必须要学会与形形色色的非洲非政府组织打交道,只有在与它们打交道的过程中双方才能互相了解,才能更好地协调看法和事关双方的言论和行动。

  第二,不管相关非政府组织是给中非关系提供助益还是制造麻烦,我们都必须主动地与其进行交流和对话。对于能够正确看待或者实事求是地认知中非关系和中国在非洲作用的非政府组织,我们要主动接近,尽可能地利用它们的机构和影响力为我们的正当言行辩护和宣传。对于非洲非政府组织对中非关系的批评、对中国在非洲角色和作用的指责,我们要耐心地区别对待,不客观不正确的地方要澄清,产生的误解要解释,有意的歪曲诬陷则需要坚决反驳。

  当前,有一些非洲非政府组织与西方势力实际上处于同一战线,它们对中国政府进行批评是刻意而为之,对此我们要保持冷静,耐心宣传解释以正视听;也有一些非洲非政府组织之所以对中国有不正确的看法和态度是因为它们对真实情况不了解,对此我们要积极主动地向他们解释,为它们提供信息和了解信息的方便,通过它们来执行我们的宣传和正视听工作。

  加强与非洲非政府组织的交流和对话可以从多个方面展开。一是驻外机构层面的交流和对话,中国驻非洲的使领馆、国有企业可出面与非洲非政府组织建立定期交流机制或者合作关系,既增进相互了解,也有助于一些项目特别是援助项目的实施;二是非政府组织层面的交流和对话,要让中国的非政府组织走向非洲,在非洲进行考察,建立工作基地甚至分支机构，在当地开展交流合作，另一方面也邀请有代表性和重要影响的非洲非政府组织来中国参观或参加研讨会。要建立起中国非政府组织和非洲非政府组织交往的平台，使互相了解更加便利，对对方的认知也更加客观；三是其他层面如学术界、企业界、文化的交流和对话，通过双方相应的非政府组织开展中非联合研究、中非企业家交流合作、中非文化团体互访等，这将使我们与非洲非政府组织的交流和对话更加全面，更加深入。

事实上，与非洲非政府组织开展良好的交流、对话以及合作都是可能的。因为非洲非政府组织缺乏资源，这是我们可以适当提供的；非洲非政府组织对西方也并不是一味认可追随，仍然有很多异见者，这是我们可以加以利用的；非洲非政府组织种类繁多，目标各异，它们所信奉的准则也不全是西方式的，特别是在当下，中国的发展模式在非洲比较有影响力，我们可以利用这种影响力争取一些非洲非政府组织的声援和支持。

第三，可以考虑发展我们自己的或受我们影响甚至控制的能在非洲活动或影响非洲、西方势力等相关方的非政府组织。非政府组织近年来在中国获得了较大的发展，但它们主要关注的是国内议题，很少参与对外关系，参与对非关系的更是少之又少。这种局面不利于中国在非洲的软实力建设，不利于中国开展对非公共外交和民间外交，不利于执行对外宣传活动，同时也不利于我们更好地了解非洲和非洲非政府组织。当前，中非交流的领域日益广泛，除传统的政治、经贸关系外，文化、各类人员等方面的交流也日益频繁，可以考虑整合这方面的力量，建设一些由我们自己掌控、由我们自己设置议题的非政府组织，一方面加强交流，另一方面也加强中国非政府组织在非洲的存在和活动能力。

除建设自己的非政府组织外，我们还可以通过提供物质支持、设置交流平台等手段影响非洲非政府组织，使其为我们所用。对于一些非洲非政府组织，我们可以根据它们自身的要求向其提供资助，可以将一些中非合作的项目拿出一部分交给非政府组织使其从中获利，可以为非洲非政府组织了解中国提供物质便利等。这些都是对非政府组织施加影响的重要途径，西方在这些方面特别是提供资助方面做得比较全面和积极，我们在这些方面也可考虑加强。

第四，可以考虑设立应对非洲非政府组织的专门机制，既可以利用已有的专门机制通过增加功能来达成这一目的，也可以整合目前分散在各部门的已有机制。中非合作论坛是目前已有的一个比较完善的中非关系机制，它也一直重视在机制下为非政府组织提供交流平台、吸纳非政府组织的意见和智慧以及利用非政府组织承担某些实际活动。目前，中非合作论坛机制下与非洲非政府组织相关的活动越来越多，方式也越来越多样，但仍有进一步加强并整合的空间，特别是可以将属于其他部门的处理与非洲非政府组织关系的功能整合进来，并提高机制整合度和级别，使其具备更加有效的协调力和执行力。

第五，要注意规范相关主体特别是在非企业和人员的行为，减少可能会被非洲非政府组织利用的把柄。《中国对非政策文件》规定中国企业要坚持与非方"互惠互利"，"促进非洲国家和地区实现可持续发展"。这要求中国企业和商人遵守当地的商业、劳工和环境法规以及同行规范和国际惯例，并注重承担社会责任。但是，一小部分中国企业和商人的不良行为引起非洲人的反感，如销售劣质商品、不遵守当地劳动法规、不注重保护环境、从事工程项目时不顾国际规则和惯例等。这些行为虽然是少数，但一经曝光往往会带来爆炸性冲击，对整个中国企业和商人群体的形象都会造成消极影响。非洲非政府组织特别重视劳工、环境等方面的问题，一旦发生企业和个人不遵守相关法规的倾向，非政府组织的反应将非常快速并且激烈，造成的影响也很大。无论是从保证中国在非存在可持续发展大计，还是从搞好与非洲非政府组织关系方面考虑，规范在非企业和人员的行为都非常必要。与此同时，在非企业和人员也要加强自身建设，尤其要明白非洲非政府组织的能量不容忽视。

第六，要注意当前非洲非政府组织活动和影响所具有的区域性，与它们发生关系时要结合各相关国家和区域的层次进行考虑。与当前全球化和区域一体化的形势相契合，特别是在交通和信息传播技术日益发达的情况下，很多非洲非政府组织的实际存在和活动影响早已不限于一国。当前非洲各种一体化安排和一体化组织方兴未艾，它们本身派生出了一些具有区域性的非政府组织，同时促使一些具有区域性的非政府组织产生。这些区域性的非政府组织与相关的政府间一体化组织或相配合，或形成监督制约力量，既对区域整体产生影响，也对区域内的相关国家产生影响。一方面，我们与相关区域和区域各国打交道时要考虑相应的区域性非政府组织，另一方面，我们与区域性非政府组织打交道时也要考虑相应的区域和区域各国。

第七，要注意根据现代信息传播技术的特点制定应对非洲非政府组织信息散布影响的对策。当前，网络技术日益发达，各种类型的网站和网络信息传播工具日新月异，能在极短时间内将相关信息传播至世界各地，也能在极短时间内吸引大量人士的意见性参与，容易在短时间内形成爆炸性的舆论影响。虽然非洲本身的网络基础设施和网络技术并不发达，但一旦信息出现在网络上，就有可能得到世界性的传播。而且，现在相当一部分非洲非政府组织都有了自己的网站，一份关于中非关系的研究报告、一篇指责中国在非存在的文章,很容易就能通过转载等方式被更多的人看到,这会造成别有用心者的大加利用和不明真相者的胡乱评论,形成不良的影响。对此,我们首先要重视,其次要做好应对的工作,同样利用网络和网络技术工具来反击不实言论,澄清错误和混乱。

## 五、结 语

非政府组织影响国际关系的力量已毋庸置疑,目前的关键是如何看待这种力量、应对这种力量以及利用这种力量。

就非洲非政府组织与中非关系而言,我们需要对非洲非政府组织本身、非洲国家、西方以及中国四方进行综合的考量,还要考虑非洲与西方关系、中国与非洲关系以及中国与西方关系。在这种多方层层的关系网中,非洲非政府组织从一定意义上来说是一个枢纽,非西关系、中非关系和中西关系的一些点会通过这个枢纽体现、传播和交汇,也可能会围绕这个枢纽爆发利益争端乃至冲突。

从短期来看,我们必须做好对非洲非政府组织的研究,与非洲非政府组织进行有效且能持续的沟通,同时也提升我们自身对非洲非政府组织施加影响和回避其不利影响的能力;从长远来看,我们必须从非洲非政府组织本身、非洲非政府组织与非洲国家政府关系、非洲非政府组织与西方关系来把握非洲非政府组织,还必须在把握非西关系、中非关系和中西关系的大背景下把握中国与非洲非政府组织的关系。

| 第五编 |

# 国际对非合作机制比较及发展中非合作论坛对策建议\*

---

\* 上海国际问题研究院西亚非洲中心

与冷战结束后的头十年相比，非洲在进入21世纪后的国际地位和国际关注度明显上升。冷战结束不仅释放了诸多冷战格局压制的矛盾进而使得非洲乱象纷呈，而且也因国际战略关注点的转移而导致非洲不为人重视。当时的国际社会主要是从消极和悲观的视角看待非洲的，如同《经济学家》1996年11月号的一篇文章所写："持续的屠杀、恐惧、难民迁徙、饥饿、疾病……"[①] 随着中非关系的发展、特别是2000年中非合作论坛的建立和发展，国际社会再度将目光投向非洲，各国或者效仿中国——不管是实际形式上还是仅限于精神启示方面——创建新的对非合作机制，或者复活既有的对非合作机制，形成了多个国际对非合作机制齐头并进、相互竞争的复杂局面。

国际对非合作机制的增生，也可能导致复杂的国际政治后果：这些机制既可能在对非关系的特定领域产生互补，也可能相互竞争；而诸多国际对非合作机制的存在，既可能促进非洲的和平、稳定与发展，为非洲提供更多的选择机会，同时也可能使非洲更加依赖于在不同机制间的讨价还价，从而缺乏切实发展自身实力的意愿；它们既可能寻求与中非合作论坛的合作，也可能相互联合遏制中非合作论坛的发展。要理解国际对非合作机制快速增生的上述复杂后果，就有必要对各国际对非合作机制本身、其所反映的非洲政策地位、其政策效果以及非洲人的反应等加以对比，并发现其优势与不足，进而为中非合作论坛的可持续发展提供操作性强、有前瞻性和战略性的政策建议。

本报告主要分为五章，首先简要介绍当前国际对非合作机制的历史发展和现状，然后对各对非合作机制的机制平台和政策定位进行比较，

---

[①] "Behind the Zairean shambles," *The Economist*, Vol. 341 (November 2, 1996), p. 39.

第三章比较国际社会和非洲对这些机制的评价，第四章考察中非合作论坛与其他国际对非合作机制之间的既存或未来可能的互动关系类型，最后就中非合作论坛的可持续发展提出政策建议。

# 第一章
# 国际对非合作机制发展的国际背景

尽管很多人认为非洲一直处于国际社会的边缘，但事实上非洲始终与整个国际体系的发展密切联系在一起：无论是奴隶贸易、列强瓜分非洲及随后的殖民主义，还是冷战时期的代理战争，以及今天非洲日益上升的国际战略和经济重要性，都说明了非洲与更宏大的全球政治经济体系的密切联系。[1] 与历史上非洲在国际关系中的地位相比，进入 21 世纪后的非洲正开始日益主导自身的命运，而非如同以往一样由外部力量所主导。当然，这很大程度上可归因于各种国际对非合作机制的广泛兴起。国际对非合作机制的这一轮兴起之所以能为非洲的自主发展贡献重大力量，很大程度上又可追溯至冷战结束后国际社会对非洲的严重忽视。

---

[1] Ian Taylor and P. Williams, "Understanding Africa's Place in World Politics," in Ian Taylor and P. Williams eds., *Africa in International Politics: External Involvement on the Continent* (London: Routledge, 2004).

— 第五编 国际对非合作机制比较及发展中非合作论坛对策建议 —

# 一、冷战后被世界遗忘的非洲

非洲之所以能从当前这一轮国际对非合作机制的兴起中受益并逐渐主导自身的发展议程，很大程度上缘于冷战结束后西方从非洲的"撤退"。当然，这种撤退并非西方主动"出让"在非洲的"主导权"，而是出于冷战结束后对非洲的战略定位的变化，具体体现为以下三个方面。

1.冷战结束后非洲地缘政治重要性的大幅下降。

冷战时期，美苏两个超级大国出于意识形态斗争的需要，在全球竞争势力范围，非洲成了两个大国发动代理战争的重要场所。冷战的结束使得非洲的地缘政治重要性大大下降，西方在许多方面都成为世界大棋局中唯一的玩家。由于更多将视野转向实现前社会主义国家的"民主化转型"，因此非洲某种程度上陷入被"抛弃"的命运。正如一位美国学者所写，当东欧国家政治制度剧变开始主导美国决策机构的议事日程时，非洲问题的地位便日渐下降。[①]美国在冷战结束之初曾试图在非洲构建"世界新秩序"，但1993年索马里干预的失败，导致美国直接退出非洲，并于20世纪90年代后半期发展出"非洲人解决非洲问题"的方法——有人称其为"虚拟介入"，事实上使整个西方近乎于"退出非洲"。换句话说，在遭遇挫败之后，美国人发现，继续主宰非洲的"最佳方案"是结合美国资金和非洲人力来解决非洲冲突，进行政治改革以及促进经济发展。与此同时，在冷战结束后的较长时期内，欧洲也只是和非洲保持长期的但并非足够紧密的关系。除了法国、英国和德国等过去的宗主国外，欧共体（欧盟）在2000年前并没有发展出系统的对非政策。

---

① Goran Hyden and Michael Bratton eds., *Governance and Politics* (Johns Hopkins University Press, 1991), pp. 2-3.

2. 发达国家对非洲的经援热情也大为下降，甚至出现了"援助疲劳症"。

随着西方国家对非洲的重视程度不断下降，非洲在全球贸易中的份额也持续下降。任意确定一个基准价格并以此计算都可以发现，非洲在全球贸易中的份额在 20 世纪 90 年代甚至低于 30 年前的水平。1996 年，非洲在全球贸易总额中所占的比重甚至不到 2%。① 公众将非洲看做是一个"失去的大陆"。由于此前 30 余年对非洲援助的效果不佳，冷战结束后的第一个十年成为"援助疲劳"的十年。这明显体现在 1992 年后官方发展援助量的大幅下降上：以 1991 年的固定价格和汇率计算，对非援助总额从 1990~1991 年度的 177 亿美元降到了 2001 年的 138 亿美元。②

当然，与这一"援助疲劳"相伴随的还有西方对于援助条件的增加和日益苛刻。从 20 世纪 90 年代初起，民主和尊重人权成为西方双边发展援助的重要附加条件。③ 对于良治的普遍要求也代表着对非洲国家的国内事务的最广泛的干涉。更具隐蔽性的是，干预还因选举而得以正名；因为在许多国家和许多情况下，选举往往会导致西方所期望的政府更迭。有学者将这一现象总结为，冷战结束后不断发生对许多非洲国家的"再次殖民化"。④

---

① World Bank, *Can Africa Claim the 21st Century?* (Washington: New York, 2000), p. 8.
② OECD, *Development Co-operation: Efforts and Policies of the Members of the Development Assistance Committee, 2002 Report* (Paris: OECD, 2003), pp. 286–287.
③ G. Crawford, *Foreign Aid and Political reform: A Comparative Analysis of Democracy Assistance and Political Conditionality* (Houndmills: Palgrave, 2002); O. Stokke ed., *Aid and Political Conditionality* (London: Frank Cass, 1995).
④ K. Dunn, "Madlab # 32: The (Black) African State: Rethinking the Sovereign State in International relations Theory," in K Dunn and T. Shaw eds., *Africa's Challenge to International Relations Theory* (Houndmills, Basingstoke: Palgrave, 2001), pp. 51–52.

3. 冷战结束释放出诸多国家间和国内矛盾，非洲陷入广泛和长期的冲突与紧张。

非洲国际体系本身明显落后于整个国际体系的发展。可以认为，直到非殖民化运动成功，非洲的民族国家体系才得以初步建立。但是，新建立的非洲国家的实际主权行使仍存在着相当大的限制，特别是如对领土的完整控制、对武装力量的垄断使用以及人民的高度支持等；[①] 换句话说，许多新成立的非洲国家仍需要相当长时间和相当大精力才能真正完成国家建构。[②]

这样，冷战的结束使得非洲的发展和安全挑战日益凸显。一方面，非洲的经济发展问题已经到了非常迫切的地步。例如，1992年的非洲人均收入只比1970年增长了73美元，而同期其他地区的速度至少是其6倍以上。又如，1999年整个非洲地区的人均国民生产总值为750美元，黑非洲地区仅490美元、同时其外债却高达人均365美元。[③] 另一方面，非洲的安全局势陷入了一种"复杂的安全复合体"的局面。在非殖民化运动快速成功之际，西方殖民者在匆忙离开非洲时根据自己的势力范围"创建"了许多新的国家。如前所述，这些国家的国家建构无法在短期内完成，这就为非洲国家相互间及其内部的持续冲突埋下了伏笔。冷战时期，这些矛盾在两极体系的大环境下受超级大国对抗的压制。但冷战结束以后，内部矛盾在民主政治的刺激下迅速得以释放，那些自认受压迫的部族常常反抗

---

[①] R. Jackson and C. Rosberg, *Personal Rule in Black Africa: Prince, Autocrat, Prophet, Tyrant* (Berkeley: University of California Press, 1986); R.H. Jackson, "Juridical Statehood in Sub-Saharan Africa," *Journal of International Affairs*, Vol. 46, No. 1 (1992), pp. 1–16.

[②] C. Young, "The Colonial State Revisited," *Governance*, Vol. 11, No. 1 (1998), pp. 101–120；贺文萍：《非洲国家民主化进程研究》，时事出版社，2005年，第377~378页。

[③] 钟伟云：《非洲在国际体系中的地位》，载《西亚非洲》2002年第3期，第19、17页。

占统治地位的部族，从而引发国内乃至地区冲突。这些冲突有着多样的表现方式，包括出于自身政权稳定而武装干涉邻国，如消灭叛军基地、切断其供应线或威吓叛军的庇护国；出于削弱和动摇地区性对手而支持邻国的内部动乱；叛军为了扩大队伍而制造或利用难民潮。① 其最为显著的体现是1998年至2003年间在刚果（金）发生的内战，卢旺达、布隆迪、津巴布韦、安哥拉、纳米比亚、乍得和苏丹都进入刚果（金），酿造了非洲版的"世界大战"。

## 二、21世纪非洲重回国际视野

进入21世纪之后，由于新兴大国的崛起及其与非洲关系的快速发展，非洲重新回到了国际社会的视野之中，并迅速成为国际社会竞争的重地。这一次，非洲有机会并具备了初步的能力主宰自身命运，可以在诸多的国际对非合作机制中进行选择，进而寻找到适合于自身的经济—社会发展道路。当然，国际社会对非洲的再度关注原因是多方面的，主要体现在以下方面。

1. 非洲自身的政治、安全、经济等形势有了根本性好转

进入21世纪后，非洲的政治和安全局势得到了好转。一方面是由于非洲的冲突和战争逐渐减少，如1998年开始的非洲"世界大战"刚果（金）内战、苏丹南北内战、利比里亚内战等诸多地区和国内冲突逐渐得到平息，非洲转入了冲突后重建的进程中。另一方面也由于非洲大陆和次地区更加有意识地发展和平与安全机制，以缓解非洲的安全挑战。非盟的成立标志着先前非洲统一组织的"不得干涉成员国内部事务"原则变得不再绝

---

① See Stephen John Stedman, "Conflict and Conciliation in Sub-Saharan Africa," in Michael E. Brown ed., *The International Dimensions of Internal Conflict* (Cambridge, MA: MIT Press, 1996), pp. 245–249.

对。为了在地区和平、安全与发展领域发挥更大的作用,非盟设立了和平与安全理事会,和平与安全委员会及早期预警机制。主要目标是发展对类似1994年卢旺达种族清洗事件的干预和阻止能力。非盟宪章对国家主权的绝对本质提出了质疑,并同意在以下四种情况下可对成员国国内事务加以干涉:(1)种族灭绝;(2)大规模侵犯人权;(3)不稳定的扩散;及(4)政府的不合宪变更。为了强化安全能力,在2005年3月,非盟决定发展非洲常备军。①

在政治—安全局势得到改善的同时,非洲经济有了快速发展。一方面,非洲在整体上的地区主义快速发展,非洲联盟大力推进2001年7月创立的"非洲发展新伙伴计划"(NEPAD),旨在解决非洲大陆面临的包括贫困加剧、经济落后和被边缘化等问题。简而言之,非洲发展新伙伴计划既展示了"使非洲大陆远离过去40年中复兴的危机"的雄心,也是"非洲扭转其边缘化趋势的最后希望"。②另一方面,撒哈拉以南非洲在过去10年里经历了其历史上最长的可持续发展时期,直到2008年全球金融危机之前达到了年均6%的增长速度。尽管有随后的衰退,但非洲大陆更为稳定的宏观经济环境也使非洲能很快在2011年恢复到危机前的水平。国际货币基金组织目前的预测是非洲在未来几年里年均增长率都将超过5%。

2. 在新兴大国群体性崛起和全球资源竞争日趋激烈的背景下,非洲丰富的自然资源特别是石油资源的重要性日益上升

非洲的大量已探明储量的高品质自然资源、相当好的地质条件和气

---

① Jakkie Cilliers and Mark Malan, "Progress with the African Standby Force," *ISS Paper*, No. 107 (May 2005), pp. 1-21, www.issafrica.org/pubs/papers/98/Paper98.htm.
② Kempe Ronald Hope, Sr., "From Crisis to Renewal: Towards a Successful Implementation of the New Partnership for Africa's Development," *African Affairs*, Vol. 101 (2002), pp. 397-389, 402.

候环境及便宜的劳动力等,都使得在非洲采矿和加工利润很高。在这些自然资源中,最为重要的是其丰富的石油储藏。根据非洲石油生产国协会2008年提供的数据,该组织成员国原油和天然气日产量分别占全世界的12%和6.4%,非洲石油和天然气探明储量占全球的10%。近年来,非洲石油和天然气的探明储量还在不断增加,这让不少非洲国家看到了经济快速发展的希望。在丰富的储量之外,非洲石油还有着中东地区所不具备的诸多优势:非洲的石油资源相对质量较高,含硫量低,更易炼成汽车用油;非洲的油井处于相对安全、不那么动荡的地区;从非洲到美洲的石油运输线相对中东更短;从非洲到美国东海岸的运输线相对从亚洲到美国西海岸的运输线更为安全;等等。①

正因如此,非洲日益受到全球关注,特别是在新兴大国快速崛起导致全球资源需求不断上升的背景下。从1990年至2000年的短短十余年里,全球石油业已经向非洲的石油勘探与开发投入了200亿美元。从2000年起到2007年末,全球各大公司向非洲石油行业投入500亿美元,成为非洲有史以来数目最大的一笔投资——其中1/3来自美国。目前,世界最大的三家石油公司——英国与荷兰合资的壳牌、法国的道达尔和美国的雪佛龙——在各自的全球石油勘探与开发预算中,分别把15%、30%和35%的资金用在非洲地区。光是雪佛龙就打算在五年内斥资200亿美元发展在非洲的项目。②

3.新兴大国群体性崛起并积极发展与非洲关系,并引发美欧"重返非洲"

新兴大国的群体性崛起正根本性地重塑全球经济与政治力量格局,

---

① 王莺莺:《非洲新形势与中非关系》,载《国际问题研究》2004年第2期,第15页。
② [美]约翰·伽思维尼恩:《能源战争:非洲石油资源与生存状态大揭秘》,伍铁、唐晓丽译,国际文化出版公司,2008年,第7~8页。

没有任何地方比非洲更能体现这一影响。2000年，中国创立了中非合作论坛。迄今为止，中非合作论坛组织了4次会议，已经成为中非关系的标志。印度2011年在亚的斯亚贝巴召开了第二次印非峰会。在过去10年里，来自中国和其他金砖国家的对非国事访问已经日益寻常。巴西前总统卢拉在其担任总统期间曾11次到访非洲，访问了25个非洲国家。与此同时，非洲与金砖国家的经济联系也快速发展。双方的贸易额从2003年的243亿美元增长到2010年的1934亿美元；其占非洲对外贸易总额中的比重也从2000年的10%上升到2010年的25%。其中，仅中国就占了1269亿美元，几乎是2000年的10倍，成为非洲最大的贸易伙伴。巴西与非洲的贸易同期也从45亿美元上升到210亿美元，印度则从54亿美元增长到400亿美元。只有俄罗斯停滞不前，到2010年只有60亿美元。①

新兴国家与非洲发展关系有着多重考虑。首先是经济上的相互需求，人们更多强调新兴国家对非洲自然资源的需求，却忽视了新兴国家为非洲发展所作的贡献。过去10年中，非洲的对外贸易总额翻了一番，其中新兴大国市场的份额从23%增加到39%；在非洲与新兴大国的贸易额中，中国占到38.5%，印度到2009年也达到14.1%，韩国7.2%，巴西7.1%，土耳其6.5%。②

其次是新兴国家与非洲国家间的南南合作动机。如同贝宁农业发展中心主任阿贾诺霍温（Adolphe Adjanohoun）所指出的，南南合作比

---

① Lanre Akinola, "Building New Partnerships," *This is Africa*, 8 June 2011, http://www.thisisafricaonline.com/news/fullstory.php/aid/312/Building_new_partnerships.html.
② Thierry Ogier, "OECD attacks China-Africa Trade 'Myths'," *Emerging Markets*, 7 June 2011, http://www.emergingmarkets.org/Article/2844091/OECD-attacks-China-Africa-trade-myths.html.

南北合作更为有效。南北国家间的思维方式和环境往往完全不同，而这正是许多貌似很好的发展计划失败的原因。发展中国家由于环境更为相似，因此在应对共通性问题时，就更容易相互效仿。但他也指出，当前的南南合作仍缺乏独立性，因为很多资助仍来自于北方国家，使得南南合作难以真正实现独立自主。①

第三是全球南方之间的政治团结。需要指出的是，对相同的历史遭遇、经济处境、文化联系和政治团结等的强调，是金砖国家与非洲关系中的共同点。例如，巴西官员习惯于说，巴西人口中有50%的祖先都来自于撒哈拉以南非洲。而印度、中国甚至俄罗斯都更多强调在20世纪60、70年代对非洲民族解放运动的支持。②

新兴大国群体性崛起及其与非洲关系的快速发展，导致美欧国家不得不再次重视非洲，更加关注非洲，而这也正是下文所要讨论的美欧对非合作重新得到重视的原因。例如，美国非常重视确保在非洲获得有保障的石油资源，美国预期到2020年使来自非洲的既便宜又高质量的石油供应能从2002年占其石油进口总额的15%上升到25%。③

4.国际社会对非传统安全、特别是恐怖主义越来越重视，非洲日益成为国际聚焦点

进入新世纪以后，非传统安全对国际社会的危害日益显现，而非洲

---

① Mirjam Van Den Berg, "South-South Cooperation, Antidote to Western Arrogance," *AllAfrica*, 20 June 2011, http://allafrica.com/stories/201106200980.html.

② Lanre Akinola, "Building New Partnerships," *This is Africa*, 8 June 2011, http://www.thisisafricaonline.com/news/fullstory.php/aid/312/Building_new_partnerships.html.

③ "Africa is Rising in Strategic Importance to Washington Policy Makers," *New York Times*, 18 September 2002.

恰好是各种非传统安全集中爆发的地区。首先，冷战结束后，特别是自"9·11"事件发生以来，非洲面临的恐怖主义威胁日渐上升。非洲恐怖主义产生的根源相当复杂。首先是外部恐怖主义力量的迁入。例如，在过去10年时间里，美国在中东和南亚的反恐行动沉重打击了"基地"组织等极端势力，迫使一些恐怖主义残余势力逐渐向非洲之角和东非部分国家转移，其路线是从也门、巴基斯坦、阿富汗向索马里、苏丹、肯尼亚和坦桑尼亚等国渗透，这使非洲之角成为恐怖主义最为泛滥之地。其次是非洲当地的贫困与利益分配不均。以尼日利亚的尼日尔三角洲地区为例。尼日利亚出口的90%~95%都是石油，其最主要的石油出产区是尼日尔三角洲地区，但该地区的人民并未因此受益。2003年，尼日利亚的人均国内生产总值只有260美元，甚至还不如20世纪70年代，当时还有500美元。尼日利亚约1.3亿居民中有70%以上的人平均每天收入不到1美元，只有一半人能用上饮用水；贫困的生活状态使尼日利亚人的平均寿命只有49~52岁，婴儿死亡率超过77‰，这是世界上最高的，可与饱受战争之苦的阿富汗相比。第三是非洲的人口与宗教结构复杂。非洲有着数不胜数的民族、部落和宗教信仰，在部落、宗教和人种混居的国家和地区，就很容易滋生恐怖主义活动。非洲存在一种奇怪但普遍的现象，即一个种族在A国遭遇不公时往往会到B国寻求庇护、甚或发动针对A国的恐怖活动。例如，卢旺达与布隆迪便有着非常相似的人口结构：布隆迪有85%的人口是胡图族，14%的图西族和1%的塔瓦族；卢旺达则是84%的胡图族，15%的图西族和1%的塔瓦族。结果是在卢旺达种族大屠杀期间，在卢旺达的胡图族试图消灭图西族，导致布隆迪的图西族一面试图压制甚至消灭胡图族，一面支持卢旺达的图西族反抗卢旺达政府。

其次，非洲还存在着诸多涉及人类安全的不稳定因素，这很大程度上源于西方殖民主义对当地种族、部落的分治政策，导致今天的非洲仍充满着种族冲突和各种社会动荡。① 例如，联合国开发计划署（UNDP）报道，仅撒哈拉以南非洲一年就花费 80 亿美元于购买武器；而叛军支付用于雇佣军的费用也大约有这么多。此外，全世界约 70 万难民中有一半来自非洲，全球约 50 万娃娃兵中有 80% 是在非洲。② 与此相应的是，轻小武器在非洲也颇为流行，在全世界约 10 亿件轻小武器中，有 1 亿件在非洲。③ 这些既有社会矛盾又因经济结构单一化、石油收入分配不均等而加剧，导致了更大的社会不稳定。

此外，非洲还是世界上受艾滋病、气候变化等影响最为严重的地区，而这些非传统安全因素又往往具有溢出效应，导致诸多非洲人纷纷移民海外，而其最经常和最直接的目的地便是欧美。

---

① Paul Tiyambe Zeleza, "The Causes & Costs of War in Africa: From Liberation Struggles to the 'War on Terror'," in Alred Nhema & Paul Tiyambe Zeleza eds., The Roots of African Conflicts: *The Causes and Costs* (Addis Ababa: OSSREA, 2008), pp. 1-35.
② Tony Iyare, "Ending Conflicts in Africa," *The Guardian* [Lagos], 15 December 2003, p. 65.
③ Michael Fleshman, "Small Arms in Africa: Counting the Cost of Gun Violence," Africa Recovery, Vol. 15, No. 4 (2001), pp. 14–21; Tony Iyare, "Ending Conflicts in Africa," *The Guardian* [Lagos], 15 December 2003, p. 65.

# 第二章
# 国际对非合作的机制平台与政策定位比较

应当承认的是，早在非殖民化运动获得成功之初，非洲的传统殖民宗主国和作为整体的欧洲便建立了与非洲合作的机制性平台。但还应当承认的是，尽管殖民主义时代已经结束，这些机制平台的目的更多是为了巩固西方国家在非洲的传统殖民利益。因此，唯有进入 21 世纪后在中非合作论坛的快速发展带动下的国际对非合作机制的发展，才真正为非洲提供了实现自身独立发展、赢得经济主权的机会，也才使得比较各种对非合作机制的优势与不足成为可能。尽管非洲正日益得到国际社会的重视，但真正发展出完整的对非合作机制的国家并不多，因此本报告将聚焦于已发展出完整的对非合作机制的国家——如中国、印度、欧盟及其主要成员国（英法德）、日本、韩国、土耳其等，及少数没有发展出完整的对非合作机制、但却对非洲有着重要影响的国家——如美国和俄罗斯，共计八个主要国际行为体。

# 一、各对非合作机制本身的比较

从国际机制本身的设计角度看,各机制的差异主要体现为以下五个方面,即成员国或国际参与度,涉及的议题范畴,任务集中度,机制组织原则和安排的灵活性。[①] 考虑到各对非合作机制本身大都覆盖所有非洲国家且涉及非洲安全、发展、政治等各方面的议题,因此本文的比较将主要聚焦于"集中度"方面——它既涉及任务的集中程度,也涉及机制组织的集中度,同时还影响机制安排的灵活性。依据这一标准,本文将各种对非合作机制划分为三类:高度集中型——中国、日本和欧盟及其成员国,中度集中型——印度、土耳其和韩国,分散型——美国和俄罗斯。

1. 高度集中型——中国、日本和欧盟及其成员国

无论是中国、日本还是欧盟及其成员国,对非合作机制都有一个核心平台,其他的机制大多是附属性的,进而使其对非合作机制高度集中,机制安排的灵活性体现在机制平台的内部协调上。

中国:尽管中国与非洲有着传统友好关系,但中国的对非合作机制的真正形成仍是 2000 年中非合作论坛的创立。这在中非合作关系史上是第一次,为中非双方开展对话与合作、解决共同关注的新挑战与新问题构建了对话平台。[②] 中非合作论坛每 3 年一届,在中国和非洲轮流召开,迄今为止已经举行了 4 届。通过 4 届论坛会议,中国对非合作机制日益完善:中非合作论坛的创设,对协调对非政策、整合各方资源起到了积极作用,它使得中国的对非政策更加完善。论坛创立以来,注重与时俱进,

---

[①] Barbara Koremenos, Charles Lipson, and Duncan Snidal, "The Rational Design of International Institutions," *International Organization*, Vol. 55, No. 4 (Autumn 2001), p. 763.

[②] 参见[塞内加尔]卡林·巴蒂利(Karim Bathily):《中国对非洲的文化战略:重要性、前景与挑战》,载《西亚非洲》,2009年第5期,第25页。

每届都有自己的特点。2000年首届部长级论坛后，建立了高官会议及中方后续行动委员会秘书处等机制；2003年第二届论坛部长级会议增加了中非企业家大会，使得论坛成为企业家合作的桥梁；2006年论坛第三届部长级会议暨北京峰会使中非外长在联合国大会期间举行外长级政治磋商实现机制化，还启动了非洲驻华使团磋商程序。2009年第四届论坛上，双方又提出适时召开中非文化论坛、中非法律论坛等分论坛的设想，目前皆已得到落实。

日本：日本的对非合作机制也相当集中，主要体现为非洲发展东京国际会议（Tokyo International Conference on African Development, TICAD）。尽管战后日本与实现独立的非洲国家在20世纪50年代末和60年代建立了外交关系，但直到1973年石油危机前非洲并未得到日本的太多关注。尽管1973年石油危机导致了日本对非政策的转变，但更大的转折出现在冷战结束之后。一方面由于西方出现对非"援助疲劳症"，另一方面出于日本成为政治大国的梦想，冷战后的日本外交政策变得更为积极，体现在对非政策上主要表现为两个方面：向联合国维和部队派兵帮助非洲实现和平稳定，启动非洲发展东京国际会议以便更积极地为非洲提供发展援助。非洲发展东京国际会议自1993年以来每5年举行一次，由日本、联合国、联合国发展署和世界银行共同主办。1993年10月，第一次非洲发展东京国际会议峰会召开，目标是鼓励非洲迈向政治和经济改革的努力，深化对非洲局势的国内与国际理解，并支持非洲的发展。迄今为止，日本已经召开了4届非洲发展东京国际会议峰会。非洲发展东京国际会议有两个重要特征，一是由日本与其他多边机构联合主办，二是它是非洲以整体对单一国家的第一个机制性平台。

欧盟及其成员国：欧盟及其成员国大多拥有较为完善的对非政策机

制或平台。由于整个欧洲与非洲的殖民联系，欧洲层面——今天是欧盟——的对非政策机制相对完善，主要体现为欧盟对非援助政策平台和欧盟与非洲的政治对话平台两个方面。欧盟的对非援助政策平台基于欧洲与非洲的传统殖民联系，很大程度上也是欧洲继续控制非洲、延续其殖民时期特殊利益的重要手段。因此，欧洲国家于1957年设立"海外国家和领地发展基金"即后来的"欧洲发展基金"，后历经2个《雅温得协定》和4个《洛美协定》，以2000年《科托努协定》的签署宣布告一段落。由于世界贸易组织成立后对欧非经济关系的非互惠性提出质疑，因此欧盟提出与非加太国家改签经济伙伴关系协定（Economic Partnership Agreement）的提议，目前尚未最终完成。而欧非政治对话平台的发展相对较晚，根据葡萄牙的提议，2000年由非洲统一组织成员国和欧洲联盟成员国领导人参加的首届欧非峰会（Europe-Africa Summit）在埃及首都开罗召开。由于对津巴布韦的制裁问题，第二届峰会多次延期，直至2007年12月8日才得以在葡萄牙首都里斯本举行。2010年11月，第三届欧非峰会在利比亚首都的黎波里召开。欧非峰会已经就欧盟与非盟在大陆性机制层面的合作展开了较为深入的讨论，特别是如何强化非洲的和平与安全机制方面取得了较大进展。

在欧盟整体层次之外，欧盟多个成员国由于与非洲的传统殖民关系，都有着较为完善的对非合作机制。其基本结构都大致包括一个政府部门［如英国是国际发展部（DFID）、德国是经济合作与发展部（BMZ）、法国是外交部和财政、经济和工业部］、一家附属的智库［英国是海外发展研究所（ODI）、德国是发展研究所（DIE）、法国是发展研究院（IRD）］、一个配套的银行［英国以英格兰银行为主、德国为德国复兴信贷银行（KFW）、法国是法国开发署（AFD）］、一个相应的培训机构以及大量的非政府组织。当然,少数国家也有专门的对非合作平台,如法非首脑会议等。

2. 中度集中型——印度、土耳其和韩国

中度集中型的对非合作机制往往既有一个较为核心的全方位机制平台,同时又有一些平行但层级略低的机制,进而使得政策协调往往是跨机制的,其典型是印度、土耳其和韩国的对非合作机制。

印度:进入21世纪之后,印度逐渐出台一些对非合作计划,但却相对松散,如2003年将外交部负责非洲事务的部门由1个司增加为3个司,启动了聚焦非洲计划(Focus Africa Programme)(2002—2007)、印非技术经济协作运动(Techno Economic Approach for Africa India Movement, TEAM-9)、泛非E网络(Pan-African E-Network)等。2008年4月,首届印度—非洲峰会在新德里召开,标志着统一的印度对非合作机制的形成。印非峰会某种程度上类似中非合作论坛,也是3年一届,第二届印非峰会于2011年5月在埃塞俄比亚首都亚的斯亚贝巴召开。

韩国:韩国的对非合作机制主要是在2006年韩国总统卢武铉访非之后开始建设的,主要包括三个相互联系的平台:第一,由韩国外交部和非洲联盟(AU)成员国共同主办的每3年一次的"韩非论坛"(Korea-Africa Forum)。2006年11月,韩国利用中非论坛的机会,将部分非洲国家的领导人顺道邀请到了韩国。2009年11月,第二届韩非论坛举行,双方决定建立"面向未来的伙伴关系"。第二,由韩国企划财政部、非洲开发银行(AFDB)、进出口银行等共同举行两年一次的韩非经济合作会议(Korea-Africa Economic Cooperation Conference, KOAFEC),自2006年开始已举办了三次。第三,由韩国知识经济部主办的韩非产业合作论坛,2008年举行了第一次,2009年9月举办了第二次,主要目的是在信息技术等新领域开拓非洲市场。

土耳其：土耳其于1998年出台"向非洲开放"政策，进入2005年后土耳其的对非合作机制得到快速发展，主要包括三个方面：一是2008年8月的首届土耳其—非洲合作峰会，使土非关系上了一个新的台阶。土非峰会将每5年举行一次，第二届土非峰会将于2013年在非洲举办。[①]2010年12月，土非双方召开了土非合作高官会，批准了2010—2014年土非伙伴关系联合行动计划（Turkey-Africa Partnership Joint Action Plan 2010—2014）。[②]二是由土耳其工商联合会（Confederation of Businessmen and Industrialists of Turkey，TUSKON）启动的国际贸易峰会以促进土非经济关系，分别在2006年、2007年和2008年共组织了三次。三是土耳其宗教事务局（Directorate for Religious Affairs of Turkey，Diyanet）组织的非洲大陆穆斯林国家和社会宗教领袖会议（African Continent Muslim Countries and Societies Religious Leaders Meeting），目前仅在2006年举行了一届。

3. 分散型——美国和俄罗斯

分散型的对非合作机制意味着一国拥有多个平行的、领域性的对非合作平台，相互间的协调很少或只发生在最高领导层，其典型是美国和俄罗斯的对非合作机制，尽管这两个国家在冷战时期都曾是在非洲的主要外部行为体。

---

① "Istanbul Declaration on Turkey-Africa Cooperation," Turkey Ministry of Foreign Affairs, http://africa.mfa.gov.tr/istanbul-declaration-on-turkey-africa-cooperation.en.mfa; "Framework of Cooperation for Turkey-Africa Partnership," Turkey Ministry of Foreign Affairs, http://africa.mfa.gov.tr/framework-of-cooperation-for-africa--turkey-partnership.en.mfa.

② "Turkey-Africa Cooperation Meeting to Take Place in Istanbul," World Bulletin, Dec. 11, 2010, http://www.worldbulletin.net/index.php?aType=haber&ArticleID=67263.

美国：美国的对非合作机制总体上是分散型的，主要包括政治—安全、经贸关系及公共卫生等三大组成要素。政治—安全方面，美国的对非政策平台是小布什政府于2007年提议、2008年10月正式成立的美军非洲司令部（AFRICOM）。美军非洲司令部代表着美国为非洲提供安全援助和管理安全合作的重大革新。作为一个新的地区司令部，美军非洲司令部不仅聚焦于军事防御和作战，而且聚焦于促进发展与稳定。[①] 其独特之处在于，它不仅聚焦于对军事危机的反应，还要积极与非洲国家和组织合作，解决那些可能导致冲突或危机的问题。在经贸关系方面，美国的对非合作机制是克林顿总统提出并开始实施的《非洲增长与机遇法案》（Africa Growth and Opportunity Act, AGOA）。该法案由克林顿总统于1996年提出，最终于2000年获得美国国会通过，第一期的有效期为2000年10月1日至2008年9月30日。该法案于2004年被布什政府延期至2015年，2011年的第11届《非洲增长与机遇法案》论坛（AGOA Forum）上讨论了将其延长至2025年问题，但仍有待美国国会批准。《法案》自2001年起每年举行一次论坛，第11届论坛于2011年6月在赞比亚举行。在公共卫生领域，美国也建立了一个完整的对非合作机制，其代表是布什总统时期于2003年启动的总统抗艾滋病紧急计划（President's Emergency Plan for AIDS Relief, PEPFAR），2008年被美国国会延期5年。目前，美国正聚焦于推进该计划从危机应对转向促进可持续的国别计划。

俄罗斯：俄罗斯总体上缺乏系统的对非合作机制，只有两个主要的平台：一是俄罗斯一般会在每年5月25日的"非洲日"就对非洲政策作

---

[①] Lt. Col. Charles F. Schlegel and Lt. Col. Thomas F. Talley, "AFRICOM's Regional Engagement: Designing the Right Mix of Authorities, Resources, and Personnel," http://www.unc.edu/depts/diplomat/item/2008/0406/comm/schlegel_africom.html.

出例行性声明。1963年5月，非洲31个独立国家在埃塞俄比亚首都亚的斯亚贝巴举行非洲国家首脑会议，会议于25日通过了《非洲统一组织宪章》，决定成立非洲统一组织，并将5月25日确定为"非洲日"。二是俄罗斯杜马与非洲议会的每年一次的交流。

## 二、各主要国家的对非政策定位比较

如果简单地考察各国际对非合作机制，可得出的一个结论是，非洲在各国的政策优先中都很重要。但现实显然不是这样的。因此，要更为深入地比较各对非合作机制，就需要比较其背后的非洲政策定位。为了最为直观地比较各国的对非政策定位，本报告将各国对非政策分为政治、安全、经济和社会—文化四个领域加以考察和比较。尽管很难以将衡量标准加以量化，但通过观察非洲在各国的这四个政策领域的重要性，并加以综合衡量——因为即使是在同一国家的不同领域，非洲的政策地位也是不同的，最终将非洲在各国的对外政策中的优先地位划分为高、中、低度优先三类，进而总结出这一政策定位与其机制间的匹配关系。具体而言，中国的对非政策定位可列为"高度优先"，欧盟及其成员国、土耳其、美国和印度等可列为"中度优先"，而美国、日本、俄罗斯和韩国等则属于"低度优先"。

1. 高度优先——中国：非洲在中国的外交政策中排序非常靠前，有着相当重要的地位。中国外交一向坚持"发展中国家是基础"，而非洲则是发展中国家的基础，因此非洲是中国外交的"基础中的基础"。对非洲在中国外交政策各领域中的重要地位的最为明确的阐述，是胡锦涛总书记在2006年中非合作论坛北京峰会上的讲话，即：平等互信的政治关系，互利共赢的经济合作，相互借鉴的文化交流，均衡和谐的全球发展，及相互支持的国际合作。①

2. 中度优先——欧盟及其成员国、土耳其和印度：尽管这些国家都在对外政策中将非洲列为政策优先之一，但其政策地位事实上并不高，远不如中国，因此可将其纳入中等优先类别。

欧盟及其成员国：欧盟及其成员国相对较为重视非洲，原因是多方面的，特别需要提及的是欧洲与非洲的传统殖民关系以及地理距离近而导致的移民安全等问题。这样，欧盟及其成员国普遍重视与非洲的政治关系，因为这可使欧盟能及时掌握非洲各国的政局走向。安全上，欧盟及其成员国都相当重视，包括非洲自身的内部动荡以及其动荡外溢、特别是移民对非洲的影响。同样，由于传统殖民联系的存在，欧盟及其成员国都重视与非洲的社会或文化关系。相比之下，对欧盟而言，非洲的经济重要性远不如其政治、安全和文化重要性。

土耳其：土耳其与非洲大陆"有着传统友好关系"，②特别是在奥斯曼土耳其帝国时期；但这种联系自1923年共和国成立以后很大程度上中断了。因此，1998年土耳其政府提出的"向非洲开放"政策（Opening up to Africa Policy）并非短期行为，它首先考虑的是恢复和提升土耳其在非洲的软实力，进而推动双边关系的全面发展。在对非战略的基础上，土耳其全面动员其官方和民间力量，以宗教和人道主义事务为重点推动其在非洲软实力的恢复和提升，促进土非政治、经济和社会关系的全面发展，尽管土耳其对非战略隶属于土耳其总体对外战略的三大支柱的"大

---

① 《胡锦涛在中非合作论坛北京峰会开幕式上讲话》，新华网，2006年11月4日，http://news.xinhuanet.com/world/2006-11/04/content_5289040.htm。

② Turkish Foreign Ministry, "Turkey-Africa Relations," 2008, http://www.mfa.gov.tr/turkey-africa-relations.en.mfa。

周边"外交,因此在优先次序上远低于土耳其与美欧关系,甚至在某种程度上被视作面对美欧时提升话语权的筹码。①

印度:非洲在印度外交政策中排序并不靠前,但也不算最低。出于成为联合国安理会常任理事国和印度洋地区大国的目标,印度不仅需要拉拢非洲国家这一大"票仓",而且还要大力发展同环印度洋国家的关系。经济上,印度与中国一样正处于快速发展的阶段,对能源及其他自然资源的需求同样巨大,并且需要非洲这一可能迅速发展的潜在消费市场。②安全上,非洲是印度向海外派驻联合国维持和平部队的主要地区,尽管这本身或许还有着更为长远的政治目标。最后,东部非洲和东南非地区还有着大量的印度裔人,因此印度也相当重视与这些地区的非洲国家的社会和文化关系,作为其开拓与非洲关系的软实力基础。

3. 低度优先——美国、日本、俄罗斯和韩国。对这些国家来说,非洲在其外交政策中的排序都居于最后——尽管这可能并不意味着非洲完全不重要,可归为低度优先一类。

美国:非洲在美国的外交政策优先中往往居于最低层次。政治上,美国并不需要得到非洲在国际舞台上的支持。经济上,非洲同样不太重要,尽管美国一贯重视对非洲的贸易,但这一贸易额相当小,美国 2010 年与非洲的贸易占其总出口的 1% 略多,进口的 3%;而且石油在其中占据了很大比重,2010 年美国从非洲的总进口中有 91% 来自于石油进口。③ 美国也不重视与非洲的文化或社会交流;事实上,非洲人对于奥巴马政府

---

① 张春:《土耳其对非战略与政策评析》,载《西亚非洲》,2011年第7期。
② Sushant K. Singh, "India and West Africa: A Burgeoning Relationship," *Briefing Paper* (London, Chatham House Asia Programme, 2007), p. 6.
③ "Clinton Pushes US Development Agenda in Africa," Reuters, 10 June 2011, http://www.engineeringnews.co.za/article/clinton-pushes-us-development-agenda-in-africa-2011-06-10.

刻意"避嫌"而降低非洲的重要性颇有微词。①

日本：非洲在日本的外交政策排序中位置相对靠后，尽管在政治和经济上仍具有相当的重要性。非洲对于日本的政治重要性在于后者的"政治大国"目标，即实现成为联合国常任理事国的目标。经济方面，由于日本经济发展所需的自然资源几乎完全依赖进口，因此非洲的重要性也不言而喻。但遥远的距离和日本以美国为核心的"早稻田政治学"使得非洲成为一个少有得到关注的地区。

俄罗斯：自柏林墙倒坍以后，俄罗斯便与非洲没有太多实质联系。与巴西不同，俄罗斯与非洲大陆没有共同的语言或文化联系；也与印度不同，俄罗斯在非洲没有大量的移民。经济衰退和1991年前苏联解体，使俄罗斯既没有商业手段、也没有能力和意愿发展超越其原有边界的国际关系。俄罗斯转向内向型，追求符合自身条件的经济发展模式和稳定的领导，而国际关系则处于休眠状态。②因此，在所有金砖国家中，俄罗斯对非洲的兴趣似乎不那么强烈和最为神秘，但对矿产、电信和能源的新一轮兴趣，可能暗示着俄罗斯对非洲有着重大的影响。

韩国：韩国对非洲的兴趣主要集中于经济方面。与日本一样，韩国自身的自然资源并不丰富，而其经济的快速发展也使得寻找海外资源来源变得相当重要。但韩国与非洲距离遥远、缺乏天然的历史文化联系以及韩国作为中等国家的身份，都难以使其对非洲产生太大的政治、安全和文化兴趣。因此，非洲在韩国的外交政策排序中也相对靠后。

---

① Kevin J Kelley, "U.S. Africa Policy in the Spotlight as Michelle Visits," *AllAfrica*, 19 June 2011, http://allafrica.com/stories/201106201050.html.
② Eleanor Whitehead, "A sleeping giant stirs," *This is Africa*, 20 January 2011, http://www.thisisafricaonline.com/news/fullstory.php/aid/269/A_sleeping_giant_stirs.html.

## 三、各国的对非合作机制与政策定位的匹配关系

在对非洲在各国外交政策中的政策定位进行比较后,可以发现一个有趣的现象,即各国对非政策定位未必与其对非合作机制完全匹配,有时甚至出现机制掩盖各国对非政策定位不高的事实的现象(表一)。总结起来,这种匹配关系可分为两类:

1. 总体匹配——中国、印度、土耳其和俄罗斯。非洲是中国外交政策中的高度优先地区,而其高度集中的合作机制也使二者有较好的匹配,这也为中非合作论坛的快速发展和重大影响力奠定了基础。印度、土耳其和俄罗斯的对非政策定位及其对非合作机制之间的关系也大致匹配,因此也注定了它们的对非合作总体上并未成为国际聚焦。

2. 拔高非洲地位——欧盟及其成员国、日本、美国和韩国。这些对非合作机制某种程度上拔高了非洲的政策地位,掩盖了非洲在其外交政策中不那么重要的事实。这些对非合作机制拥有较其对非政策定位更高的国际知名度,使人误以为其对非政策本身也相对更为重要。当然,这种误解必然会为这些机制本身的政策效果所纠正。

表一 各国对非政策定位与机制的匹配关系

|  | 高度集中 | 中度集中 | 分散 |
| --- | --- | --- | --- |
| 高度优先 | 中国 |  |  |
| 中度优先 | 欧盟及其成员国 | 印度、土耳其 | 美国 |
| 低度优先 | 日本 | 韩国 | 俄罗斯 |

# 第三章
# 国际对非合作机制的成效与非洲反应比较

识别出各国对非政策定位与对非合作机制之间的匹配关系之后,便更易理解各对非合作机制的政策成效或表现。从政策过程的视角看,对非合作机制更多作为对非政策定位与最终的政策后果间的媒介发挥作用,因此尽管对非合作机制可能存在拔高效应,但却未必能导致更好的政策后果和非洲反应。相反,这些机制的成效不大、反响不高从另一个侧面证明了对非政策定位的根本重要性。这充分说明,只有从根本上重视非洲,其相应的对非合作机制才能发挥应有的作用。

## 一、国际对非合作机制的成效比较

从政策过程的视角看,对非合作机制更多是作为政策定位的平台发挥作用的,因此它是最终政策后果的一个影响因素,而非决定因素。因此,评估国际对非合作机制的成效,很大程度上可进一步验证政策定位与政策后果之间的联系,进而考察政策定位与机制之间的匹配关系的影响。

1. 合作机制与政策定位总体匹配的成效——中国、印度、土耳其和俄罗斯。由于对非政策定位与对非合作机制总体匹配，这些对非合作机制总体上取得了预期效果，进而甚至会在一定程度上改善非洲人对机制的认知。

中国：过去10年中，中非合作论坛为中非关系的发展作出了重要贡献，引起世界范围的关注。一方面，它开创了中非共同发展的双赢局面。中国通过论坛为非洲提供了力所能及的帮助。如在首届论坛上，中方宣布减免非洲重债穷国和最不发达国家100亿元人民币债务；第二届部长级会议强化了人力资源开发，提出为非洲培训各类专业人员1万人；第三届论坛暨北京峰会，提出了中非务实合作的8项举措；第四届部长级会议又提出了新的8项举措；等等。论坛创立以来的一系列举措，为非洲经济发展作出了重要贡献。近年来，非洲经济取得了较快发展，年均增长率保持在5%以上，其中很重要的原因是中非经贸合作的有力推动。论坛10年来，贸易额从2000年的106亿美元扩大到2008年的1068亿美元，年均增长30%以上。2009年虽然贸易总额有所下降，但2010年迅速回升到了1269亿美元的水平。另一方面，中非合作论坛也提升了中国的全球影响力和非洲的国际地位。中非关系的迅速发展已引起国际社会高度重视，一些西方大国不得不改变无端质疑中国推动中非合作发展的做法，承认中国在非洲的活动不仅对中国和非洲有利，对包括西方国家在内的世界其他国家也是有利的，① 并且试图与中国在非洲事务上进行合作。

印度：鉴于其相对中庸的对非政策定位和对非合作机制，印度总体上实现了其对非预期政策目标。就经贸关系而言，2007年，印度与非

---

① 英国国际发展部（DFID）官员在"经贸合作与可持续的中非关系"国际研讨会上发言，上海国际问题研究院，2010年3月24~25日。

洲的贸易额达 300 亿美元，几乎是 2000 年的 10 倍；2010 年更是达到了 450 亿美元，是 2000 年的 15 倍；据观察这一数字可能在 2012 年达到 1500 亿美元。这也体现在印度对非洲的投资中，包括各种类型和各种规模的，从小的家庭公司到大型跨国企业，涉及制造业、建筑业和通讯部门。[①] 同时，印度将对非合作主要聚焦于基础设施、能力建设和人力资源发展等领域，也取得了一定成效。在 2008 年 4 月举行的第一次印非峰会上，印度宣布了一项 5 年内为非洲提供 54 亿美元的商业信贷的计划。印度对整个非洲的投资也超过了 450 亿美元。印度在非洲主要是为了能源安全，尼日利亚和苏丹是印度原油进口的主要来源地。[②] 但另一方面，印度在 2008 年提议建立的 19 个机构，到 2011 年底尚未真正建成，可能还需要至少 1 年左右时间。而在埃塞俄比亚第二次印非峰会上宣布的措施尽管令人印象深刻，但却需要更长的时间和更艰苦的工作。[③] 在政治方面，即争取非洲支持印度成为联合国安理会常任理事国方面，印度的努力到目前尚未取得成功，尽管来自非洲的支持或许比日本更多。

土耳其：土耳其从恢复在非洲的软实力着手，实现了土非关系的较快发展，取得了预期的政策后果。政治上，随着大量新使馆的建立，双边关系机制化程度明显提升。到 2010 年底，土已完成了 8 个大使馆的开

---

[①] E. Mawdsley & G. McCann, "The Elephant in the Corner? Reviewing India-Africa Relations in the New Millennium," *Geography Compass*, Vol. 4, No. 2 (2010), pp. 81–93.

[②] Jayanth Jacob, "PM to attend India-Africa meet in Ethiopia next month," *Hindustan Times*, 29 April 2011, http://www.hindustantimes.com/PM-to-attend-India-Africa-meet-in-Ethiopia-next-month/Article1-690921.aspx.

[③] Rajiv Bhatia, "India-Africa Summit: From Agreement to Action," *The Hindu*, June 9, 2011, http://www.hindu.com/2011/06/09/stories/2011060952991100.htm.

馆工作，使其在非洲的大使馆数量达到了 20 个。① 经贸关系上，自 2002 年正发党执政、特别是 2005 年"非洲年"之后，土非双边贸易额飞速提升，从 2002 年的 46.6 亿美元，到 2008 年番了三翻多超过了 160 亿美元。最为重要的，土耳其与非洲的社会—文化关系近年来取得了快速发展，2006 年的非洲大陆穆斯林国家和社会宗教领袖会议甚至强调，有必要重振与非洲的宗教联系，如在非洲修建奥斯曼／土耳其式的清真寺，通过建立国际神学院而推进伊斯兰教研究的教育合作，等等。②

俄罗斯：俄罗斯的对非政策后果与合作机制、政策定位之间是对称的，因为都很不重要。根据俄罗斯社会科学院非洲研究所所长的观点，在过去 20 年里，中非贸易增加了 30 倍，美国与非洲贸易增加了 7~8 倍，欧洲 3.5 倍，俄罗斯只有 3 倍。③ 这足以说明俄罗斯对非政策的优先次序和政策后果的不重要。同样，标准银行指出，到 2008 年，俄罗斯对非洲的投资仅有 50 亿美元。尽管到 2015 年，金砖国家在非洲的投资可能达到 1500 亿美元，但俄罗斯却可能只会达到 150 亿美元。④

2. 拔高非洲地位的机制的成效——欧盟及其成员国、日本、美国和韩国。尽管这些国家的对非合作机制貌似提升了非洲在其政策议程中的

---

① 这 15 个国家包括加纳、喀麦隆、科特迪瓦、安哥拉、马里、马达加斯加、乌干达、尼日尔、乍得、坦桑尼亚、莫桑比克、几内亚、布基纳法索、毛里塔里亚、赞比亚。到 2010 年底新建成的 8 个使馆包括驻坦桑尼亚达累斯萨拉姆、科特迪瓦阿比让、喀麦隆雅温得、加纳阿克拉、马里巴马科、乌干达坎帕拉、安哥拉罗安达、以及马达加斯加塔那那利佛。"Turkey-Africa Relations," Turkey Ministry of Foreign Affairs, Dem. 25, 2010, http://www.mfa.gov.tr/turkey-africa-relations.en.mfa.
② Mehmet Ozkan and Birol Akgun, "Turkey's Opening to Africa," *The Journal of Modern African Studies*, Vol. 48, No. 4 (2010), p. 538.
③ Alexei Vassiliev, "Russia and Africa: Vying for Mineral Resources," *IRAN, May* 10, 2011, http://en.rian.ru/valdai_op/20110510/163950350.html.
④ Eleanor Whitehead, "A sleeping Giant Stirs," *This is Africa*, 20 January, 2011, http://www.thisisafricaonline.com/news/fullstory.php/aid/269/A_sleeping_giant_stirs.html.

地位，但实际的政策效果却不尽理想。

欧盟及其成员国：尽管欧盟及其成员国赋予非洲相对重要的政策地位且建立了完善的对非合作机制，但更多出于欧洲对非洲的传统殖民心态和继续保持其在非洲传统利益的思维，欧非合作机制并未完全发挥其优势，至多取得了中等程度的成功。一方面，欧盟及其成员国仍是非洲最大的贸易伙伴和援助来源，2006年欧盟及其成员国提供了世界援助流向的64%。加上其成员国，整个欧盟向撒哈拉以南非洲提供了经合组织成员国官方发展援助的66.2%。欧盟及其成员国还承诺，到2015年，其对外援助将达到联合国所规定的占国民收入（GNI）0.7%的标准，其中至少一半将流向非洲。① 另一方面，由于经济伙伴关系协定本身包含着诸多的不合理因素，以及其在非洲国家间制造分裂的可能，导致该协定的签订过程既缓慢又充满争议。② 同时，欧盟各成员国出于其在非洲的历史竞争，今天仍试图维持各自在非洲的势力范围，最为明显的体现是英国和法国在西部非洲的竞争，分别以英国扶植的西非国家经济共同体（ECOWAS）与法国所扶植的西非经济和货币联盟（UEMOA）为代表。③

日本：就日本对非政策的目标而言，自然资源和争取成为联合国常

---

① Council of the European Union, *Resolution of General Affairs and External Relations Council* [8817/05] (Brussels: EU Commission, 24 May 2005).
② 有关EPA对于非洲的地区一体化的负面影响，及其中的争议问题的讨论，可参见 Sanoussi Bilal and Corinna Braun-Munzinger, "EPA Negotiations and Regional Integration in Africa: Building or Stumbling Blocs," Paper prepared for the Trade Policy Centre in Africa (trapca) 3rd Annual Conference "Strengthening and Deepening Economic Integration in LDCs: Current Situation, Challenges and Way Forward", Arusha, Tanzania, 13-15 November 2008; Dan Lui and Sanoussi Bilal, "Contentious Issues in the Interim EPAs: Potential Flexibility in the Negotiations," Discussion Paper, No. 89 (March 2009).
③ Adebayo Adedeji, "ECOWAS: A Retrospective Journey," in Adekeye Adebajo and Ismail Rashid eds, *West Africa's Security Challenges* (Boulder: Lynne Rienner, 2004), pp. 40–41; Adekeye Adebajo, *Building Peace in West Africa: Liberia, Sierra Leone and Guinea-Bissau* (Boulder: Lynne Rienner, 2004), p. 31.

任理事国是两个最重要的方面。前一方面,进入新世纪后,日本与非洲的贸易额迅速增长,但相比而言只能算中等。在 2001 年至 2008 年间,日本与非洲的贸易额几乎增长了 4 倍,从 88 亿美元增长至 343 亿美元。这一增长很大程度上是由非洲对日本出口贡献的,在 2001 年至 2008 年间,非洲对日本出口增长了 366%,而同期日本对非洲出口只增长了 200%。但受全球金融危机影响,日非贸易额 2009 年下跌近 50%,为 185 亿美元,其中非洲对日本出口从 2008 年 210 亿美元的水平下跌 56% 至 91 亿美元,非洲从日本进口从 133 亿美元下跌 29% 至 94 亿美元。这样,在 2001~2009 年间,日非贸易额翻了一番。相比之下,中非贸易额增长 10 倍,印非贸易额增长 525%,巴西与非洲贸易额增长 224%,俄非贸易额增长 262%。[①] 后一方面,日本的表现不佳,因为在 2005 年日本尝试冲击入常时遭到了重大挫折,最主要的原因是缺乏非洲国家的支持。

美国:美国对非合作机制的三个要素表现并不完全一致。首先,美军非洲司令部已建立 3 年多,逐渐将美国在非洲的地区性计划、特别是自"9·11"事件以来的地区性反恐计划整合起来,与非洲举行了多次联合军事演习,并参与到 2011 年利比亚危机中北约的军事行动中。尽管如此,由于缺乏非洲国家支持,该司令部目前仍只能驻扎在德国斯图加特;目前,美国国防部内部已经达成共识,非洲司令部将永久性驻扎在斯图加特,原拟议中的建立 5 个地区办公室的计划也已不再讨论。[②] 其次,《非

---

① Simon Freemantle and Jeremy Stevens, "Emerging Economies Outpace Japan in the Battle for Trade with Resource-rich Africa," *Africa Review*, 28 September 2010, http://www.africareview.com/Business%20&%20Finance/Emerging%20economies%20outpace%20Japan%20in%20Africa/-/979184/1019890/-/kp5wwy/-/index.html.

② 上海国际问题研究院西亚非洲中心副主任张春与负责非洲事务的美国助理国防部长帮办薇姬·赫德尔斯顿(Vicki Huddleston)大使的访谈,五角大楼,华盛顿,2011 年 10 月 27 日。

洲增长与机遇法案》的确在某种程度上促进了非洲的增长与投资，特别是纺织业。美国声称，自2000年该《法案》开始实施以来，已经为非洲创造了30万个就业机会，极大地促进了来自尼日利亚、安哥拉、南非、莱索托、肯尼亚、毛里求斯、斯威士兰和马达加斯加的出口。2009年，美国从非洲国家的进口额达337亿美元，其中符合非洲增长与机遇法案、特惠贸易安排等而进口的占95%。[1]但非洲在美国的对外贸易结构中仍占据非常小的比重，而且美国与非洲的贸易更多集中于石油出口国，因此对于其所宣称的促进非洲增长与投资的作用仍是存在疑问的。最后，总统抗艾滋病紧急计划作为一项关系民生和社会的政策，其第一期计划为5年投资150亿美元，第二期5年计划投资480亿美元。但实际拨付款项远远小于计划，而且大多不是新增拨款。自2003年以来，总统抗艾滋病紧急计划为31个国家的艾滋病患者提供了近250亿美元资助，其中80%的用于撒哈拉以南非洲，该地区在全球3300万艾滋病患者中占了2700万人。[2]最重要的是，总统抗艾滋病紧急计划受美国国内宗教和制药利益集团的影响相当大，进而使其实际政策后果大打折扣。

韩国：韩国对非合作机制的收效同样难说是非常成功的。根据韩国的一项研究，非洲在2004年至2008年间进口翻了一番，从1540亿美元增长到3240亿美元，年均增长率为20%。而同期非洲从韩国的进口却仅以年均2%的速度增长。这充分说明韩国对非合作机制并不是很成功。[3]

---

[1] "Africa: AGOA to Add to Continent's Growth," *AllAfrica*, 7 April 2011, http://allafrica.com/stories/201104070805.html.

[2] Jim Fisher-Thompson, "U.S. PEPFAR Program Helps Millions with AIDS in Africa," *America.gov*, 19 November 2009, http://www.america.gov/st/scitech-english/2009/November/200911191603341ejrehsiF0.2920191.html.

[3] "South Korea Eyes Africa to Increase Export Led Growth," *Worldpress*, 17 May 2011, http://stratsisincite.wordpress.com/2011/05/17/south-korea-eyes-africa-to-increase-export-led-growth/.

同时，非洲市场上韩国商品的占有率只有 2%~3%，韩国对非出口只占韩国出口总额的 2.33%，而且主要集中在汽车、电冰箱等几种商品，从非洲进口只占进口总额的 0.98%。韩国对非洲的投资也微不足道，只有 21.2 亿美元，占韩国海外投资额的 1.5%。

## 二、非洲对国际对非合作机制的反应比较

各国际对非合作机制与其对非政策定位之间的匹配关系，也反映在非洲各国的认识上。换句话说，非洲能从这种匹配关系上，判断出各国对非合作是否真诚和平等，进而做出积极与否的反应。

1. 总体匹配——中国、印度、土耳其和俄罗斯。非洲对那些政策与机制总体匹配的机制总体上反应较为积极，更为欢迎这些更加真诚和平等的合作关系。

中国：非洲国家和区域、次区域组织普遍对中非合作论坛表示欢迎，并不认同所谓中国在非洲搞"新殖民主义"的说法。非洲国家和区域、次区域组织普遍认为，论坛的最大意义在于为非洲提供了有别于西方的另一种选择，尤其是"中国经验"对非洲发展具有相当积极的参考价值。大多数非洲国家对论坛十余年来取得的成果表示肯定，对成果能够迅速落实尤感满意，认为"非洲的经济增长现在很大程度上与中国的经济增长联系在一起"，"中国的参与给非洲带来了真正的发展"。[①] 中国援助决策迅速、注重效率、向非洲的基础设施倾斜等特点，得到了非洲政要和人民的普遍赞扬。根据皮尤公司 2007 年对中国在世界的印象调查，非洲受调查的 10 个国家对中国的好感度平均值为 68.6%，最高的达 85%，

---

① 纳杨·昌达：《黑与白：西方对中国在非洲的崛起感到不满，但事实上双方都获益了》，载美国《耶鲁全球化》在线杂志，2009 年 11 月 10 日。

最低值也达 45%。①

印度：印度对非政策集中于提供自身由民主支持的发展与增长的经验，较少直接干预接受国的国内政治，允许接受国界定自身优先，鼓励经济共同增长和长期的贸易联系，而非纯粹的发展影响。印度的对非政策总体上在非洲得到欢迎，还有两个方面的重要原因：一是有诸多印度裔生活在东部非洲和东南部非洲，二是西方为了对抗中国在非洲影响力的上升而刻意提升印非关系的成功。但同时也应看到，东部非洲和东南部非洲的印度裔集中的国家并未为印度在非洲的影响力提升作多大贡献。事实上，支持印度成为联合国安理会常任理事国的非洲国家，主要来自于西部非洲，特别是西部非洲国家经济共同体的成员。②

土耳其：土耳其的对非政策和合作机制更多是以软实力先行的方式，特别强调与穆斯林非洲的宗教联系，因此在非洲颇受欢迎。土耳其对非政策中有很多计划直接与宗教事务相联系，如土政府提供全额奖学金的为非洲国家培养阿訇的计划，定期地参与到为穷苦的穆斯林社区认捐粮食和衣服，在非洲开设学校讲授宗教课程，在斋月和献祭期间启动新的援助计划，等等。③所有这些都得到了非洲、特别是穆斯林非洲国家的欢迎。在 2008 年 10 月的联合国安理会非常任理事国选举中，土耳其以 151 票高票当选——在所有参选国家中位居第二，其中非洲国家贡献了 52 票——即仅丢失了 53 个非洲国家中的 1 票。

---

① Andrew Kohut, "How the World Sees China," *Pew Global Attitudes Project*, 11 December 2007, http://pewresearch.org/pubs/656/how-the-world-sees-china.

② "West African Countries Back India for Security Council," *Africa Quarterly: Indian Journal of African Affairs*, Vol. 46 No. 2 (May-July 2006), p. 13.

③ Mehmet Kalyoncu, "Gülen-inspired Schools in the East Africa: Secular Alternative in Kenya and Pragmatist Approach to Development in Uganda," 20 November 2008, http://en.fgulen.com/conference-papers/gulen-conference-in-washington-dc/3101-gulen-inspired-schools-in-the-east-africa.

俄罗斯：尽管俄罗斯在非洲的影响力因冷战结束而有所下降，但其保持着在非洲的较好形象，其中既有无殖民史和广泛的人文合作的原因，也有经济上不存在"资源掠夺"可能的原因。当然，尽管"西方媒体未能从非洲人的记忆中洗刷掉遥远的北方大国的吸引力。但是苏联时期积累下的各领域关系中的正面资源正在缩小，俄罗斯应进行持续、迅速和有力的补充"。[1]

2. 拔高非洲地位——欧盟及其成员国、日本、美国和韩国。非洲已经能够辨别出这些对非合作机制的"拔高"效果及其真实意图，尽管有时出于历史的无奈——特别是在面对欧美国家时，但仍刻意寻找更多的替代方案。

欧盟及其成员国：正是由于欧盟及其成员国与非洲的传统关系，使得非洲尝试摆脱欧洲并获得更大的政治和经济独立。欧洲与美国一样，在与非洲的关系中附加了各种政治先决条件，尝试对非洲进行第二次"开化"；同时，欧盟在与非洲的经济伙伴关系协定谈判中，更有重新划定非洲的次地区版图的嫌疑——殖民时期欧洲划定的只是非洲的国别版图，这也使得非洲颇为敏感。正如塞内加尔总统瓦德在2010年12月的欧非峰会之后说，欧洲出于自身的原因正失去非洲，但欧洲却试图通过牺牲非洲来挽回。他指出，欧盟要求非洲国家签署的经济伙伴关系协定是欧盟的对非洲的"勒索"，其所有条款"都是错误的。如果非洲能团结起来，欧盟的措施不足为虑"。[2]

---

[1] Корендясов Е.Н. Общее и особенное в формировании образа России в Африке // Сб. Статей. Российско-африканские отношеия и образ России в Африке. М., 2007, p. C15.

[2] "Wade: China, Japan and India Are Better Than the EU Africa," 15 December 2010, http://c.zhiwenweb.cn/CulturesA/xwzx/ty/2010/12/4779721562.html.

日本：日本原来与非洲没有太多联系，自非洲发展东京国际会议设立以来，日本不仅结合了双边与多边的做法，而且刻意突出自身与传统的西方对非援助方式的区别，即强调非洲国家的自力更生是发展的关键及"非洲国家自助的重要性"；换句话说，基于非洲人倡议和自助的"所有权"和"伙伴关系"是非洲发展东京国际会议的首要基础。[1]但与日本在亚洲所面临的两难相似，日本一方面强调与传统捐助国的不同，同时又不能放弃其"西方"认同，仍强调非洲国家的民主化和良治，及发达国家政府通过创造有利的经济和贸易环境来帮助非洲的努力。正是由于这种两难，非洲发展东京国际会议的多边机构大多是西方所主导的。因此，尽管日本的对非合作机制某种程度上掩盖了非洲在其对外政策中地位不高的事实，但由于对政治条件的强调和对南北关系的强调，使得它未能成功地体现在最终的政策后果之中。

美国：尽管美国的对非合作机制部分地掩盖了非洲在其外交政策中优先度低的事实，但这又为美国对非政策中的条件性和傲慢所抵消。美国对非政策的条件性最为重要地体现在《非洲增长与机遇法案》所规定的条件中，主要包括：市场经济或市场自由化；政治民主化与多元化；良治；人权标准；反对恐怖主义等。此外，在总统抗艾滋病紧急计划等其他平台中，还包含了美国国内利益集团、特别是宗教和制药利益集团的私利性条件。所有这些条件，都被非洲认为是不平等的。而美军非洲司令部更令非洲人担忧，即美国不仅会使其对非政策军事化，而且还会像过去的殖民者一样对非洲实施军事控制，这也是非洲人不接受非洲司令部的重要原因。此外，非洲人也注意到美国对非洲的不重视，特别是

---

[1] Ministry of Foreign Affairs, Japan, *TICAD II Tokyo Agenda for Action for African Development Towards the 21st Century* (Tokyo: MOFA, 1998).

奥巴马政府。有人指出，非洲国家对奥巴马政府表示失望，因为它到目前为止尚未发展出一项完整的对非战略和政策。① 非洲人原本希望有着黑人血统的奥巴马能为非洲带来更大机遇，但现实证明这只是一场"空欢喜"。

韩国：尽管有韩非论坛及其他的合作机制，但非洲人对韩国的了解仍相当少。有人认为，韩国的经济发展模式似乎能为非洲提供参照，如非洲开发银行总裁卡贝鲁卡（Donald Kaberuka）曾说："目前的非洲与20世纪60至70年代的韩国情况比较相似。看韩国30年来发展的情况，韩国的成功范例有很多值得非洲学习的地方。"② 但这种观点被历史学家所否认，因为韩国的发展很大程度上是被美国的战略利益所推动的，这种模式在东亚地区广泛存在。因此，韩国模式不可能成为非洲发展的参照。③

从上述比较可以看出，各国对非政策定位与机制之间的匹配关系，很大程度上反映了各国对非合作是否真诚与平等。政策与机制之间总体匹配的机制本身，往往体现了更为真诚和平等的合作态度，即使如俄罗斯这样的缺乏与非洲合作的意愿和机制的案例中，也因其没有美欧日韩等的虚伪——特别是条件性和模式输出——而在非洲有较好的印象。

---

① Kevin J Kelley, "U.S. Africa Policy in the Spotlight As Michelle Visits," *AllAfrica*, 19 June 2011, http://allafrica.com/stories/201106201050.html.
② 《非洲35国代表来韩学习韩国发展模式》，载《朝鲜日报》，2010年9月16日，http://chn.chosun.com/site/data/html_dir/2010/09/16/20100916000007.html。
③ "Can Africa Really Learn from Korea?," *Afrol News*, 24 November 2008, http://www.afrol.com/articles/22953.

# 第四章
# 中非论坛与国际对非合作机制的互动

各种国际对非合作机制的发展，不可避免地推动了中非合作论坛与其他国际对非合作机制的互动——不管是良性的还是恶性的。但应当指出的是，这种互动主要是在2006年中非合作论坛北京峰会之后才发生的。因为在此之前，国际社会很大程度上忽视了中非论坛的发展。北京峰会后，国际社会对中非论坛的态度又可分为两个阶段。第一阶段大约在峰会后至2008年北京奥运会举行，国际上对中非论坛的批评甚至攻击相当多，主要原因是西方对中非关系和中非论坛的快速发展不适应，认为中国进入了其后院、并会将其"挤出"非洲。[①]第二阶段自2008年下半年至今，在经过一开始的愤怒之后，西方逐渐认识到中非论坛对促进非洲发展的积极作用，认识到无法再将中国"赶出"非洲，因此试图通过与中国合作而迂回地维持其在非洲利益，并将中非关系引向其预设的轨道上去。

---

[①] 有关这一阶段西方对中非关系、中非合作论坛的态度的总体描述，可参见 Tom Cargill, "China and Africa: A Literature Review," Unpublished Chatham House Review (London: Chatham House, 2008).

正是由于这一态度演变，国际对非合作机制与中非论坛的互动——不仅包括形式上的互动，也包括内涵上的互动——变得更具实质意义；应当指出的是，这种互动关系更多是恶性的：尽管中非合作论坛为其他国家发展对非合作提供了参照和借鉴，但却往往遭到其他国家的不当批评、恶性竞争和恶意攻击。这在2011年有着明显体现：美欧对中非关系的批评正逐渐从先前的更多是民间批评发展为更为正式的官方批评，如美国国务卿希拉里·克林顿曾于6月和12月两度隐晦地批评中非关系。

## 一、形式互动

中非合作论坛是中非双方在新形势下创立的新的合作模式。尽管日本在冷战结束后创立了首个以单个国家对整个非洲的论坛模式，但由于那一模式还有着联合国、国际货币基金组织、世界银行等多边机构的参与，因此真正意义上的单个国家与整个非洲的集体论坛，仍是中非合作论坛。如前所述，非洲发展东京国际会议之所以未能取得预期中的成功，很大原因正是在于诸多以西方主导的多边机构的参与。所以，中非合作论坛的成功为国际社会带来了不少启发，于是产生了国际对非合作机制与中非合作论坛的机制形式上的互动，主要体现在三个方面。

1. 促使既有对非合作机制更为活跃

在2000年论坛成立之前，事实上已存在多个对非合作机制，典型是欧盟与非洲的欧非峰会，日本与非洲的非洲发展东京国际会议。但这两个机制都不够活跃，成效也不明显。如前所述，欧盟本身对于欧非峰会的重视程度在2006年之前并不高，这也是缘何第二届欧非峰会由于津巴布韦问题而一直拖延至2007年。在中非合作论坛北京峰会召开后，欧洲各国终于认识到无法继续推迟，否则将会被中国"甩在后面"。因此，欧盟于 2007 年 12 月召开了拖延长达 6 年的第二届欧盟—非洲峰会，并试图借此机会推动与非洲各国达成经济伙伴关系协定，巩固和强化传统的欧非经贸关系。这一次，欧盟下定决心不让津巴布韦问题成为欧非峰会的阻碍，并最终牺牲英国——布朗首相也因此缺席。自 2007 年后，欧盟坚持了每 3 年召开一届欧非峰会的计划，于 2010 年底召开了第三次欧非峰会，当然津巴布韦问题仍然存在。

在日本方面，1993 年创立非洲发展东京国际会议的最初设想不是为了帮助非洲，而是为了提升日本在国际社会中的地位。由于西方普遍的"援助疲劳症"，日本准备从西方手中接过国际援助领头羊的旗帜，于是尝试创建以联合国为主的对非援助平台。而这正是缘何日本始终坚持非洲发展东京国际会议的开放性、多边性的原因。也正是出于这种权宜性的考虑，日本始终一方面并不准备过于密集地组织会议，将每届会议的间隔期定为 5 年；另一方面，日本始终没有尝试使非洲发展东京国际会议这一平台机制化，以至于在前三届会议中，每一届会议之后人们都无法知道下一届会议是否还会继续召开。直到 2008 年，同样是在 2006 年北京峰会之后，日本才在第四届非洲发展东京国际会议峰会上确认将该平台机制化，并固定会期。

在欧洲和日本之外，美国也某种程度上受中非合作论坛发展的刺激，延长了《非洲增长与机遇法》和全球艾滋病计划等项目，并称将投入更大力量资助非洲的抗疟疾工作。俄罗斯也加大了对非洲的投入，重新强化与非洲的军事合作关系，于 2008 年 5 月宣布将减免非洲国家总额为 200 亿美元的债务，并于 2011 年 12 月 16 日在埃塞俄比亚首都亚的斯亚贝巴举办了首届俄罗斯—非洲实业论坛。有报道说，俄罗斯可能会在

2012年通过对非合作战略。①

## 2. 启发了新对非合作机制的创建与效仿

在2006年中非合作论坛北京峰会之后，不少尚未与非洲建立起完善的合作机制的国家都纷纷效仿中国，相继召开与非洲的峰会，试图既搭中非关系的便车、同时避免成为国际舆论的焦点，其中最主要的是韩国和印度。韩国对中非合作论坛的效仿到了无以复加的地步，某种程度上可以说是"复制"。韩非峰会的设置与中非合作论坛近乎完全一致，也是每3年一次，同样设有后续委员会，也和中非合作论坛一样在每届论坛召开后的第二年召开高官会对论坛措施的进展加以评估，等等。更有甚者，韩非论坛的时间安排往往紧跟中非合作论坛，这样可以邀请到更多的非洲国家领导人到韩国访问。例如，第一届韩非论坛于2006年11月5~7日，就在北京峰会结束后仅2天，邀请到5名非洲首脑和20个国家的27位部长级官员出席该论坛，其中多数为出席北京峰会的非洲代表。2009年的韩非论坛在时间上也紧随中非论坛，于11月24日举行。

同样，印度—非洲峰会也在很大程度上效仿了中非合作论坛，也是每3年举办一次，也一般发表一份宣言和一份行动计划，并建立了类似于中非合作论坛后续行动委员会的后续机制。当然，与中非合作论坛相比，印非峰会更多的是形式上的模糊言辞（合作、共享经验和能力建设）及很少有切实的行动计划，少有提及未来的开支、执行机构和时间限制，当然还有对南南合作（特别是建立世界新秩序）的聚焦和对平等伙伴间互动的特别提及。而这也正是印非峰会看似层次不低，但却无法发挥真正的提升印非关系的作用的原因。

---

① 《俄罗斯重返非洲市场》，新华网，2011年12月21日，http://world.people.cn/GB/16672770.html。

在韩国和印度之外，土耳其和美国也都受到中非合作论坛发展的启发而创建了新的平台，尽管这些平台与中非合作论坛的差异较大。2008年8月18~21日，土耳其举办了第一届土耳其—非洲峰会，致力于促进双方关系发展，土耳其为非洲设立了多个项目基金，并计划使土非贸易于2010年达到300亿美元。土耳其—非洲峰会每5年一届，在第三年往往会有一次评估和中期的执行计划。当然，由于土耳其—非洲峰会迄今只召开过一次，因此还难以确定其长期模式。此外，美国也于2008年正式创建了美军非洲司令部，作为统领美国在非洲的安全和发展的机构，①这在某种程度上也有着应对中非合作论坛的考虑。

### 3. 激发了国际对非三边合作的呼吁和实际举措

为了应对中非关系的快速发展，将中非关系纳入其预期方向，西方不断提出与中国在非洲开展三边合作的可能性。2006年，应欧盟要求，非洲问题出现在中欧联合声明中，双方指出"将在援助有效性以及千年发展目标等问题上寻求合作"。2008年，欧盟单方面出台了《中欧非三边合作沟通文件》。在美国方面，尽管尚未出台类似的文件，但有关中美非合作的各种学术会议却举办了多次；2011年11月初，美国参议院举行了一次有关中非关系的听证会，多名证人就三边合作提出了建议；同月，美国国务卿助理约翰·卡森也在第五轮中美非洲事务磋商中提出与中国在非洲的三边合作问题。总体上，这些三边合作的建议包括四类：1. 中国参与欧美国家在非洲的项目，以欧美国家为主导；2. 中国与欧美处于

---

① 负责非洲事务的美国助理国防部长帮办薇姬·赫德尔斯顿（Vicki Huddleston）大使指出，这仍更多是个概念，目前的操作主要是由美国驻非洲的各个使馆负责，非洲司令部并没有发挥实际功能。上海国际问题研究院西亚非洲中心副主任张春与赫德尔斯顿大使的访谈，五角大楼，华盛顿，2011年10月27日。

平等地位,合作在非洲国家开展项目;3.欧美国家参与中国在非洲的项目,以中国为主导;4.建立战略沟通机制,相互通报与非洲的合作情况。

与此同时,其他的国际对非合作机制之间通过合作,对抗中非合作论坛的现象正快速发展。传统欧美、美日政策协调中已经加入了中非关系问题。此外,还出现了一些新的机制性合作,如印度与日本在非洲的合作。印日非洲对话(India-Japan Dialogue on Africa)于2010年10月启动,每两年举行一次,轮流在日本和印度举行。由于初创,所以第二次印日非洲对话于2011年6月在印度新德里举行,但第三次将于2013年在东京举行。双方的参与代表都是各自的对非政策高级官员率领,日本方面一般是外务省非洲司司长,而印度方面则是由负责所有3个非洲司事务的外交部部长助理(Additional Secretary)。① 又如,自2010年11月奥巴马访问印度双方达成就农业和粮食安全及减贫合作以来,美印已经就非洲问题展开了第一轮对话,2011年将展开另一轮对话。②

## 二、内涵互动

在形式上或者被中非合作论坛复活,或者刺激创新,或者寻求三方合作之外,国际对非合作机制的内涵也因中非合作论坛而有了新的发展。这也可称作是中非合作论坛与其余国际对非合作机制的内涵互动,这主要表现在以下三个方面:

---

① "India, Japan Discuss Political, Economic Engagements with Africa," *Daily India*, 16 June 2011, http://www.dailyindia.com/show/445775.php.
② "US Lauds India's Model of Engaging Africa," *IANS*, 10 June 2011, http://mangalorean.com/news.php?newstype=local&newsid=244136.

**1. 围绕非洲长期发展的道路或模式选择的争论增多。**

随着中国的快速崛起和中非论坛的发展，再加上全球金融危机导致的西方发展模式、特别是所谓"华盛顿共识"遭削弱，国际社会正试图将中国的快速发展上升为"中国模式"并强行将其拖入一场"模式竞争"的讨论中，这在非洲表现尤其明显。更为具体地，国际社会对"中国模式"与非洲的关系有三种观点：

一是认为所谓"中国模式"事实上是在非洲搞"新殖民主义"，因此尽管"华盛顿共识"现在面临着一定的困难，但仍对非洲有积极意义。这一论调大致有两个发展阶段：2006年中非合作论坛前后直到2011年初，持这一论调的主要是学者，也有少数政客；但进入2011年后，大国政客突然重拾这一论调批评中非关系，特别是美国国务卿希拉里·克林顿和英国首相卡梅伦。2011年，美国国务卿希拉里·克里顿在6月访问非洲和11月底出席韩国釜山第四届援助效率高层论坛（High-Level Forum on Aid Effectiveness）时的讲话都影射中国在非洲搞"新殖民主义"，而助理国务卿卡森也在11月初的中美第五轮非洲事务磋商中要求中国在非洲"负责任"地行为。中国对非贸易和投资为非洲大陆发展带来了重大贡献，已经得到国际公认。因此，这一论调背后的真正目的是对其在非洲传统利益的考虑：在过去10年里，非洲的对外贸易总额翻了一番，但传统大国的份额却从77%下跌到62%；中国在世纪之初只占非洲贸易额的5%不到，但到2009年却达到了15%，很快将超过欧洲。① 所有这些，引起了外部世界、特别是美欧的强烈不安。

二是鼓吹诸多其他的模式以便与"中国模式"竞争，特别是所谓"印

---

① Thierry Ogier, "OECD attacks China-Africa trade 'myths'," *Emerging Markets,* 7 June 2011, http://www.emergingmarkets.org/Article/2844091/OECD-attacks-China-Africa-trade-myths.html.

度模式"。例如,美国不仅在全球鼓吹印度模式可以抗衡中国模式,而且也鼓吹印度模式比中国模式更适用于非洲。负责南亚与中亚事务的美国助理国务卿罗伯特·布莱克(Robert Blake)于2011年6月9日谈到第二届印非峰会时说,"印度模式鼓励非洲增长的成绩令人印象深刻"。① 印度人也自吹,印度在非洲的优势不仅在于其成为一个新的援助提供者,而且在于其自身仍鲜活的发展挑战的应对经验。② 此外,日本和韩国也都试图向非洲输出其"模式"。

最后,还有人指出中国模式的独特性和"不可持续性",因此认为其是不适合非洲的,进而指出非洲需要自身的模式。例如,非洲人权委员会(African Commission for Human and Peoples Rights)在2011年4月会议期间指出,"中国模式是独特的,因为中央政府可自上而下地做出决策,并通过所有渠道抵达基层。这完全不可能在其他地方复制。……非洲共识承认了以草根增长为基础的重要性。"该委员会还指出,中国建设特别经济区的经验正通过在非洲建设类似的特别经济合作区而向非洲输出,但移植中国模式有着一定的风险,因为这首先考虑的是政府而非民间要求,因此呼吁"自下而上的非洲增长模式"。③

2.围绕实现非洲发展的手段的争论逐渐升级。

实现非洲的发展,至少是所有国际对非合作机制所声称的目标。但至于如何实现这一目标,特别是如何平衡实现这一目标的手段搭配,却

---

① "US Lauds India's Model of Engaging Africa," *IANS*, 10 June 2011, http://mangalorean.com/news.php?newstype=local&newsid=244136.

② Shashi Tharoor, "India Gives," *Daily News Egypt*, 12 June 2011, http://thedailynewsegypt.com/globalviews/india-gives.html.

③ Antoaneta Becker, "Chinese Model Showing Cracks," *AllAfrica*, 23 June 2011, http://allafrica.com/stories/201106231092.html.

产生了严重的争论。更为具体地,这种争论体现为两个方面:一是所谓"安全—发展关联"(security-development nexus),一是如何集中力量办大事的问题。

冷战结束后,尤其是"9·11"事件后,发展与安全的相互依赖日益加深导致"安全—发展关联"日益密切,进而产生了一对孪生现象,即发展政策的安全化(securitization of development policy)与安全政策的发展化(developmentalization of security policy)。① 尽管"安全—发展关联"本身便证明,安全与发展的因果关联本身是难以论证的,② 但以美欧为主的西方却常常以中国仅关注经济发展而不关注社会、政治和军事安全为由对中非关系和中国对非政策横加指责——尽管中国以发展优先的政策方法不仅为中国自身发展成就所证实,而且事实上也为印度、韩国、土耳其等新兴国家所采纳。

中非关系和中非论坛迄今为止成功的重要经验之一便是"集中力量办大事",目前也得到印度、土耳其、韩国等的效仿,特别体现在后者更多关注特定领域的对非合作上:如印度更为关注人力资源培训,韩国则重点农业合作和技术转移,土耳其的重点放在了宗教与文化交流、非政府组织合作等方面,等等。而西方则有意无意地试图分散非洲的精力,使其难以集中力量发展自身。最为突出的例子是,在过去50年中,欧美所主导的发展经济学、特别是对非洲的发展援助,往往是每10年便变换一个主题,从20世纪60年代强调经济增长,到70年代强调减贫,到80

---

① 有关安全政策发展化和发展政策安全化的讨论,参见张春:《"发展—安全关联":中美欧对非政策》,载《欧洲研究》,2009年第3期。
② Ann M. Fitz-Gerald, "Addressing the Security-Development Nexus: Implications for Joined-up Government," *Policy Matters*, Vol. 5, no. 5 (July 2004), pp. 7–8.

年代强调结构调整，90年代强调良治，再到新世纪强调所谓的效率管理。①对话语权的操纵和不停变换，使得非洲国家必须不断引进和学习新概念，始终跟在欧美步伐之后，而无法集中精力发展自身，更别提从与欧美的经贸关系中获得互惠收益和更大的发展机遇。②

3. 围绕合作政治条件性的争论发生演变。

尽管冷战时期西方、特别是美国与非洲的合作中往往不附加政治条件——如果说有那便是与之结盟，但从冷战后期开始，政治条件日益成为西方与非洲合作的前提条件，特别是所谓的民主、人权、市场自由化等。就连相对较晚与非洲接触的日本和印度，也都在其对非合作机制中坚持某种政治条件。例如，尽管印度出于自身的殖民经历而允许援助接受国界定自身的政策优先，但却同时附带提供印度由民主支持的发展与增长的经验。③又如，日本也在其对外援助指南中提出了日本对外援助的四项原则：接受国承诺采纳自由市场经济，促进民主化与人权；在发展努力中植入环境保护；官方发展援助不得用于军事目的，或用于国际侵略；后来又加上了接受国应当削减军事开支的条件。④

随着中非论坛的快速发展，中国坚持不干涉内政原则为非洲提供了极大的机遇，也对其他国际对非合作机制带来了冲击。对此，其他国际对非合作机制往往采取三种应对措施：一是对中国坚持不干涉内政和不

---

① 有关西方发展话语在过去60年的演变，新近较为全面的论述可参见 Erik Thorbecke, "The Evolution of the Development Doctrine, 1950-2005," *Research Paper*, No. 2006/155, UN University, December 2006。

② Dent Christopher, *China-Africa Development Relations* (New York: NY Routledge, 2011), p. 12.

③ Dweep Chanana, "India's Transition to Global Donor: Limitations and Prospects," *ARI*, No. 123/2010 (23 July 2010), http://www.realinstitutoelcano.org/wps/portal/rielcano_eng/Content?WCM_GLOBAL_CONTEXT=/elcano/elcano_in/zonas_in/asia-pacific/ari123-2010.

④ Ministry of Foreign Affairs, Japan, *ODA Annual Report*, 1996 (Tokyo: MOFA, 1996), p. 211.

附加政治条件的立场横加攻击和指责，认为这破坏了西方在非洲的良治努力。二是逐渐调整其政治条件，由先前的坚持强硬的"良治"原则，逐渐转变为更为中性的强调"有效治理"原则；换句话说，这些国家对非援助的附加条件正日趋"隐蔽化"。三是也强调对非洲的不干涉内政和不附加政治条件，特别是前述的日本和印度，例如日本通过非洲发展东京国际会议强调非洲人的自主性和日本的不干预，而印度则公开声称自身的对非援助是不附加条件的。此外，土耳其在时隔70余年后重新聚焦非洲，在创建土耳其—非洲峰会时便强调，土耳其坚持"不干涉内政原则"。

与合作的政治条件相伴随的是，非洲的"所有权"始终是国际对非合作中的一个重要话题。中国始终强调各国有独立发展自身政治、社会、经济的权利，坚持对非合作中非洲的所有权，一切合作项目都以非洲的需求为主。这与传统的西方对非合作中强加西方思维是完全不同的；而正是由于不考虑非洲的自身需求和环境，西方几十年来的对非合作一直收效甚微，而这也是西方缘何注重援助有效性的原因。在中国强调非洲所有权带来的压力下，各对非合作机制也开始强调这一问题。例如，日本在冷战后的对外援助的正当性理由很大程度上来源于其倡导一种"新范式，它强调强化穷人的声音和力量，最大化援助接受国在设计发展援助中的主动权"，即授权（empowerment）和所有权（ownership）。[①]"日本政府正引领国际社会对非洲发展的讨论，通过倡导非洲的所有权及非

---

[①] Yujiro HAYAMI, "From the Washington Consensus to the Post-Washington Consensus: Retrospect and Prospect," *Asian Development Review*, Vol. 20, No. 2 (2005), p. 57.

洲与国际社会的伙伴关系的重要性。"① 此外，印度、土耳其、韩国等都坚持非洲自身的需求，特别关注人力资源发展、技术转移等民生项目。就连欧洲和美国，也日益重视起这一问题。

## 三、未来的互动发展与非洲的反应

随着国际政治和经济体系的转型加速和新兴大国的崛起，非洲的国际重要性日渐上升：一是其"票仓"作用，特别是对那些试图成联合国安理会新的常任理事国的国家及试图发挥更大影响力的新兴大国来说；二是其资源地位，特别是石油及其他稀有战略资源；三是非洲自身政治、经济的发展可能导致的国际权势变化。因此，未来中非合作论坛与国际对非合作机制的互动可能会更为密切，关系也可能更为复杂。结合中非论坛与其他国际对非合作机制当前的互动类型和国际局势、特别是非洲局势的发展，特别是其他国家无视中非合作论坛的积极贡献，相反却往往采取批评、攻击和竞争等组合手段试图遏制中非合作论坛和中非关系的发展，未来这一互动关系的发展存在以下几个趋势。

1. 激发新对非合作机制的产生。自 2006 年中非合作论坛北京峰会激发了印度、韩国、土耳其等国新创立对非合作机制之外，诸如伊朗、巴西、俄罗斯等国家都已经或正计划建立各自的对非合作机制。因此，未来可能会有更多与非洲有着密切联系的国家创立自身的对非合作机制。

2. 促进对非三边合作的兴起。各种类型的对非三边合作将日益难以避免，主要表现为：一方面，中非合作论坛、非洲及第三方的对非合作机制之间的三边合作，其目的或者为了搭中非合作论坛的车——如日本

---

① Junichiro KOIZUMI, "Japan's Policy for African Development," Message to Africa towards the G8 Summit, 6 July 2005, p. 1.

提议的与中国在非洲的三边合作,或者为了约束或引导中非合作论坛的发展方向,或者兼而有之,如欧盟、美国等提议的与中国在非洲的三边合作。另一方面,更多是为了与中非合作论坛竞争的其他国际对非合作机制与非洲的三边合作可能进一步发展,如目前已经存在的欧美、美日、美印有关非洲的对话,极可能发展成为欧美非、美日非、美印非等三边合作。

3. 刺激国际"软规则"的盛行。其他国家利用国际"软法"(soft law)或"软规范"(soft norm)制约中非论坛的趋势可能强化。所谓国际"软法"或"软规范"是指明显不具约束力但却有着国际法相关性的国际规范,它居于"法律与政治之间"。它很大程度上是由非政府组织所倡导同时得到部分主权国家大力支持的,尽管不具备强制执行力但却拥有强大的舆论影响力。[①]事实上,目前已经有一些国家正借用这类国际"软规则"来约束或引导中非论坛的发展方向,如涉及钻石开采的"金伯利进程",涉及自然资源开采的"采掘业透明协议",涉及企业社会责任的"全球契约",及涉及金融、环境与社会保护的"赤道协议"等。

4. 加速非洲对华友好立场的分化。面对中非合作论坛与其余国际对非合作机制的日益复杂化的互动关系,非洲的立场也正变得多样化和分裂化。首先,绝大多数非洲国家对国际对非合作的机制增生持欢迎态度,认为这将为非洲提供更多的机会,既包括选择的机会,也包括讨价还价

---

① 有关国际"软法"或"软规范"的论述,可参见 La Szlo Blutman, "In The Trap of A Legal Metaphor: International Soft Law," *International and Comparative Law Quarterly*, vol. 59 (July 2010), p. 605; Jon Birger Skjaseth, Olav Schram Stokke and Jogen Wettestad, "Soft Law, Hard Law, and Effective Implementation of International Environmental Norms," Global Environmental Politics, Vol. 6, No.3 (August 2006), p. 104; Dinah Shelton ed., *Commitment and Compliance: The Role of Non-Binding Norms in the International Legal System* (Oxford and New York: Oxford University Press, 2000); 等等。

的机会。其次,绝大多数非洲国家对三边合作表示反感,认为这可能导致中国与其他国家,或者其他国家相互间就非洲问题达成妥协,从而限制非洲的自主发展,缩小非洲的政策空间。再次,也有部分非洲国家对各对非合作机制间的互动表示漠然,认为与非洲关系不大。例如,塞内加尔总统瓦德便认为,欧洲不能将中国、印度和日本从非洲排挤出去,因为后者与非洲签署了没有附加条件的协议。中国和欧洲在非洲的争夺并非因为非洲,这不过是"巨人的斗争"的一部分。[①] 最后,也有少数国家欢迎三边合作,甚至希望成为三边合作的一方。例如,南非便非常期望能开展诸如南非—中国—其余非洲国家的三边合作,既促进非洲的发展,又把握住中非关系发展的机会,还能提升自身在非洲的影响力。

---

[①] "Wade: China, Japan and India are better than the EU Africa," 15 December 2010, http://c.zhiwenweb.cn/CulturesA/xwzx/ty/2010/12/4779721562.html.

# 第五章
# 发展中非合作论坛对策建议

从前述比较可以得出，国际对非合作机制本身尽管重要，但更重要的是基础性的对非政策定位。尽管对非合作机制可能在某种程度上"拔高"或掩盖较低的对非政策定位，但这一效应是无法持久的，特别是其中所欠缺的真诚与平等，不仅会决定机制本身的效果，也会决定非洲对机制的看法。更为具体地，通过前述比较，可以得出中非合作论坛相对于其他对非合作机制的优势与不足，并为发展中非合作论坛提供前瞻性和可操作强的对策建议。

## 一、中非合作论坛的优势与不足

中非合作论坛是迄今为止最为成功的对非合作机制，它基于非洲在中国外交政策的高度优先地位，以高度集中的机制平台为中介，取得了远超出预期的政策效果，并得到了非洲国家的普遍欢迎。总结起来，中非合作论坛相对于其他国际对非合作机制的优势与不足主要包括以下方面：

1. 中国特色及其优势：中非合作论坛带有浓厚的中国特色，进而拥有相对其他对非合作机制的巨大优势，主要包括：第一，在党的领导下"集中力量办大事"的传统，集全国之力、努力整合国家与地方、公与私的各利益攸关方的目标和手段，在每届论坛上都找准几个突破口，为非洲的经济增长、政治稳定等办实事；第二，信守承诺，即使在自身面临困难时仍切实兑现论坛各项承诺；第三，坚持对非合作中的不干涉内政、不附加政治条件及和平解决争端等原则，即使在非盟已经承认有条件地"干涉内政"和其余对非合作机制往往附加隐性或公开的条件的情况下，仍坚持中国自身的判断和标准；第四，坚持非洲需求和非洲民生第一的政策方法，以双边合作为主，结合三边甚至多边合作，始终将非洲需求和非洲民生摆在第一位，坚持"授人以渔"、"多予少取"和"先予后取"的传统做法。

2. 其他对非合作机制的优势与中非合作论坛的不足：尽管中非合作论坛相当成功，但仍存在需要改进的地方，特别是与其他对非合作机制相比：第一，聚焦意识和灵活性不够强，更多强调综合性的对非合作机制的建设，追求全面发展和均衡发展，有时甚至追求形象工程，特别是在与印度、韩国、日本等相比时；第二，非政府组织和公民社会参与不够，中国的非政府组织和公民社会力量较弱，缺乏积极主动的非政府组织和公民社会发展战略和将其纳入中非合作论坛框架的战略设计，特别需要学习美国、欧盟、俄罗斯和土耳其；第三，促进中国人融入非洲当地社会不够，应当向印度和欧洲学习相关经验；第四，对机制本身的宣传或者说公共外交力度不够，特别是与多个能"拔高"非洲的政策定位的机制相比。

## 二、发展中非合作论坛的对策建议

基于上述中非合作论坛的优势与不足，借鉴国际对非合作机制的成功经验与失败教训，未来发展中非合作论坛的对策建议可概括为16个字，即："扬长避短、前瞻设计、合理宣传、均衡发展"。

### 1. 扬长避短

第一，全面总结自身优势，坚持中国特色的对非合作。具体而言，这又可分为以下方面：（1）继续坚持中国"集中力量办大事"的政策方法；（2）继续以实际行动维护中国信守承诺的形象和优势；（3）继续坚持对非合作中的不干涉内政、不附加政治条件及和平解决争端等原则；（4）坚持非洲需求和非洲民生第一的政策方法。

第二，抱着学习的态度，博采众长。其他对非合作机制的优势和长处也值得中非合作论坛加以学习。（1）在综合性机制内强化中非合作论坛的聚焦意识，可考虑在每一届论坛中设定1~2个聚焦领域，集中力量在短期内取得较大发展。（2）强化非政府组织和公民社会在中非合作论坛和中非合作中的作用，将更多的非政府组织和公民社会团体纳入其中，尤其应学习俄罗斯在海外建设非政府组织的做法。（3）强化民间与社会交流，加快中国人融入当地社会的步伐。（4）少搞形象工程，多做民生项目，特别是加大对小型民生项目的支持力度。

第三，吸取其他国际对非合作机制的失败教训。从其他国际对非合作机制的失败中，可得出中非合作论坛未来发展需注意的重要问题。（1）要始终坚持以平等的心态对待中非关系。无论是欧美日、还是印度与韩国，其对非合作中事实上都存在潜意识的高人一等的心态，特别是试图向非洲传播其"模式"。近年来，中国的快速发展也使少数人滋生了一种骄傲心态，在中非交往中不注意坚持平等待人的原则。中非合作论坛应出台相应措施,确实将平等相待原则的有效贯彻。(2)注重对非洲经济投资的同时,更应注重对非洲的感情投资。欧洲、美国、俄罗斯等尽管与非洲有着长期的历史关系,但正由于忽视了感情方面的投资,一直没能取得很好的成就;中非关系近10年来的发展却很大程度上得益于历史性的感情基础。然而,中非关系的历史感情基础正在减弱,同时经济考虑正日益上升,进一步削弱了对感情投资的重视程度。(3)注重中短期政治与经济利益的同时,还应注重更为长期的战略利益。日本、印度、韩国等的对非合作都相对重视中短期的政治和经济利益,特别是日本和印度对联合国入常问题的权宜性考虑;相比之下,尽管美欧不太重视非洲,但却更注重自身在非洲的长期性战略、安全等利益,因此其对非洲的影响力仍相当大,同时也从非洲获得了大量实实在在的利益。中国近年来更关注自身发展所需的各种资源,未来应注重在中短期利益与长期利益间的合理平衡。(4)要避免机制"拔高"政策定位的负面效果。欧美日韩等的对非合作合作机制拔高了其对非政策的形象,但却无法取得相应的政策成果。这既有其基本政策定位的原因,也有其给非洲以错误期望的原因。随着中非合作论坛的发展,非洲对论坛的期望也在上升,中国对论坛的发展也很满意。未来,中国仍需踏踏实实,避免可能的自满情绪及由此导致的非洲失望。

2. 前瞻设计

自2008年以来,国际社会对中非合作论坛的批评声音逐渐变得更加系统和理论化;进入2011年后更出现官方化的趋势。因此须对论坛的未来发展作前瞻设计,提前准备可预见的批评和指责的应对措施。

第一,提前设计应对和利用国际"软规则"的系统政策措施。许多国家都非常重视对国际"软规则"的利用和应对,西方政府往往还是这些国际"软规则"的实际支持者,俄罗斯也能很娴熟地利用这些"软规则"。(1)在第三国、特别是在非洲国家建立服务于中非关系的非政府组织。可通过提供活动经费、能力培养、国际交流等资助非洲当地人在非洲国家建立国别性甚至是地区性的非政府组织,实现非政府组织的当地化,使中国观念间接进入国际软规则市场。(2)扶植中国自身的非政府组织,学习如何应对和利用国际"软规则"。中国自身的非政府组织尚不够发达,应当通过与中国关系最为密切和友好的非洲来培育和锻炼中国的非政府组织,支持其与非洲的非政府组织交流与合作。(3)以中非合作论坛为主渠道,积极参与国际"软规则"的制定和应用过程。国际"软规则"基于国际社会的默认接受,其出台更多在于背后的支持力量的相互妥协。中国可积极参与其中,影响其形成和应用,可能的话塑造于我有利的国际"软规则"。

第二,提前规划中长期的三边合作方案。结合三边合作本身的难易程度和非洲的接受程度,中国应当确立一种"由易而难"的三边合作构想,具体可分为以下5个步骤:(1)尽早展开与南非在非洲的三边合作的讨论。鉴于南非已加入金砖国家集团并希望同其他对非合作机制在非洲展开三边合作,同南非在非洲的三边合作既能极大地缓解非洲人的担忧,又能促进中南关系发展,还能缓解国际社会对中国的三边合作压力。(2)同非洲地区和次地区组织展开在非洲合作的研究和讨论。非洲地区和次地区一体化进程正快速发展,并希望更大程度地参与到中非合作论坛中,可尽快展开相关研究和谈判,以寻找可行的三边合作方案。(3)研究同国际多边机构在非洲展开合作的方案。国际多边机构,如联合国、世界银行、国际货币基金组织等,在非洲有着较多的项目,其他国际对非合作机制也与国际多边机构有不同程度的合作,研究中非合作论坛与其合作的方案，以待时机成熟时及时展开，是目前应当考虑的。（4）研究同其他新兴大国在非洲的三边合作问题。大多数新兴国家与非洲的关系类似于中非关系，有着相似的历史经历和现实挑战，因此其合作既有利于逐渐拓展三边合作的范畴，也有利于中国与其余新兴大国关系的发展，也不会引起非洲国家的强烈反感。（5）继续与西方发达国家就三边合作进行交流和讨论。这种交流和讨论能否更进一步发展为实质性的合作方案的研究、甚至是具体合作，取决于前4个步骤的总体发展情况，特别是非洲国家的接受度。

第三，补强脆弱领域，促进中非合作论坛的可持续发展。中非合作论坛是一个综合性的机制平台，但在安全和文化领域仍相对薄弱。（1）强化中非合作论坛在促进非洲安全与和平方面的作用。一方面由于非洲仍面临着较大的社会动荡和冲突挑战，另一方面中国在非洲的海外利益保护也遭遇日益严峻的挑战，中非合作论坛应强化自身在维护非洲安全、稳定与和平方面的作用，可考虑更为积极地参与非洲安全与稳定的相关国际论坛与讨论中，也可考虑在论坛框架内强化有关安全合作的内涵。（2）研究论坛如何更大程度地介入在非洲的国际新公共问题。随着全球化和相互依赖的深入，各种国际新公共问题正日益凸显，如水资源利用、因特网安全、海上通道安全、碳交易市场、城市化应对等，中非合作论坛可集中精力对在特定时间段时集中研讨某一议题，并提出切实可行的共同应对方案。

3.合理宣传

一方面，中非合作论坛不仅日益成为国际聚焦，而且日益成为国际批评焦点；另一方面，其他国际对非合作机制也有不少成功宣传的经验值得学习。因此，在宣传中非合作论坛时，既要宣传其成功之处，也要客观地、谦逊地反思其不足。

第一，合理总结论坛的成功经验并有限度地参与到相关的话语竞争中。中国在非洲的成功往往被人总结为"中国模式"，并将其与西方及其他的模式相比较。（1）维护中国作为现有国际体系的建设者和贡献者的形象。中国不能陷入西方所宣扬的模式之争的话语中，而应合理地总结论坛的成功与不足之处，强调"中国经验"而非"中国模式"；强调中国经验可为非洲发展的话语体系作添加性贡献，而非改变整个话语体系；要利用这些添加性的话语贡献，适当修正或使西方存在偏颇的非洲发展话语体系变得相对更为平衡。（2）切实贯彻与非洲的"经验交流"而非"模式传播"。非洲有的国家在城乡融合、城市规划等方面仍是有着丰富经验的，不能因中国发展更快而将先前的"经验交流"转变成为教师爷似的"经验传授"。

第二，强化对非洲的公共外交。中国目前在非洲拥有的感情基础要远好于在欧美地区，因此对非开展更强有力的公共外交将事半功倍。（1）设立中非合作论坛形象大使，加大对中非关系的国际营销。日本曾在第四届非洲发展东京国际会议峰会前聘请明星担任形象大使，对提高非洲发展东京国际会议在民众中的认知有巨大帮助。中非合作论坛也可邀请国际明星、特别是来自非洲的国际明星担任中非合作论坛的形象大使，宣传中非合作论坛，提高其影响力和知名度，改善其形象。（2）设立政府类和冠名类"中非贡献奖"，让更多的非洲人了解中国、了解中非关系。政府类"中非关系贡献奖"只提供精神奖励；冠名类"中非关系贡献奖"由非政府行为体组织，政府可提供适度支持，既可按领域设立奖项、也可按等级设立奖项，既给予精神鼓励、也给予物质鼓励。所有奖项都只颁给为中非关系作出贡献的非洲朋友，杜绝中国人的"自娱自乐"。

第三，强化对中非合作论坛和中非关系的联合研究。要使中非联合研究交流计划成为一个长期性项目，在研究范畴、专家队伍、参与方等方面加大力度。（1）应以中非关系的国际贡献的系统研究为抓手。对中非合作论坛和中非关系的国际贡献，中国政府和学者是最有发言权的。但目前更多听到的是少数外国学者对这一问题的研究。论坛应当资助智库和学者对这一问题作更为系统和深入的研究，包括其对非洲发展的贡献、对南南合作的贡献、对国际关系理论的贡献、对国际发展学的贡献，等等。（2）以国内研究力量为依托，进一步整合、统筹和强化研究力量。可通过中非联合交流计划设置机构联合型课题，将国内的非洲研究队伍进行强强联合。（3）提高联合研究中的外国学者参与度，切实开展中—非联合研究。目前的研究多为中方主导，建议围绕特定的研究课题组织中非联合研究课题组，由中非学者共同组织研讨会、交流和撰写文章，并最终以中英文形式同步出版。研究过程中，不试图影响中非学者的观念，允许更多的不同声音出现，给人真正的学术自由和中国开放的印象。

4. 均衡发展

过去的十余年里，中非合作论坛从创立到举世闻名，其发展速度相当快。可以认为，中非合作论坛已经进入稳定规模、提高质量的新阶段，一方面需要对前一阶段的一些不合理之处予以改进，另一方面需要切实提高机制本身的质量。

第一，完善论坛的机制体制，提升论坛的定位。鉴于论坛的快速发展，需要进一步完善甚至提升论坛的相关机制体系。（1）建立健全中国对非政策的完整政策机制和法律机制。目前，中国的对非政策和法律尚不够系统，需虑及近年来中非关系的快速发展，修订既有政策和法律并出台新政策和新法规，特别是与私营企业在非洲活动、中国在非洲海外利益保护、中国公民在非洲行为规范等相关的政策和法律。（2）优化论坛中方后续行动委员会秘书处办公室（论坛办）的协调机制和组织结构。鉴于当前论坛办的人手不够，应当考虑提升论坛办的行政级别并扩充工作人员队伍，使之达到20~30人的规模，并在其下设立多个工作组，形成协力配合、齐头并进的局面。（3）优化论坛办工作人员的构成并提高其能力。考虑到非洲局势的复杂性和中非关系的全方位，论坛办工作人员不仅应当有熟知外交事务的外交部非洲司官员，还应当有精通非洲问题各专业领域的官员和学者，这些人员既可从外交部内部选派，也可从后续行动委员会组成单位抽调，还可从大学、研究机构等地借调。

第二，适当控制论坛发展速度，稳定论坛规模。过去十余年中，论坛规模已经有了较快发展，今后需适当加以控制。（1）适当放缓论坛直属机构的发展速度。近年来，各种论坛直属机制、特别是分论坛得到了快速发展，如已建立的中非企业家大会、外长磋商机制、中非合作论坛——法律论坛，中非合作论坛——妇女论坛，中非智库论坛，等。建议下一阶段可适当放缓节奏，在相关条件成熟的情况下，根据论坛的中长期规划逐步增设相关的直属机构或分论坛，以有效预防论坛机制过快发展带来的消极后果。（2）统筹管理其他非直属性的涉中非关系论坛。随着论坛的快速发展，各种借论坛名义建立的涉中非关系论坛不断增多，既有政府性的——如中非工业合作发展论坛、非洲研究论坛、中非旅游文化论坛，又有非政府性的或纯商业性的。这些论坛的名称容易令人混淆，如果不加统筹管理，可能对论坛的长远发展形成负面影响。建议出台相关规定，就"中非"、"论坛"等字眼的使用标准、申报制度、批准制度、监督制度等加以规范。

第三，完善论坛的质量管理措施。经过头十余年的发展，论坛今后的发展重点不再是规模，而是质量。（1）建立健全论坛的危机管理机制。随着中非关系日益密切以及国际和非洲形势的快速变化，中非关系中需要处理的危机事务日益增加，特别是领事保护。建议在论坛系统内设立专门的危机管理机制，并辅之以一个由大学和智库专家学者组成的危机管理咨询团队，以便更为快速、系统和协调地应对和预防各类危机事态。（2）建立健全中非合作论坛政策措施的质量跟踪、控制和评估体系。为回应和预防非洲人有关项目参与度不高、项目进展信息公开不及时等的批评和抱怨，论坛有必要建立完善的质量跟踪、控制和评估体系，并及时公开项目进展相关信息；在情况允许的情况下，邀请非洲人参与相关的质量跟踪、控制与评估过程。

图书在版编目（CIP）数据

中非联合研究交流计划 2011 年课题研究报告选编／外交部非洲司编．
—北京：世界知识出版社，2012.6
ISBN 978-7-5012-4268-9

Ⅰ．①中… Ⅱ．①外… Ⅲ．①国际合作：经济合作－研究报告－中国、非洲 ②经济发展－研究报告－非洲 Ⅳ．① F125.54 ② F14

中国版本图书馆 CIP 数据核字（2012）第 082444 号

## 中非联合研究交流计划2011年课题研究报告选编
zhongfei lianhe yanjiu jiaoliu jihua
2011 nian keti yanjiu baogao xuanbian

编　者／外交部非洲司

责任编辑／杨志芬
责任出版／赵　玥
责任校对／马莉娜
封面设计／小　月

出版发行／世界知识出版社
地址邮编／北京市东城区干面胡同 51 号（100010）
网　　址／www.wap1934.com
经　　销／新华书店
印　　刷／京科印刷有限公司
开本印张／720×1020 毫米　1/16　20¾印张
字　　数／256 千字
版次印次／2012 年 6 月第一版　2012 年 6 月第一次印刷
标准书号／ISBN 978-7-5012-4268-9
定　　价／38.00 元

版权所有 侵权必究